本书是广东省研究生示范课程建设项目《管理研究方法》（10SFKC07）的阶段性成果

U0866454

管理研究方法

卫海英 刘红艳 杨德锋 编著

中国统计出版社
China Statistics Press

(京)新登字 041 号

图书在版编目(CIP)数据

管理研究方法/卫海英,刘红艳,杨德锋编著. --北京 : 中国统计出版社,2012.7
ISBN 978—7—5037—6608—4

Ⅰ.①管 Ⅱ.①卫… ②刘… ③杨… Ⅲ.①管理学—研究方法 Ⅳ.①C93—3

中国版本图书馆 CIP 数据核字(2012)第 167189 号

管理研究方法

作　　者/卫海英　刘红艳　杨德锋
责任编辑/张　赏
封面设计/孙　婷
出版发行/中国统计出版社
通信地址/北京市西城区月坛南街 57 号　邮政编码/100826
办公地址/北京市丰台区西三环南路甲 6 号
网　　址/http://csp.stats.gov.cn
电　　话/邮购(010)63376907　书店(010)68783172
印　　刷/河北天普润印刷厂
经　　销/新华书店
开　　本/710×1000mm　1/16
字　　数/200 千字
印　　张/12.75
版　　别/2012 年 9 月第 1 版
版　　次/2012 年 9 月第 1 次印刷
书　　号/ISBN 978—7—5037—6608—4/C.2886
定　　价/24.00 元

版权所有。未经许可,本书的任何部分不得以任何方式在世界任何地区以任何文字翻印、拷贝、仿制或转载。

中国统计版图书,如有印装错误,本社发行部负责调换。

前　　言

以下两个原因促成了本书的撰写工作：

1. 在面向企业服务的经历中，我们发现现代管理正越来越依赖通过科学的方法与态度，以求解释管理现象、揭示客观规律、预测发展趋势。在现代商业实践与管理活动日趋复杂且快速变化的背景下，管理学者及业界经理人面临的重大挑战之一便是如何提高管理决策的科学性。然而，当前我国许多企业管理决策是根据决策者个人的直觉、感悟或灵感进行的，缺乏分析模型或工具的有效支持。如果能在充满思辨思维的管理活动领域引入规范的、科学的管理研究方法，使具有实践经验的经理人养成定性与定量分析相结合的决策行为模式，将是一件很有意义的事。

2. 在长期的管理类研究生教育中，我们深感以规范的研究方法为代表的学术训练对提高研究生培养质量以及整体学术水平有巨大作用。较长一段时间以来，管理研究方法不够规范是导致我国管理研究水平落后于世界先进水平的主要原因之一，研究成果很难被国际学术界的主流所接受。许多研究生，也包括一些管理学者，缺乏这方面的学术训练，在管理研究中仍然多以个人判断或主观愿望替代逻辑推论，以论证式的思辨代替严谨的实证分析。

基于这一严峻现状，我国管理学界正大力倡导采用科学而规范的研究方法进行管理研究。暨南大学也在经管专业的研究生培养过程中以多种方式引入了规范研究方法的讲授与训练，并取得了非常显著的效果。本书的许多内容正是来源于近年来所讲授的研究生课程和经理人员培训课程。

本书的目标是让读者能够系统地接受科学分析和处理管理问题的规范性训练，包括对特定管理问题的研究设计、围绕管理问题建立概念性分析框架、使用恰当的定性和定量数据收集和分析技术作为调查手段、通过数据分析结果验证或修正假设等。本书由暨南大学管理学院长期从事管理研究方法教学的老师及其学生共同完成。全文的内容是相互关联的，但每一章仍尽可能自成一体，读者可以直接参考感兴趣的章节。全书由卫海英拟定章节结构与内容，由卫海英、刘红艳、杨德锋进行修改与总纂。全书共分为八章，第一章：卫海英撰写，主要对管理研究进行概述，以此作为全书的总论。第二章：魏巍撰写，主要依据界定问题→提出假设→选择研究方法的顺序介绍了管理研究设计的全过程。第三章：王瑞撰写，主要对问卷调查法、实验法、二手资料搜集法、观察法和访谈法这5种广泛使用的数据采集方法进行介绍。第四章：刘红艳撰写，主要阐述了变量的定义、变量分类以及变量的操作方法。第五章：骆紫薇撰写，主要从研究的效度和信度两个方面阐述如何评价一项管理研究的质量。第六章：章晶、易丹撰写，主要讨论了常见的模型分类、构建模型的方法选择原则和注意事项、概念模型的提炼步骤、探索性因子分析和验证性因子分析的比较与分析过程、概念模型提炼中的问题等。第七章：杨德锋撰写，主要介绍了回归分析和结构方程模型这两种常用的建构管理模型的方法。第八章：钱刚毅撰写，从创新性、规范性以及可读性三个方面探讨撰写学术论文的要领，并提供了相当数量的范例供分析讨论。

本书可用作：

- MBA 层次的管理研究方法课程的教科书；
- 研究生层次的管理研究方法课程的教科书；
- 教师、咨询师和从事管理实践的经理人的参考书。

当然，仅仅一本书不可能深入地包含所有相关的领域。事实上，对于管理研究方法论所包含的确切内容还有相当多的争议。我们在本书中设法提供了规范的管理研究方法最为关键的若干涉及面。本书的撰写不可避免地参考了大量国内外同行的相关研究成果，所参考的著作文献，凡属专门引用的，都尽可能地表明了作者、出处，同时为了表示对著作、文献作者的谢意，在每章的最后列出了相关参考文献。限于篇幅在此就不一一列举。由于作者水平所限，书中肯定存在着一些缺点和不足，敬请读者朋友们批评指正。

目　　录

第一章

管理研究概述

科学研究是以系统的、有控制的、实验的、严谨的方法来探讨对于现象之间的关系所做的假设命题。

——Kerlinger(1986)

1.1 管理研究及其研究对象

工业界和学术界对管理的共识之一就是管理学具有显著的科学特征。管理研究广泛存在于各类组织的各类管理决策之中,需要从实践中收集、归纳、检测数据,提出假设,验证假设,从中抽象总结出一系列反映管理活动过程中客观规律的管理理论和一般方法。本章将就管理研究的特征、目的、范式、要素等进行讨论。

1.1.1 什么是管理研究

承认管理具有科学性即意味着管理研究也是科学研究的一种。"研究"一词对我们来说并不陌生,但是对"研究"的界定却不一而论。在我们的观念中,进行文献的整合与梳理可能是研究,进行实证分析是研究,进行经验研究也是研究。我们如何正确认识和理解"研究"呢?

韦伯大辞典将研究定义为:"在某知识领域进行仔细、系统、耐心的学习与调查,以发现和确立事实或原则"。研究是为了使我们对所关心的和所感兴趣的现象增进认识而收集、分析资料信息的系列过程(Leedy and Ormrod, 2005);研究是一种结构性的探索,使用科学的方法论来解决问题,产生新的可应用知识(Grinnell,1993);还有学者认为研究是一种系统性的调查,是一种发现问题答案的动态过程。同时,研究是一种技术,也是思考的方法,包括批判并检验专业领域中的不同观点、探讨并形成特定程序的指导原则、发展并提出能增强专业知识的新理论。

综上所述可以发现，对研究的定义基本核心都是发现和解决问题，研究是利用有计划与有系统的资料收集、分析和解释的方法，解决问题的过程。

管理研究，就其字面意思而言，就是对管理的研究。那什么是管理？众多管理大师从多个角度给出了管理的内涵：科学管理理论创始人泰勒认为，管理是一门怎样建立目标，然后用最好的方法经过他人的努力来达到目标的艺术；法约尔认为管理就是计划、组织、指挥、协调、控制；韦伯则认为管理就是协调活动。这些定义共同强调了管理的目的就是达成组织的目标。管理研究必然服务于管理，站在这个出发点，美国学者柯林格（Kerlinger，1986）给出了管理研究的定义：管理研究是以系统的、有控制的、实验的、严谨的方法来探讨管理决策需要认识的现象和需要解决的问题。

管理研究是基于某个管理现象或管理问题而进行的研究，具体来讲具有以下几个特征：

(1)问题导向。在管理实践中，存在很多有趣的值得深入探讨的问题。管理是一门实践性很强的学科，离开社会实践，学科将失去发展动力。这就要求我们以管理中的现实问题作为管理研究的起点。因此，好奇心很重要，成功的管理研究者往往对管理中可能存在的问题抱有极大的好奇心。当然，管理研究的最终目的是为了解决特定的管理现实问题，如销售额下降、利润下降、员工离职率高等。

(2)目标明确。管理研究是问题导向的，但是管理世界中的问题很多，一个人精力又有限，这时明确的目标是必须的。在进行研究的过程中，必须有一个明确而清晰的目标，这个目标是指引研究者进行探索的灯塔。研究者必须能清晰表述研究问题，要求用词准确、简明扼要地说明研究所达到的目标。

(3)计划完整。清晰合理的研究计划是进行管理研究的基础。一个完整的管理研究计划应既包括时间上的进度安排，也包括空间上的资源配置。只有在整体上进行安排，并有针对性的使用具体的研究方法，以获得解决问题所需要的相关资料，才能保证管理研究的顺利进行。

(4)化整为零。很多时候，我们遇到的研究难题是题目过大而不知道从何下手。譬如说，研究多维品牌互动对品牌资产的影响这一课题，需要考虑的因素就很多，互动的质量、强度以及互动的方向等。如果放在一个课题里研究，则需要解决的问题太多，可能没有办法一一解决，又或者都只能触及皮毛；但是如果拆解成互动质量对品牌资产的影响、互动方向对品牌资产的影响等多个课题，问题就变得相对简单了。大多数研究课题可以细分为多个子课题，当这些子课题解决之后，主课题就会迎刃而解。

(5)假设引导。假设是有逻辑的推测、有理由的猜测、有根据的推理。它给正在调查的现象提供了一种尝试性解释。假设并不是因为研究才存在的，在日常生活中，我们也会遇见很多假设的情况，假设代表着人们思考问题的自然模式。当品牌危机发生后，消费者最可能的反应是什么，而这些反应又建立在一些合理的逻辑推理上，这就是假设。一旦某个假设被越来越多的资料所证实，那这个假设就会演变成理论。

(6)资料阐释。资料的分析往往是主观的，它基于研究者的假设、推测及逻辑推理过程。但对资料分析结果的阐释所下的结论应该是客观的，因为这些结论是依据实际资料的推导而非个人主观的或情绪性的判断而来。

综上所述，管理研究服务于管理本身，目的是为了有效实现管理目标，实现目标依赖于一定的资料、方法、技术和思维方式。

1.1.2 管理研究的特质

管理研究是对管理的研究，是服务于管理本身的研究，那么管理研究作为一门社会科学研究与自然科学研究有什么差异和特质呢？这是我们做管理研究前必须弄明白的问题。

在自然科学研究中，研究对象主要是物质世界及自然现象(比如光、植物生长或化学反应)，我们对这些对象的认识在不断变化和深入。而在社会科学研究中，研究对象是人类社会和具有自我意识的人或组织，这些都决定了管理研究不同于自然科学研究的特质：

(1)管理研究的实践性。管理学是一门应用科学。从一般意义上讲，人们可以把学科划分为基础学科和应用学科。基础学科以“是什么”和“为什么”作为学科研究的重点，以创造和更新思想、原理、范式及其相关知识作为主要任务，对人类实践具有深刻的认识意义和指导作用。应用学科在研究“是什么”和“为什么”的前提下，以“如何操作”作为学科研究的重点，以创造和更新直接用于实践的理论和方法为使命。作为一门独立的学科，管理学自产生起，就是以管理实践活动的直接效用性为特征的，研究对象的边界相对清晰，主要以组织为对象，强调系统性，探察组织内部发生各种现象的动因、结构、机制，并以提升绩效为根本方向，因而具有应用学科的特点。因此，管理研究必须强调理论、方法与实践的紧密联系。

(2)管理研究的多重目的性。一般来说，管理研究可以达到以下一些目的：①控制：能发现达到预期目标的方法和步骤；②预测：若如何做，必定会怎样；③指导——应该这样做；④建议——可以这样做；⑤启发——有人这样做，并取得过成功；⑥描述——有人这样做；⑦验证——这个道理成立的程度。

(3)管理研究的复杂性。我们知道,社会科学是一门极为复杂的学科,原因在于社会科学研究一般严格地规定了研究前提。如果前提发生变化,研究结论也可能随之改变。作为社会科学的一个门类,管理科学也具有这种复杂性。因此在管理研究中,对提出的理论或模型要格外小心地说明其前提和适用范围。管理研究虽然可借用自然科学和工程技术学科的研究思路和方法,但由于其研究对象中人类行为的复杂性,使得研究得到的管理理论并不会像自然科学和工程技术学科的理论那样确定和易于证明(席酉民,1998)。

(4)管理研究的文化特性。在很多研究中,我们都会发现,在中国适用的理论到美国就不一定适应;在A公司适用的理论到B公司也不一定适用。前者的差异主要在于国家文化的差异,后者的差异主要在于企业文化的差异,这就是管理研究的文化特性。因此,这就要求在进行研究时,必须强调三个方面:明确的假设前提、严格的逻辑证明与敏锐的观察和创造性的思考。

管理研究的起源和社会科学研究一样,受到自然科学的启迪(李怀祖,2004)。在百余年的历程中,管理学科得到了长足的发展,但是,对于一门学科来讲,百余年的历史是十分短暂的。随着人类生产和社会的迅速发展和进步,一方面,管理学研究形成的若干范畴、理论、方法和规律,都需要进一步得到实践的验证,需要进一步深化和细化;另一方面,管理学研究面临着许多新的课题和研究领域。因此,管理学的研究必然会随着管理实践的发展而不断发展,使之更加科学化,更加适应管理实践的需要。

1.1.3 管理研究的对象

(1)管理的对象

管理是社会组织中,为了实现预期的目标,以人为中心进行的协调活动。马庆国(2008)认为,管理对象可分为两类系统。第一类系统是直接对象不包含人的系统,例如:股票价格系统、账目系统等;第二类系统则是直接对象包含人的系统,这类系统是大量存在的。例如:学校、企业、班组等。第一类系统是实物性系统,主要由客观存在的物质决定;第二类系统是人员性系统,主要由具有主观意识的人决定。无论是第一系统还是第二系统,管理对象都具有系统性。这也就决定了管理研究对象的系统性。

(2)管理研究的对象

尽管管理的对象只包括两大系统,管理科学的研究对象却不仅限于此。它不仅包括两类对象的特征、演变规律,还研究如何更有效地管理好这两类对象,更好达到所设定目标的理论与方法。综上可知,管理研究的对象也分为两大类:管理对象的特征、演变规律,高效达到管理目标的理论与方法。

管理对象的特征是对管理现象现状的描述，管理对象的演化规律是对管理现象未来发展趋势的描述。譬如说，了解员工的业绩，这是对管理现象特征的描述；而品牌危机发生后消费者态度的变化，则是管理对象演化规律的研究。

管理学研究中高效达到管理目标的理论与方法是对管理现象现状进行改变的方式方法。譬如说，研究企业业绩增长的方法就属于对管理现象现状改变的研究。在管理学的研究中，高效达到管理目标的理论与方法主要是优化方法与优化模型。

管理研究这两类对象，前一类是如何认识现象，从而解释现象；后一类是如何改变现象。

1.2 管理研究方法的体系与分类

1.2.1 管理研究方法的体系

任何事物都有质的规定性和量的规定性，原则上都可以从质和量两个方面来把握。一般认为，确定事物内部和外部各种数量关系的方法，叫做定量的分析方法；确定事物及其运动状态的性质的方法，叫做定性的分析方法。在管理研究中，学者运用数理知识方法，对管理现象及其发展趋势，以及与之相联系的各种因素，进行计算、测量、推导等，属于定量研究。研究者对管理现象的基本情况进行判断，粗略统计和估计属于定性研究。定性是粗略的定量，定量是精确的定性。在现代管理研究中，定量研究显得愈来愈重要。但我们并不能排斥或忽视定性研究。这不仅是由于定性是定量的基础，而且还在于，有许多事物和现象运用目前的手段还难于进行定量研究，从而使定量方法受到限制。定量分析和定性分析又是相互渗透的，许多问题的解决，常常需要二者相互补充。于是，结合了定性和定量分析的混合型研究也时常出现在学术期刊中。表1—1对三类研究做了较为详细的差异比较，图1—1是学者们分析了营销权威期刊 *Journal of Marketing* 中三类研究的比重变化情况（其中实验法常作为定性或定量分析的组成部分）。显然，定量研究一直是营销学界甚至整个管理学界的主流研究范式。

表 1—1　三类研究的比较

趋向或特征	定性研究	定量研究	混合研究
哲学假设	建构主义、辩护或参与式知识观	后实证主义知识观	实用主义知识观
研究策略	现象学方法扎根理论、民族志、案例研究和叙事研究	测量和实验	顺序法、并行法和转换法
研究方法	开放式问题、即时呈现的方式、文本或图像资料	封闭式问题、预设的方法和数据资料	开放—封闭式问题、即时呈现—预设方法定性—定量的数据和分析
研究者的操作	确定研究者在研究中的位置;收集参与者的看法;关注单一概念或现象;研究中带入个人价值观;研究参与者的背景;验证结果的精确性;解释数据;创设变化或变革议程和参与者合作	验证理论或解释;研究变量;阐述问题或假设中的变量、信度和效度的应用标准;观察和测量数量化信息;使用无偏见的方法;使用统计程序	既收集定量数据,又收集定性数据;为了整合研究中不同的资料而创设理论依据;提供一个可视的研究步骤图;使用定性和定量研究的具体方法

资料来源:约翰·克雷斯威尔,2007.研究设计与写作指导:定性、定量与混合研究的路径.崔延强译.重庆大学出版社

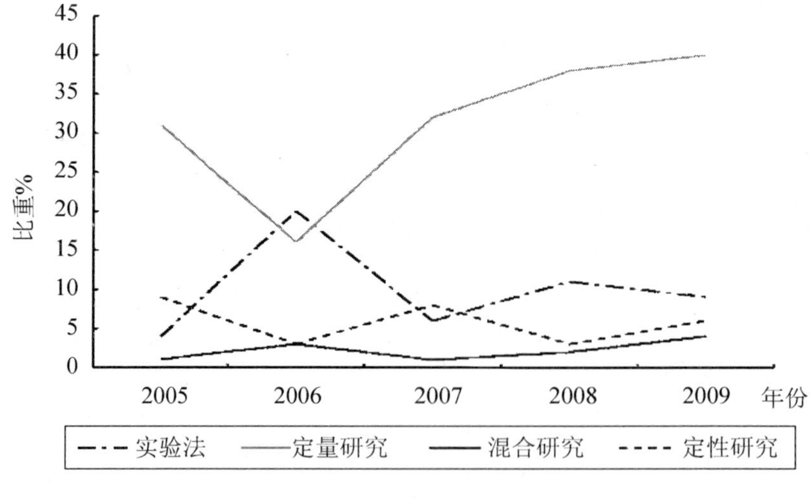

图 1—1　研究方法变化时间序列

资料来源:杨宜苗,马晓慧,郭岩.西方市场营销研究的主题方法和学者研究——基于 *Journal of Marketing* (2005 ～2009)的文献分析[J],营销科学学报,2011,7(2):107 — 131.

1.2.2 管理研究方法类别

管理领域的问题错综复杂，然而任何一个复杂的管理问题都可以从不同观察角度和不同层次去研究，求得新的发现。李怀祖教授(2004)对这些角度和层次做过总结，本小节就参考了他的成果。应当提示，一个研究有可能是两种划分的“叠加”，如解释型的理论研究，或者实证型的基础研究等等。

(1)管理研究从层次上分为微观层次和宏观层次。微观层次的管理研究包括两个方面：一是指企业组织内部的各部分功能、关系以及本组织与外部组织关系的研究；二是指组织内部个人和群体的行为、人际关系及其与外界环境的相互作用。宏观层次的管理研究是将企业组织放在社会整体中进行研究，从经济、技术发展和文化传统等角度来研究企业组织发展和管理者行为等问题，像管理伦理、技术创新体系等研究。但纵观管理学科的发展历程，管理研究主要侧重在微观层次。

(2)管理研究按功能分为基础研究和应用研究。基础研究是通过对管理现实问题的观察概括和抽象，探讨有关管理学科规律性的知识，对管理行为、机理和现象做出理论解释，证实或证伪现有理论并提出新的理论。应用研究则要求解决现实的管理问题，并为社会、某些组织或群体带来实际利益。显然后者更为企业界所欢迎。

(3)管理研究按研究目的分为描述型、解释型和规范型。描述型研究是收集数据以检验有关研究对象状态假设的工作过程，旨在将现象和事件描述识别清楚；解释型研究则深入探索现象和事件之间的关联，因果研究和相关分析都属于此种研究；规范型研究，要回答“应该怎样”的问题，即作出决策，采取行动。三者之间有“递进”关系，可以使研究逐步深入展开。

(4)管理研究从论证方法角度可分为理论研究和实证研究。理论研究主要是通过总结前人的研究成果，从已有的概念和命题出发，通过观察、社会调查等来搜集资料，使研究者应用已有的理论去分析和解决问题。实证方法是管理研究常见的方法，它需要在实践经验、已有理论、直观猜想等基础上形成关于研究对象的“科学假说”，接着通过研究对象的观测、实验等方式收集“数据”，进而通过一定的工具和方法进行分析并得到结论。实证研究分为实验研究和非实验研究。在非实验研究中，根据数据的来源和统计分析的方法，主要有三类，一是统计调查法，其主要包括问卷调查法和深入访谈法；二是实地研究；三是无干扰研究，主要包括文本分析、统计数据分析和历史比较分析等。图1－2正面的结论将进一步支持“科学假说”的成立，并逐步确立其作为“科学知识”的地位；负面的结论将促使新的“科学假说”被提出，从而引发新一轮的科学研究(谭劲松，

2008)。从上述管理研究的科学范式中可见,实证研究需要严格训练并在平时学术研究中经“实践”检验。

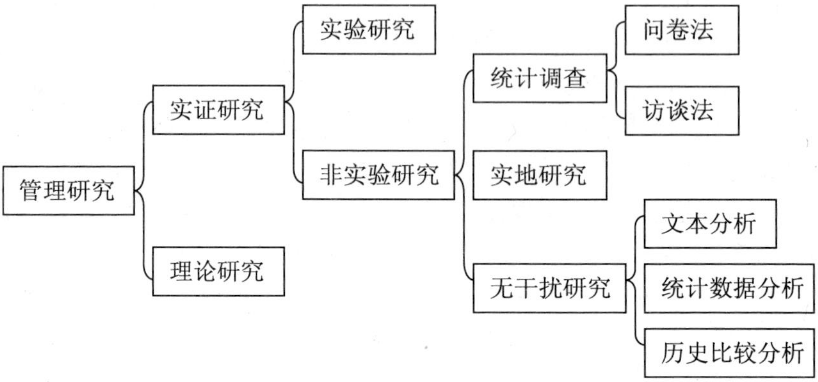

图 1—2　管理研究的分类

1.3　管理研究的目的

为什么要做研究?研究是获取新知识的过程,从实用角度也可理解为发现、辨识、解释或解决问题的过程,在此过程中获取新知识(李怀祖,2004)。可见,研究是为了获取新知识,也就是学术界经常强调的“创新”或者理论贡献。从“理性人”的角度看,之所以要投入资源去研究,当然是为了获得有价值的“产出”(精神的或物质的)。什么才是有价值的研究呢?简单地说,有价值就是指这个研究为某个领域的问题增加了新知识(徐淑英,2008)。对管理实践而言,研究就是解决现实中存在的新问题、新矛盾,并努力从中发现新规律。应当强调的是,从事研究,需要有科学的态度,即便其中无法剔除思辨的成分。

研究是为了不断获取新知识,那么管理研究自然就是为管理学不断贡献新知识。管理研究的主要任务就是探索和寻找相对确定、有效地实现管理目标的方法、技术和思维方式等。管理研究的价值,涉及研究的是什么,为什么要研究,研究的结果如何。综合来说,管理研究的目的主要是以下四个:

(1)问题的解决:解决前人未曾解决的问题。

前文提及管理研究是问题导向的,解决问题是管理研究最重要的任务。但进行管理研究,并不是炒冷饭。这就要求我们要解决管理中的新问题,譬如近年来中国市场中产品危机不断,而我们一般认为危机后企业的产品会很难受到消费者信任,从而销售量会下降。那么如何防止危机产品的销量下降呢？之前学者对中国市场情境下这个问题的解决并没有进行过深入探讨，而进行管理研究正是要解决这些未曾解决的问题，即在中国情境下，如何提高危机发生后产品的销量。

(2)事实的说明：清楚说明前人未曾说明清楚的事实。

解决问题并不是管理研究的全部，譬如说我们通过研究发现，降价促销能解决中国情境下危机产品销量下降的问题。这个时候又有一个新的问题出现，为什么降价促销能达到这种效果？这种事实是如何产生的？这也是管理研究的目的之一，即清晰阐述事实。

(3)谬误的辩证：改正前人的谬误。

管理研究不仅仅局限于问题(现象)的解决与事实的阐述，它还肩负着对谬误的改正，帮助管理更加科学有效的进行。市场营销哲学的演变就说明了管理研究的这个目的。在最开始，营销学界的人认为，只要生产出来了，就能卖出去。但随着市场的逐渐发展，营销学界的人又提出只有好的产品才能被消费者接受；更进一步的，营销学界又主张这样一个观点，好的产品必须向消费者进行推销才能卖出去；之后，又提出营销应该以消费者为出发点，理解消费者的需求才能实现成功的营销；到当代，营销学界已经将市场营销与社会责任、利益相关者等多方面挂钩，提出大市场营销的观点。

(4)理论的建立：构建新的研究方法或理论。

任何一个研究的最终目的都是为了实现理论的建立，管理研究也不例外。在一百多年的发展历史中，正是因为各个学者坚持不懈的进行管理研究，才使得管理学发展成一个多门类、多层次的学科体系。

要达到这四个目的，要求严谨、科学和规范的研究方式。库恩曾提出“范式研究”，认为理论的诠释、显著事实的确定，以及事实与理论的匹配组成了我们追求科学的基本范式。管理研究的规范化也就要求我们在研究中必须恰当的使用研究方法，切勿滥用研究方法，为了定量分析而定量的研究思路不可取。

需要特别说明的是，在经济飞速发展的今天，国际国内很多企业家和资深学者都对中国管理实践投入了极大的热情和精力，我们不妨把这种责任意识和科学态度融入到管理研究的目标中来，那就是：学术界和实践界越来越呼唤并鼓励在中国背景下进行本土的管理研究，从而为建立中国的管理理论、更有效地指导中国企业管理的实践并最终为丰富全球管理知识做出贡献(徐淑英，张志学，2006)。

1.4 管理研究范式与要素

1.4.1 范式研究

好的研究需要遵循一定的规则——即一般统称的科学范式,“范式”(paradigm)的概念为美国科学发展史专家库恩,在其《科学革命的结构》一书中提出范式(paradigm)是“某些实际科学实践的公认范例——他们包括定律、理论、应用和仪器在一起——为特定的连贯的科学研究的传统提供模型”。它指导研究者如何提出问题、界定问题,如何行动去攻克自己的研究对象。值得注意的是范式的存在也会束缚研究者的思维,将思维引向一个特定的方向或领域,而或多或少地忽视其他一些可能有效地方向或领域。尽管如此,我们在研究中依然应保持“科学态度”并尽可能使用科学的研究方法,以提高我们的学术素养和研究水平。理论的诠释、显著事实的确定,以及事实与理论的匹配组成了我们追求科学的基本范式,我们称之为规范科学(Kuhn, 1962)。

(1)理论的诠释

理论是指在逻辑上相互联系并在实证上能够具有一致性的若干命题(Merton, 1968)。也可以将理论看作是“一个概念或者变量系统,通过命题将概念相互联系起来,而通过假设将变量联系起来”(Bacharach, 1989)。后一界定隐含着建立理论的两个层面:抽象层面和操作层面,抽象层面的理论不需要直接针对现实世界中的事物(如品牌忠诚),而操作层面的理论所涉及的现象能够从现实世界中观察到(如重购次数)。抽象的理论由概念和命题构成,而操作的理论则由变量和假设构成(陈昭全,张志学,2008)。这两个层面在规范的研究中往往都要阐述清楚。

规范科学的出发点可以是观察,也可以是理论。一旦认为问题很重要且值得研究,并且已有的文献对问题不能提供有意义的答案时,研究过程将从理论开始,或者从观察开始(徐淑英,欧怡,2008)。从理论开始的研究被认为是演绎的检验假设的研究,有学者称之为实证性研究(刘军,2008);而从观察开始的研究则被认为是归纳的建立理论的研究(也可称之为探索性研究)。研究的重要目的在于建立理论、对理论进行检验或者发展已有的理论(陈昭全,张志学,2008)。无论哪种研究,都应当对理论进行深入阐释,因为理论在科学研究中具有下面五种作用(Cooper and Schindler, 2003):①可以限定研究对象的范围;②指明了采用何种研究取向能够产生更大的贡献;③使研究者有效地把握数据并建立有意义的分类系统;④综合关于研究对象的已有知识,并给出各种直接观察现象背后的一致性；⑤预测能通过研究发现的未来事项(刘军，2008)。一项新的理论并非指发现个别新概念或命题，更不是一两个新名词，而是若干新的概念和命题的组合，也可能是若干新的概念与原有的概念和命题组合在一起，使得原来未曾发现的现象之间的关联得以连通(李怀祖，2004)。

(2)显著事实的确定

科学有两个支柱，一是逻辑性或理性，二是观测性，缺一不可。理论研究如无观测事实和数据支持，不能被最终确认；实证研究如果缺乏理论逻辑，价值也很有限(Babbie，2007)。规范科学是实证科学，即数据、证据或观察使支持理论的必要组成部分(Popper，1968)。科学研究是实证的，因为它利用实证观察来证实理论解释的效度(徐淑英，欧怡，2008)。理论的最终目的还是为了揭示事物情况发生的原因、机理，无论如何抽象的命题，都要经受实践的检验(李怀祖，2004)。管理学产生于管理的实践活动，是管理实践经验的科学总结和理论的概括。研究和学习管理学，必须坚持实事求是的观点，结合管理实践并用判断和推理的方法，使管理实践上升为理论。要把握管理分析对象的内在规律，就必须在把握该分析对象质的规律性基础上，深入研究它的量的规定性，即在定性分析的基础上进行定量分析(张明玉等，2007)。

由于客观规律和事实的存在，使我们对研究对象可以进行科学的测量，以此来解释、预测变量间的因果关系(Comte，1988)。我们之所以把理论划分为相互对应的抽象与操作两个水平，就是旨在用事实(以数据形式来测量和体现)来验证抽象层面的新发展出来的理论。科学研究大多是从实验或问卷调查中得到数据，然后在统计分析的基础上得出研究结论(樊景立等，2008)。实证研究方法即是其中的主体，它是通过对研究对象的调查、观察所获得的数据、资料，进行统计分析，构造模型，得出变量之间的相互关系和演变规律的研究方法(刘军，2008)。但这里所说的实证研究，并非抛开了理论研究而进行纯粹的数字演算和推理，我们要验证的变量之间的关系是在理论演绎(指导)下建立起来的，而数据则是管理实践的仿制或模拟，是对显著事实的定量化过程，与抽象理论之间有逻辑上的对应关系。我们将在第三章论述事实数据的收集方法和过程。

(3)事实与理论的匹配

管理活动(包括管理研究，笔者注)是一种历史范畴，一定的管理是与一定的历史条件下一定的生产实践相联系的(周三多等，2003)。尽管我们也可以得到具有普适性特征的管理理论(谭力文，2009)，但在西方的研究范式占统治地位的情况下，考虑到具体情境的研究对建立有价值的全球管理知识体系至关重要，尤其在社会文化、经济体系等方面与欧美地区大相径庭的中国开展管理研究,更应当考虑当地的情境因素(徐淑英,张志学,2006)。因此,理论要与既定事实相匹配。就管理研究的实证方法而言,事实数据的收集过程也应遵循"科学"性要求,并且要具有显著的理论反映性(不妨先理解为外部效度)。

值得关注的是,徐淑英(2011)教授指出大部分中国学者也是"波普尔主义者(Popperians)",——根据波普尔(Popper)观点,理论只要是合理的、可以证伪的,就可以了,至于它是从哪里产生的、什么时候产生的,并不关键。现在中国管理研究学界是在不加批判性地接受着这种常规科学范式,他们关注如何使用现有理论,而没有关注这个理论的适用程度,或者相关理论的发展。这种科学范式只是引导学者去研究已经成功运用该范式的现象和理论,因此,在这个范式内的科学家并不以创造新的理论为目的,甚至不能容忍其他人创造的新理论。对此,徐淑英教授郑重告诫:并不是说中国管理研究应当彻底抛弃常规科学范式,而只是想提醒学者们,在中国或其他情境下研究一些重要现象时,应能批判性地运用西方范式中主要的问题、理论和方法。

1.4.2 管理研究的基本要素

管理研究应该是一个步骤清晰的循序过程,Zikmund(2000)将研究过程分成六个阶段:①问题发现和定义;②研究设计;③抽样调查;④资料收集;⑤资料处理与分析;⑥结论与报告。本书将在之后的章节详述有关内容,仅仅对管理研究的程序是不够的,对流程的把握并不等于好的管理研究。还需要回归研究中最基础的东西。因为就像构造建筑物时离不开砖块、基石、支柱和联结件等基本构件一样,任何形式的研究都离不开基本要素的存在,明确管理研究的基本要素才是开展管理研究的基本前提。本书认为,管理研究的基本要素主要包括:概念(conception),假设(hypothesis),模型(model),结论(conclusion)。

(1)概念

所有研究的基础要素中,概念这个要素是居首位的,任何研究都需要建立概念,然后才能通过一定的方法论证概念之间的联系,才能得到所需的结论。概念是思维的基本形式之一,反映客观事物的一般的、本质的特征。人们在认识过程中,把所感觉到的事物的共同特点抽象出来,加以概括,就成为概念。任何概念都具有共同的逻辑特征,即内涵与外延,前者是对事物的本质的反映,后者则是对事物的范围的反映。

成功的研究取决于对客观事物清楚地概念化,即让读者如何适当地了解我们所使用的概念。例如,"市场"这个概念是对市场的本质——一定时间、一定空间条件下商品的交换——的反映。外延是概念对事物的范围的反映:市场的概念范围包括以交换商品类别划分的商品市场、劳动力市场和人才市场、金融、外汇、资本市场以及以交割方式划分的现货市场和期货市场。

(2)假设

假设是对两概念之间可能关联做出的一种待检验的解释,无论是行为和事件之间的前因后果,在表述形式上最终离不开概念和概念之间关系的表述。良好的假设应该具备以下特点:

①假设都是以理论为基础的,假设应是理论的扩展和继续,不可能离开现有理论的支持去孤立地研究某项假设。

②假设必须以一定的客观事实为依据,绝不是纯主观的猜测或任意的虚拟,不能与已知的客观事实相矛盾。

③假设需要明确地表述变量之间的关系,这包括清晰地界定自变量、因变量,明确因变量与自变量之间的关系。提出假设忌讳使用界定不清或含糊歧义的语言。

④假设必须是可以验证的。假设必须可以被实践证实或证伪,而不能是一个无法被实践检验的虚幻的设想或说明。在提出假设时,对于变量的测度、数据的采集和分析方法与技术都应该是事先确定的。在方法和技术上不能验证的假设对于研究没有意义。

(3)模型

模型是介于理论与资料中间层次的东西,是理论与资料间的媒介,而且它能够自成一体(Morgan and Morrison,1999)。通常来说,模型并不能完全解释与预测现实世界的现象,它是现实现象的简化版。而若想要模型更充分的解释或预测现实世界的现象,模型就必须相对复杂。

管理学中的模型主要有概念模型与管理模型两大类(将在本书第六章与第七章详细介绍)。模型是对现实现象的一种简化表现形式,管理学中很多模型的提出更是如此。例如,品牌管理领域的大卫·艾克(Aaker,1991)在综合前人的基础上,提炼出品牌资产的"五星"概念模型,即认为品牌资产是由"品牌知名度(Brand Awareness)、品牌认知度(Perceived Brand Quality)、品牌联想度(Brand Association)、品牌忠诚度(Brand Loyalty)和其它品牌专有资产"五部分所组成。

在很多实证研究中,模型都是必不可少的组成部分,对管理研究起着至关重要的作用。而模型通常是数学模型,由数据进行检验。模型由理论产生,又由数据检验,具有相当高的精确性,在管理学研究中具有重要意义。

(4)结论

在进行管理研究的过程中,很多学者进入了这样一个误区:结论只是对模型或假设检验的简单总结。实际上,结论阐述是管理研究最精华的组成部分。

管理研究不能忽视结论。一项研究的价值与意义大部分凝结于结论之中。一般来说，结论分为假设检验(模型检验)结论和管理结论两个部分。假设检验(模型检验)结论主要是对假设(模型)的总结，指出数据/理论是否支持假设；管理结论是对数据得到的结论的升华，通过对数据结论的总结，得到新的管理理论或管理方法。

1.5 管理研究中的常见错误

要使管理研究取得成功，除了掌握必要的理论、方法之外，避免常见错误也至关重要。管理研究中的常见错误主要有体系错误、简约错误和方法错误三大类。

1.5.1 管理研究中易犯的体系错误

体系错误是指用一个分析单位作研究却用另一个分析单位作结论导致的错误。例如：对某种商品市场销售数据和不同城市人口统计数据的分析表明，该商品人均消费量大的城市人口平均年龄较低。是否能够得出结论，年轻人比老年人更喜欢该商品？做出这样的结论时，大有可能犯了体系错误，很有可能年轻人买的商品是作为礼物赠送给老年人，购买本身不一定代表了年轻人更喜欢该商品。该研究问题出在用城市作为分析单位进行研究，却做出了关于人群的结论。

1.5.2 管理研究中易犯的简约错误

管理研究中易犯另一种错误是在解释人的行为时，考虑的因素过分简约，即：解释行为时使用的变量过少。如：研究中国的经济发展，只考虑社会学变量，只考虑经济学变量，只考虑心理学变量，都可能犯简约错误。不同类型的简约会导致在研究中使用不同的分析单位。从社会学角度可能以个人为分析单位研究人们观念的变化，从经济学角度可能以地区或组织为分析单位研究经济效率的差异，从心理学角度则可能针对某些领导人研究他们的个性对发展进程的影响。

1.5.3 管理研究中易犯的方法错误

管理研究中易犯的方法错误主要是指两个错误命题：定量研究比定性研究好；研究方法越复杂，研究就越有价值。

就第一个命题而言，实际上，定性研究是定量研究的基础，定量研究是为了更好的定性研究，二者没有孰优孰劣之分，只要做的严谨、规范，且具有现实与理论价值，就是好研究。因此，在进行管理研究时，不要刻意追求定量研究，而应根据自己研究对象选择合适的方法。

第二个命题是当今一些学者“唯方法论”的错误观点。研究方法没有好坏之分，简单的研究方法并不代表不能获得有价值的研究结论。而有些学者为了追求复杂的研究方法，将一些不适应自身研究对象的研究方法生搬硬套，最终导致研究的失败。我们在进行研究的过程中应避免这种现象的发生，找最合适的方法而不是最复杂的方法。

此外，我们还应注意，管理研究方法在某一国家的成功运用不一定代表该方法也适用于其他国家，因而探索的中国式管理必须考虑自身特性，寻找适合本国国情的管理研究方法。

1.6 中国管理研究展望

伴随着经济的发展，中国的管理研究也步入飞速发展的阶段，取得了不少成果。然而，相对于发达国家的管理研究，中国管理研究起步较晚，仍然存在许多问题，如思辨研究多，实证研究相对较少；本土化管理研究较多，但缺乏深度，虽然学术界提倡本土化研究，但绝大部分研究都不约而同地采用西方已有理论来解释中国现象，尚未建立中国特色的管理研究体系。

回顾管理理论的发展历史，我们发现，管理理论的兴起往往伴随着经济的高速发展以及企业创新的活跃。以美国和日本为例，美国大量的企业实践形成了“美国式管理”。美国通用电器公司以“战略业务单元”和“事业部制”成为美国式管理的标杆；可口可乐贡献了战略联盟、管理外包的商业模式；而沃尔玛所缔造的商业神话，更把“供应链管理”带到了人们的日常管理当中。正是这些卓有成效的企业，让全世界理解和学习到了“美国式管理”。

再看“日本式管理”，日本的“品质圈”或者说“品质管理”成为世人公认的概念，也成为日本企业强大竞争力的来源，特别是丰田汽车公司创造的“精益制造”、“JIT（即时生产系统）”、“看板生产”以及“零库存”等等，成为全球制造企业的管理机理，不仅使得在 20 世纪 80 年代之后丰田汽车成为全球第一的汽车制造企业，而且使得“日本式管理”成为现实。

30 多年来，伴随着中国改革开放带来的经济迅速腾飞，是否有中国式的管理理论诞生？如何清晰描绘中国式管理的内涵以及对中国式管理的发展方向的探讨，不仅有助于推动国家的伟大复兴，也将为世界管理理论做出贡献。

“中国式管理”的未来发展应注意扬长避短，要以中国的优秀传统文化为精髓，中国管理哲学引领西方管理智慧，最重要的是应从中国面临的特有问题入手，结合实践建构系统的理论体系。理论上，基于不同的研究维度，吕成(2011)将“中国式管理”领域的研究方法体系划分为四类，“基于西方管理科学”维度的研究方法、“基于文本文献”维度的研究方法、“基于哲学思辨”维度的研究方法以及“基于现实实践”维度的研究方法。据此理清了各类研究方法间的内在逻辑线索，完成了对“中国式管理”领域研究方法体系的整体性构化。同时，“家”的观念，“面子”问题等种种习俗、制度和处事方式都深深烙印在中国传统文化中，中国式的管理理论基础应该建立在中国企业文化的特征之上。实践中，一些学者的研究成果也充分说明了在异质化的市场中，西方的理论架构和成果并不能完全照搬和适用。例如，学者何佳讯(2006)在国外学者研究的基础上，建立和验证了品牌关系质量本土化模型(CBRQ)，证明了社会价值表达、信任、相互依赖、承诺、真有与应有之情、自我概念联结这六个构面包含了中国消费者—品牌间的关系质量，实现了跨文化差异研究取向对于品牌资产测量的新贡献，深化了发展中国家的品牌理论研究。

总之，构建符合实践要求的理论体系应该成为中国式管理的重点，融入现代西方先进的管理理论和文化要素的同时，更应做到适合中国国情和不断发展创新，开创富有中国特色的管理模式。

思考题

1. 管理研究与自然科学研究的主要区别？造成这种主要区别的原因是什么？
2. 分析概念和假设之间有何联系和区别？
3. 管理研究的基本要素是什么？

参考文献

[1]Aaker，D. Managing Brand Equity. New York：The Free Press，1991.
[2]Babbie E. 社会研究方法(第 11 版). 北京：清华大学出版社，2007.
[3]Bacharach，S. B. Organizational Theories：Some Criteria for Evaluation [J]. Academy of Management Review，1989，(14)：496—515.
[4]Comte，A. Introduction to Positive Philosophy. Paris：Carillian-Goeury and Dalmont，1988.
[5]Cooper，P. S. and Schindler，D. R. Business Research Methods，8th Edition.

New York: McGraw-Hill, 2003.
[6] Grinnell, Richard M. Social work research and evaluation. Itasca: F. E. Peacock Publishers, 1993.
[7] Kerlinger, F. N. Foundations of Behavioral Research, 3rd edition. New York: Holt, Rinehart and Winston, 1986.
[8] Kuhn, T. The Structure of Scientific Revolutions. Chicago: University of Chicago Press, 1962.
[9] Leedy, P. D. and Ormrod, J. E. Practical Research, 8th Edition, Upper Saddle River: Pearson Prentice Hall, 2005.
[10] Merton, R. K. Social Theory and Social Structure. New York: Free Press, 1968.
[11] Morgan, M. S. and Morrison, M. Models as Mediators. Cambridge: Cambridge University Press, 1999.
[12] Popper, K. R. The Logic of Scientific Discovery, 2nd edition. New York: Harper, 1968.
[13] Zikmund, W. G. Business Research Methods, 6th edition. Orlando: Dryden Press. 2000.
[14] 陈晓萍,徐淑英,樊景立等. 组织与管理研究的实证方法. 北京:北京大学出版社,2008.
[15] 陈昭全,张志学. 管理研究中的理论构建[C]. 陈晓萍,徐淑英,樊景立等. 组织与管理研究的实证方法. 北京:北京大学出版社,2008.
[16] 胡恩华,刘洪. 管理科学研究范式的转换——以复杂性科学为研究视角. 系统科学学报,2007:74—78.
[17] 李怀组. 管理研究方法论. 西安:西安交通大学出版社,2004.
[18] 林曦. 管理学的学科属性与学科定位[J]. 社会科学管理与评论,2006,(3):88—96.
[19] 刘军. 管理研究方法原理与应用. 北京:中国人民大学出版社,2008.
[20] 樊景立,梁建,陈志俊. 实证研究的设计与评价[C]. 陈晓萍,徐淑英,樊景立等. 组织与管理研究的实证方法. 北京:北京大学出版社,2008.
[21] 孙国强. 管理研究方法. 上海:上海人民出版社,2007.
[22] 谭劲松. 关于管理研究及其理论和方法的讨论[J]. 管理科学学报,2008,11(2):145—152.
[23] 谭力文. 论管理学的普适性及其构建[J]. 管理学报,2009,6(3):285—290.
[24] 席酉民. 管理与管理研究的几点理论思考[J]. 系统工程理论与实践,1998,

(7):8—16.
[25]徐淑英,欧怡. 科学过程与研究设计[C]. 陈晓萍,徐淑英,樊景立等. 组织与管理研究的实证方法. 北京:北京大学出版社,2008.
[26]徐淑英,张志学. 管理回题与理论建立:开展中国本土管理研究的策略. 南大商学评论,2006,第7辑:1—16.
[27]徐淑英. 中国管理研究的现状及发展前景. 光明日报,2011年07月29日.
[28]徐淑英. 中国管理研究的现状及发展前景.《光明日报》,2011—07—29.
[29]杨宜苗,马晓慧,郭岩. 西方市场营销研究的主题 、方法和学者研究——基于 Journal of Marketing (2005 ～2009)的文献分析[J]营销科学学报,7(2):107 — 131.
[30]约翰·克雷斯威尔. 研究设计与写作指导:定性、定量与混合研究的路径. 崔延强译. 重庆大学出版社,2007.
[31]张明玉等编著. 管理学,北京:科学出版社,2007.
[32]周三多等. 管理学:原理与方法. 上海:复旦大学出版社,2003.
[33]吕成,杨明. 再议"中国式管理"研究领域的研究方法问题——一个研究方法体系的建构[J]. 比较管理,2011,1(1):94—110.
[34]何佳讯. 品牌关系质量本土化模型的建立与验证[J]. 华东师范大学学报(哲学社会科学版),2006,38(3):100—105.
[35]马庆国. 管理科学研究方法. 北京:高等教育出版社,2008.

第二章

管理研究设计

正如一栋摩天大楼的崛起离不开艺术家们的完美设计蓝图，详细、缜密的研究设计同样是高质量研究成果的基本保证。

——David de Vaus(2001)

2.1 管理研究设计概述

管理研究设计(research design)是整个管理研究过程的执行计划，是一个研究的整体蓝图，包括确定研究主题，通过文献回顾和探索性访谈发展研究假设，确定抽样方法、测量和操作化手段，以及这些因素对统计分析的影响等。研究设计的内容可以多种多样，然而都围绕着两个目的：第一，辩识问题，提炼主题；第二，论证和验证主题，亦即回答解决什么问题，预期取得什么结果以及选择论证此预期结果的技术方法。研究者在搜集资料前必须认真的考虑这些问题，才能有效地回答研究问题，保证研究的质量。

2.1.1 管理研究设计目标

研究设计是一项逻辑工作，所承担的任务是确保收集到的资料能尽可能清晰地回答研究问题或检验理论。研究设计有两个直接目标：(1)有效地控制可能造成因变量发生变化的各种变异，通过不同的方法恰当地控制可能影响因变量变异的各种因素，提高研究结论的严谨性和可信性。(2)满足实证研究效度指标的要求，提高研究质量。

(1)控制变异

研究中涉及的变异量有三类，分别是系统变异(systematic variance)、外生变异(extraneous variance)和误差变异(error variance)。

系统变异是指因变量的变异是由于自变量变化导致的，好的研究设计应该能够最大化系统变异。最大化系统变异需要严密、系统地操作自变量以及控制或平衡其他因素的影响。例如，计划研究归因与危机后品牌声誉的关系，为了最大化系统变异，需要严密地、系统地控制归因水平，控制其他变量的影响，观察不同归因的危机发生后消费者对品牌声誉的感知有何差异。除了归因之外，还可能有很多因素影响品牌声誉，例如危机严重程度、企业社会责任水平和消费者产品涉入程度等等。在研究中，一方面需要严密的控制危机归因的水平，同时需要平衡和控制其他的因素，确定品牌声誉的差异是由于不同归因水平所致，而非其他因素的影响。

外生变异是指外生的或是研究目的不希望得到的变异。这些变异的存在会混淆研究的效果，给研究结果的解释造成困难，通常通过随机化、匹配或平衡外生变异，可以排除对因变量和自变量之间关系的其他解释。例如，如果要研究创新对公司利润的影响，必须控制公司规模和行业。虽然这两个因素都不是研究的关注点，但它们影响公司的获利性。控制了这些变量，我们可以更有信心地得出这样的结论，即公司利润的变动是创新导致的而不是规模或行业的影响。

任何研究难免有误差存在，误差变异是指由于变量的随机波动而导致的指标变异。好的研究设计应能够最小化误差变异，使得系统变异更显著。最典型的误差变异是测量误差，或研究者控制不了的未知因素。最小化误差变异可以通过控制数据收集过程以及增强指标的信度而实现。在 Barker 自我管理团队中的协和控制的研究中，作者数据搜集完时已经累积了 275 个研究小时和 37 次深度采访，保证了误差变异最小化、更精确。

只有很好地控制变异，才能确定变量与变量之间的因果关系，寻找到一定规律。具体来说，就是系统变异应实现最大化；外生变异要得到有效控制；同时，误差变异被控制到最小程度。

(2)保证研究的效度

研究设计的第二个目标是保证实证研究的效度。简单地说，效度指结论的可靠程度，即在多大程度上我们相信从实证调查中得到的结果呢？研究设计应该确保四种效度，它们分别是构念效度、内部效度、统计结论效度和外部效度。研究者需要按照四种效度指标合理的安排研究过程，以提高研究质量。严格的研究设计可以确保测量的变量很好地涵盖了构念内涵，提高构念效度，帮助我们选择正确的统计方法，保证统计结论效度，同时可以通过事先的设计和准备，最大限度剔除各种替代解释对因果结论的影响，提高内部效度，可以通过随机抽样的手段或者选择代表性较高的研究情境来提高研究的外部效度。

我们可以看出，控制变异和保证效度两个目标有着紧密的联系，最大化系统变异和控制外生变异的结果提高了内部效度;最小化误差变异可提高信度;通过样本选择或者提高构念效度可以实现最大化系统变异。

本书第五章将详细的讨论研究各种效度,在本章不作赘述。

2.1.2　管理研究类型

只有根据不同的研究类型,才能有效地选择研究方法或研究途径。因此,研究设计首先应该从各个角度确定研究类型,并制定出相应的策略。从设计的角度看,主要可以从研究目的和研究时间两个方面来划分和确定研究类型。

2.1.2.1　探索性研究、描述性研究与解释性研究

社会科学研究有三个基本目的:探索、描述和解释。根据研究的主要目的,可以将研究设计分为探索性研究设计、描述性研究设计和解释性研究设计三大类。

(1)探索性研究

顾名思义,探索性研究(exploratory research)是通过对某个问题或情况的探索,发现新动态,提出新看法与见解,或者排除不可行的想法。例如当观察到客户满意度下降时,可能需要通过探索性研究进行排查,初步了解客户满意度下降的原因有哪些,然后围绕这些原因展开进一步的研究,并采取相应的行动。

探索性研究通常满足于三类目的:1)满足研究者的好奇心和探索某事物的欲望;2)探讨对某议题进行细致考量的可行性;3)积累后续研究中需要使用的背景资料或为进一步研究开发研究工具。进行探索性研究需要研究者收集必要的背景材料,熟悉和澄清所要研究的问题及其背景,从而准确界定问题、提出假设,并且寻找解决问题的初步方案和线索,确定进一步的研究重点。

在社会科学研究中,探索性研究很有价值。当研究者需要开发新的研究领域或提出新观点时,通常会运用探索性研究。探索性研究不需要事先确定严密的研究方案与程序,采用的方法灵活多样。它很少采用随机抽取的大样本,主要采用定性的数据收集方法和相对较小的配额或便捷样本。

(2)描述性研究

描述性研究(descriptive research)是收集数据以检验有关研究对象状态假设的工作过程,它回答 who, what, where, how much 之类的问题,旨在将现象和事件描述与识别清楚。如,全国人口普查是一项典型的描述性研究,目的是准确地描述全国各省人口的年龄、性别、出生率、经济水平等特征。绝大多数的市场调查也是描述性研究,如对中国奢侈品消费的现状进行调查,调查其购买用途、最常购买品类、购买频率和单次购买金额等,使企业掌握目前市场现状,以便为未来企业战略决策提供准确信息。社会研究中,最常见的描述性研究是

个人或组织对某件事情或某种政策的态度调查，选举和制定政策前的民意测验就属于这类研究，研究所需数据主要来自于问卷、访谈或现场观测。

描述性研究同探索性研究一样都没有明确的假设，从观察入手来了解并描述研究者感兴趣的现象。而与探索性研究不同，描述性研究是预先计划的、结构化的，对拟收集的信息的内容和形式有明确的要求，通常采用有代表性的大样本。在收集数据前，研究者应该事先拟订好数据处理与分析方案，以便保证收集的数据符合要求，能够为决策服务。

尽管描述性研究没有明确的假设，但在进入观察阶段之前必须有一些初步的设想，以避免观察的盲目性。这些设想主要包括以下几个方面：

①研究的时间性：是了解社会现象的当前状态，还是了解它的历史状况或发展过程。也就是说要在横剖研究和纵贯研究之间做出选择。

②研究的空间范围：是了解几个地区或城市，还是了解整个国家的状况，是对现象做出整体描述还是将整体划分为一些类型（如不同城市、不同国家、不同群体）分别进行描述以相互比较。只有规定了研究的空间范围，才能确定观察的地点和对象。

③研究主题和内容：虽然研究课题已提出了所要研究的问题，但是需要具体化，以明确本次研究究竟是要描述什么。例如，研究题目是“中国消费者手机消费情况”，在这一题目下有各种主题和具体内容，如购买品牌、购买时间、购买频率、购买途径等等。一项研究可描述其中一个主题，也可以选择多个主题。

④研究层级和角度：研究者可以仅在经验层次上描述具体现象，也可以在抽象层次上说明这些现象的普遍意义。例如，可具体描述某个消费者的手机消费品牌和他的经济收入，也可以描述整个社会在消费观念和消费模式方面发生了那些变化。

⑤具体化和操作化：在确定了研究主题之后，要对所使用的概念作出具体定义，例如，要描述中国社会阶层的状况和变化，就要对“社会阶层”的概念作出定义。说明这一研究是如何界定“社会阶层”的，研究者以什么标准（经济收入？职业？教育水平？生活方式？社会身份？）把一个调查对象归入不同的阶层的。如果确定主要以“社会身份”来划分，那么还要进一步操作化，说明划分的具体指标和分类原则是什么？是根据以往研究标准，如工人、农民、干部等身份分类，还是建立新的分类原则。

⑥调查对象的选取：是对调查范围内的所有人都进行调查，还是选取其中一部分人或某几个典型的人物作调查？如果是后者，那么还需要确定选取的方法和程序。

当然，在设计阶段，这些设想并不一定很明确、很完善。描述性研究的特点在于它不受假设的束缚，它可以在实际研究过程中进一步完善这些设想或改变原有的设想。不过，如果事先考虑比较全面周到，则研究过程可以少走弯路，事半功倍。

(3)解释性研究

解释性研究(explanation research)回答为什么(why)的问题，在描述清楚现象和事件以后深入探索现象或事件间的关联。例如，通过工业普查可以了解到各个城市企业盈亏状况、企业所有制结构等，弄清城市的亏损企业比重、非公有企业比例等状况，这是描述性研究的结果；进而探索形成这类比重、比例差异的原因则是解释性研究。因果研究属于解释性研究。

李怀祖认为，描述性和解释性研究的关系犹如医生看病的诊断过程，先通过各种检测仪器或望、闻、问、切将患者的各种症状了解清楚，然后再结合患者的病例和身体状况，分析各种症状间的关联，分清主次，对病症及发病原因作出诊断。

解释性研究需事先建立理论框架，并提出明确研究假设，将这些假设联系起来构成一个因果模型，通过变化自变量、控制外生变量，以及进行具体的统计分析检验研究假设。建立模型主要有三种方式：(1)列出现象的原因和结果：例如，中国消费者对奢侈品的消费趋之若鹜，要探寻这一现象的原因，研究者可以通过初步探索并根据某些理论和实践经验找出各种可能的影响因素，建立多因一果的模型。同理，研究者也可以根据这种逻辑建立一因多果的模型，探寻中国消费者奢侈品消费可能会导致哪些结果。(2)详析两变量间的关系：这种方式与上一种不同，它不是在研究之前就列出各种原因和后果，而是只选择一个最重要的自变量建立研究假设，然后用各种资料来检验这一假设，并深入详细地分析这两个变量与其他变量之间的关系之后再建立因果模型。例如，研究者注意到基于面子动机的消费可能是中国消费者奢侈品消费的一个最主要的原因，因此这两个变量之间的因果联系可作为主要的研究假设。至于其他奢侈品消费者的动机，如享受型消费、从众消费、完美主义消费等作为检验因素，待统计分析之后再确定它们与前两个变量的关系。(3)深入分析变量间的作用机制：社会现象是错综复杂、相互联系、相互作用的，因此即使两种现象之间存在因果关系，它们之间的影响也是通过各种因素作用的。要有效地解释现象，就必须对因果关系的边界(调节变量)和因与果之间的黑箱(中介变量)等各种作用机制进行考察。

2.1.2.2　横剖研究与纵贯研究

管理研究从研究的时间尺度上可分为横剖研究和纵贯研究两种类型。

(1)横剖研究

横剖研究(cross-sectional study)是在某一时间点对研究对象进行横断面

的研究。所谓横断面是指研究对象的不同类型在某一时点所构成的全貌。探索性和描述性研究通常都是横剖研究。典型的横剖研究是人口普查，它是在同一时点对人口状况作横断面研究。但一般性的横剖研究却不能如此严格地规定在某一天的某时进行，而是指在比较短的一段时间内，如一周、一个月进行的研究。横剖研究有助于分析和比较属于不同群体、不同阶层或具有不同性别、不同年龄、不同职业和不同文化程度等特征的研究对象在一定时空范围内的分布状况和特征。如不同年龄、不同地区的人在某企业品牌危机刚刚爆发后，对该品牌的态度和购买意愿。横剖研究并不等于静态研究，它也可以进行动态分析。此外，许多理论检验研究都采用横剖设计来探寻因果规律。

横剖面研究的特点是调查面广、多半采用统计调查方式、资料的格式比较统一且来源于同一时间，因而可对各种类型的研究对象进行研究和比较。但资料的深度和广度较差。

(2)纵贯研究

纵贯研究(longitudinal study)是在不同时点或较长的时期内观察和研究社会现象。它是对总体中一个固定的样本进行重复的调查，按相对固定的程序和要求收集信息。例如，在品牌危机爆发前后的不同时点(例如潜伏期、爆发期和恢复期的某个时点)，调查固定样本组品牌态度的变化。

纵贯研究包括三种类型：1)趋势研究：是对研究对象随时间推移而发生的变化进行研究。2)同期群研究：是对同一时期同一类型的研究对象随时间推移而发生的变化的研究。同期群研究注重的是某一类型，而不是某一个体的特征。所以在不同时间可以调查不同的人，只要他们都属于同一类型。但每次调查的抽样都应当是随机的，以保证被调查到的样本可以代表这一类型的人。3)追踪研究：是对同一批研究对象随时间推移而发生的变化的研究。追踪研究注重个体特征，因此要求在各次调查中都调查同一批对象。

纵贯研究的特点是能够了解现象的发展过程，能比较不同时期的变化。此外，由于各种变量的时间顺序清楚，因此容易做出逻辑上的因果判断。但纵贯研究的调查范围较小，难以进行不同类型的比较。

(3)横剖研究与纵贯研究的比较

综上所述，横剖研究是在某一特定的时点收集信息，反映的是在这个时点的静态状况；而纵贯研究是通过追踪同一固定样本，收集能够反映动态变化的信息。如果说横剖研究是拍照的话，那么纵贯研究就是动态摄影。

纵贯研究相对横剖研究的主要优势是对同一样本组反复测量相同的变量，因而可以洞察其真实的变化模式；另一个优点就是它能够收集到相对大量的数据，因为固定样本组成员通常因其参与而得到一些补偿，所以更愿意配合；此外，由于剖面调查主要是根据调查对象的回忆测量过去认知和行为，因此这些数据可能不准确，而固定样本组数据主要依靠调查日志记录，更少依赖调查对象的回忆，因此数据一般更加准确。固定样本的缺点主要是调查对象缺乏代表性，样本组成员可能有很强的选择性，样本可能会随时间流失，影响其代表性；固定样本的其他缺点包括操作复杂、成本昂贵、收集数据的时间长等。

2.2 界定管理研究问题

科学研究始于问题的提出，它不仅能够指导研究的方向，而且能够决定研究的结果。例如，关于个体的决策，如果提出的问题是“个体应该如何决策以达到利益最大化”，那么，研究就会朝着建立理性模型的方向前进，并且假设各种各样的理想情境来实现这些理性模型。但如果提出的问题是“个体究竟是如何做决策的”，那么研究就会朝着观察个体决策过程的方向努力，比如个体如何搜集信息、如何处理信息、如何做出决策的认知过程和心理过程。

提出问题是进行任何科学研究的第一步，只有对事物有好奇心、对各种现象有无尽问题的人才会有探索的欲望，才会有做研究的兴趣。在这个意义上，做学术研究的原动力其实来自寻找问题的答案和探索事物的真相，而问题的提出则是开始这一漫长旅程的起点。

2.2.1 研究问题的来源

研究的问题可以来自于对日常生活的观察，对实践中出现问题的思考，对自身经历的反思，对社会现象的探究；也可能来自于对文献的阅读，对新闻报道的反应，对传奇故事的追问；甚至可能来自与同事的闲聊，与同学的对话，或者别人的提问等。研究人员在确定研究问题上有不同的选择，有些研究人员在确定了一个自己感兴趣的问题或现象后，对该问题或现象深入研究，一直跟进，甚至研究几十年；有些研究人员兴趣广泛，不断发现新的兴趣，同样取得了很多卓越的研究成果；还有一些研究人员对一个题目深究一段时间后，认为自己对该领域的贡献到了尽头，开始寻找下一个吸引自己、值得自己研究的题目。概而言之，研究问题主要来源于以下几条途径。

(1)个人的经验

研究者个人以往的研究兴趣和研究经验是研究问题来源的重要渠道之一。对于研究者感兴趣并热衷的研究领域，其对该领域内的研究现状和研究空间的把握是相对比较全面的，对领域内新的研究问题的敏锐度较高，问题的把握也比较精准，更容易做出有价值的研究成果。同时，对于感兴趣的问题，研究者也更愿意投入激情和精力，更有研究的动力。

(2)深度的观察和思考

相当一部分问题的来源是研究者个人的深度观察和思考。对于有心者，通过敏锐的观察和个人的深度分析和思考，任何现象都可以成为研究问题的素材。例如，中国现阶段危机频发，无论是企业危机还是政府公关危机，都引发了学者们的关注。为什么会出现这一社会现象？出现这一现象后公众的反应是什么？为何有些危机爆发后公众不以为然，而另一些危机爆发后公众却不肯原谅？究竟哪些因素在影响公众对危机事件的反应呢？

对这一现象会感兴趣的学者会不断地观察自己与其他人对于不同危机事件的反应，进行更深度地思考。可见，研究者对某一现象的深度观察和思考常常能够带来研究的问题，并且使研究不断深入，从而挖掘出现象背后的原因。这是研究问题来源的重要渠道之一。

(3)阅读文献

发现研究课题的另外一个重要方式是阅读文献，通过阅读以往的文献来了解某领域的研究现状，发现近期的研究热点。从阅读文献中得到启示，并发现值得研究的问题有下列优势：

首先是研究风险相对较小。这里的研究风险指的是课题能否被研究同行认同。如果研究课题纯粹来源于自己的兴趣，而诸如此类的问题从来未被以往的学者研究过。有一种可能是学者们认为该课题没有价值；即使个人觉得非常重要，但想要发表也会非常困难。另外，也可能是以往学者都不曾想到这个问题，那样的话作者同样要承担扭转别人视角的工作，同样很难发表论文。而从目前正在热烈讨论的问题中选择一个来进行研究的话，比较容易被认同。例如，近期组织公民行为的课题很热，学者们发现这一理论可以应用于营销领域，随即很多营销界的学者在组织公民行为理论基础上，提出顾客公民行为这一概念，并对其维度、影响因素和后果进行研究，这一研究就很容易被认可，发表论文会相对比较顺利。

其次，通过阅读文献来寻找课题可以为研究奠定比较扎实的理论基础，不需要一切重新做起。在文献中出现的研究课题一般都奠定了一定的理论基础，这样能够避免论文理论空洞的缺陷。好的文章一定是有坚实的理论基础支撑，许多文章在假设提出之前基本就没有什么理论的叙述和铺垫，也没有从理论到假设之间的逻辑推理，往往很突兀地就把假设提了出来，让读者摸不着头脑。假如研究问题是在阅读他人文献的基础上产生，那么原来那些文章中的理论模型基本上就可能成为指导研究的理论基础，只需要在此基础上做一些修正，或增减一些变量或变量间的链接就可以了。

此外，阅读文献还能让你了解做该研究使用的一般方法，从而使研究有路可循。例如，研究品牌危机一般都使用情境实验法或准实验法，研究者通过观察和记录被试在情境刺激下的反应来获得研究数据。通过阅读文献，可以了解前人在该领域研究中如何进行情境的设置，通过哪些方式控制研究的干扰变量等问题。根据文献中已经使用过的方法来进行自己的研究也能增加论文被接受发表的可能性。

在阅读文献的基础上形成自己的研究问题也存在一些不足之处。首先，研究可能新意不足，如果仅在别人研究的很成熟的模型中，增加或替换一两个变量，这样的研究固然可能有其“锦上添花”的价值，但创意甚微；第二，文献中学者的研究结论可能限制研究者的思维，使研究者无法进行更深度的思考，如果研究者无法突破，不能形成自己的研究体系和轨迹，也很难做出有分量的论文。

(4)与人交流

另外一种产生研究问题的来源是与他人沟通交流的过程。这里的他人主要指以下几类：研究者的导师、同学、博士生及相关企业工作人员。与这些人的交流虽然方式不同，内容不同，角色不同，却都可能给你的研究课题带来灵感。可以将自己感兴趣的课题在课堂上与导师和同学讨论，请他们提供解释和看法，开拓自己的视野或求证自己的观点。还可以与博士生交流，博士生通常对研究有着浓厚的兴趣，又善于思考，可以给研究者以更有价值的启发。同从事相关工作的人员交流一方面可以验证自己的理论，另一方面还可以发现一些新的问题，引发研究者的思考，得出新的观点。

2.2.2　研究问题的界定

确定一个研究题目，需要考虑各种因素，其中包括研究的理论意义、应用价值、迫切性、可行性、研究者的主客观条件等。

(1)理论意义

学术界公认的重要题目或必要题目，如学科前沿的重大课题、疑难问题、“空白”课题、主要研究领域的“热门”课题、学科建设必不可少的基础研究、发展研究和应用研究的课题等，这些课题都有一定的理论意义和研究价值，但对科学来说，那些具有创造性、能够启发新思想的研究题目则具有更大的理论意义。因此，选定的题目，如果不能在该领域的理论上做出贡献，则其研究价值可能较低。

(2)应用价值

研究的应用价值指满足社会的现实需要、能解决各部门、各单位的实际问题，对社会实践有较大、较深远的影响和促进作用。应用价值并不局限于满足当前的需要，还指对社会的长远发展和长期规划有价值。一个研究即使理论上有再大的贡献，实际中不能“落地”，则无法应用于实践，也不能成为有意义的研究。

(3)迫切性

迫切性指迫切需要解决的理论问题和实际问题。如当前中国各种社会和企业危机事件频发，怎样应对危机，走出困境，实现经济体制的顺利转型，重建公民对政府和企业的信心，就是现在社会迫切需要解决的问题。当然，随着社会的发展，还会出现许多新的、迫切需要解决的社会问题，研究这类问题，则能够做出更加突出的理论和实践贡献。

(4)可行性

可行性指研究能够得到社会和相关部门的重视和支持，在研究力量、研究经费、人员配合、资料提供、被调查者的协作等方面得到较可靠的保证。此外，研究题目和研究范围的大小也对可行性有影响。一般来说，研究很少靠个人来完成，因此题目和研究范围的大小、宽窄可根据课题组的力量和社会配合情况来确定。

(5)研究者的主客观条件

研究者的主客观条件指研究者本人的研究兴趣、学识、能力、精力、时间、研究条件等等。科学研究需要想象力和创造力，这在很大程度上取决于研究者对某一专业领域的兴趣、酷爱程度和献身精神。此外，研究者的理论水平和研究能力也对题目选择有影响。对于缺乏研究经验或缺乏理论基础的研究者来说，研究题目应简单、具体、浅显一些，从小题目开始，积累经验，然后再逐步扩大和深入。对于初入行的研究者而言，开始时能够做到规范、严谨，拥有良好的研究习惯，将会终生受用。

好的研究选题需要注意以上问题，能在理论上“顶天”，实践上“立地”，且有足够的创新性，根据自身的研究兴趣和能力，保证操作上的可行性。题目的确定应将研究内容进行深度的提炼，突出研究的亮点，同时应符合文法规范，国外很多论文题目采用问句，这是一种很好的方式，可以引发人们的思考，吸引评审者的眼球。当然，具体题目还是应该从研究本身出发，不能为了求新而脱离主题。

2.3 研究假设的提出

2.3.1 研究假设的逻辑

假设是对某种行为、现象或事件做出的一种合理的、尝试性的并有待检验的解释，是研究者对于研究结果的一种设想，对于研究问题中变量间关系的一种预期。研究者提出假设后收集数据和事实来检验假设。验证结果可能支持也可能不支持假设，但无论支持还是不支持，研究工作都是有意义的，它的证实或证伪都对管理理论和实践做出贡献。从提出假设的逻辑来看，假设可以分为归纳型和演绎型两种。

归纳和演绎是科学研究中运用得较为广泛的逻辑思维方法。马克思主义认识论认为，一切科学研究都必须遵循两条途径：由认识个别到认识一般；再由认识一般进到认识个别。在个别中发现一般的推理形式、思维方法是归纳；在一般中发现个别的推理形式、思维方法是演绎。归纳和演绎是统一认识过程中

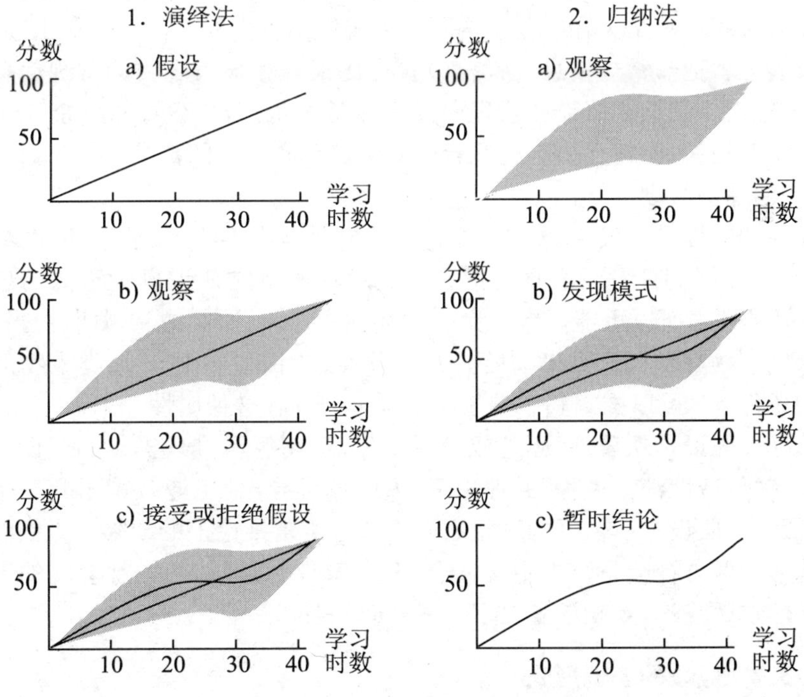

图 2—1 演绎法和归纳法的比较

的两个既互相对立，又互相依存的思维方法。科学的真理是归纳和演绎的辩证统一的产物。

如图 2－1，在探讨学习时间的长短对学习成绩的影响中，可以看出演绎法和归纳法的差异。在演绎法中，首先是基于一定的理论依据和概念框架，提出假设，这个假设就是学习时数对学习的分数是直线影响关系。然后通过观察一定的样本数据，设置一定的置信区间来检验假设。在归纳法中，首先通过观察一定的样本数据，发现一些模式，然后提出一个能够推广到一般的结论。

(1)归纳型假设

归纳是从经验观察出发，通过对大量现象的观察概括出具有普遍性或一般性的结论。归纳的前提是人类通过对个别事物和个别事例观察得到的经验材料，而归纳的结论却是一般性原理。因此，归纳是由个别或特殊上升到一般，由感性经验上升到理性思维的重要思维方法。

归纳型假设是在观测基础上对事实的概括。观测中发现某些变量之间可能有关联，于是给予初步的解释。如，明兹伯格通过对企业高层管理者的日常工作写实，发现他们实际日常工作的内容充满了打电话、批条子、会见下属和同行等一些具体事件，有效的高层管理者工作内容繁琐而具体，并非原先书本里所说高层管理者只是关在办公室内冥思苦想做出重大决策。于是得出“有成效的高层管理者把非常规信息(活信息)看得比报告和报表之类的常规信息更为重要”的假设。归纳式假设在管理研究中非常有价值，不仅要求它能正确解释已有的全部观察资料，还要求能适合今后的实践和更大的范围。

(2)演绎型假设

演绎的前提是一般性原理，结论是对个别具体事物的判断，所以演绎是由一般引申出个别，用理论原则指导我们对具体事物认识极为重要的思维方法。演绎推理之所以可能，是因为一般存在于个别之中，在一类事物当中，每一个个别事物都具有这类事物所具有的共性。因而，在已知该类事物的共同属性的条件下，可以推知其中的某一个别事物具有这种属性。

演绎型假设是从公理、原理或学说出发，运用逻辑推理提出的假设。例如在熊彼特“创造性消亡过程”的理论下，人们可推导出“工业政策不利于企业创新”的假设。假设和所依据的理论之间不能有逻辑推论上的缺陷。人们熟悉的一种陈述：“西方社会是资本主义社会，资本家唯利是图，西方社会间的人际间关系必然尔虞我诈，互相欺骗”也是一种演绎假设。

2.3.2 假设的表现形式

恩格斯曾说：“只要自然科学在思维着，它的发展形式就是假设”，“形成假设和验证假设的过程是科学活动的核心。”假设是关于自变量和因变量之间关系的陈述,用以解释某个现象。在这里,现象就是因变量,而导致这个现象的原因是自变量。例如,假设品牌危机严重程度会影响危机后消费者品牌关系,那么消费者品牌关系是因变量,品牌危机的严重程度是自变量。

从自变量个数的角度来看,最简单的假设是单一自变量假设。在单一自变量假设中,更为简单的情况是这个自变量只有两个水平。比如,危机严重程度的高和低。如果只想知道危机严重程度对消费者品牌关系的不同影响,那么一个自变量取两个水平就足够了。

从自变量个数的角度来看,如果一个假设有两个或两个以上的自变量,我们称这样的假设为多自变量假设。例如,有一个假设:品牌承诺和危机严重程度交互影响消费者品牌关系。相对高承诺的消费者,危机严重程度对低承诺度消费者的品牌关系影响更大。这就是一个有两个自变量的假设,一个自变量是危机严重程度,另外一个是消费者品牌承诺。以此类推,也可以把自变量增加到三个、四个,甚至更多。

从因变量的角度来看,我们也可以有不止一个因变量。什么时候我们需要多个因变量呢?有时加入另外一些和主要因变量相似的因变量,只是为了从另外的角度来加强实验的有效性;有时我们的理论本身就在关注自变量对两个以上的因变量的影响。

2.3.3 研究假设的提出

假设对于所有研究工作都十分重要,无论运用哪种逻辑提出假设,假设都意味着新的设想,有了新的设想才可能有新发现。任何假设的提出都毫无例外地应以前人研究工作为基础。假设的提出始于研究工作实施之前,研究对象(样本)、研究程序和步骤、数据收集和分析技术等都取决于假设。假设的基础是前人已有的知识,目的是扩充知识、发现新知识。因此假设的提出应遵循以下原则:

(1)假设应建立在坚实的理论基础之上

任何假设都是现有理论的扩展和延伸,不可能离开某种理论体系而孤立地提出某项假设。一项旨在扩展某种理论的假设可能成为该理论和其他理论之间的桥梁,甚至拓展出新的知识领域,但它的基础都是原有的理论研究成果。提出有价值的、有创新性的假设,决不能回避已有的理论或研究成果。没有理论功底,只靠个人拍脑袋提出新名词或声称创建了一个前无古人后无来者的理论,这种研究不可能成为管理研究中的新大陆。研究者在提出假设之前,要清晰地了解以往的学者都做了些什么,才能站在巨人的肩膀上想出新的问题。伽利略自由落体研究过程就是个很好的例子。他在亚里士多德理论的基础上发现了矛盾,“既然重物下落快,轻物下落慢,那么如果将重物和轻物绑在一起,下落速度会怎样?快的被慢的拉着,慢的被快的拉着,所以速度会变得不快不慢。但同时,两个物体绑在一起,应该是更重了,所以速度应该更快。在原有理论的矛盾中,他提出了假设,就是著名的“两个铁球同时落地”。最后,他成功地用实验和数学方法证明了它,成为了物理学史上重要的突破。

(2)假设必须是可以被验证的

提出的假设必须是可以被验证的,可以用观测的数据,或实验的结果来支持或否定这一假设。假设可以被证实,也可以被证伪。比如,“失败是成功之母”就是一个没有办法证伪的假设。这个假设讲的是失败和成功之间的关系,但是我们并不能准确的定义成功和失败,就没有办法证明这个假设到底是正确的还是错误的。如果一个人做事失败了,我们不能保证下一次一定会成功;如果一个人做事成功了,我们可能可以说他是失败后取得了成功。很多情况下,不是全部被证实或全部被证伪;在较多的情况下是一部分在一些情况、范围和条件下被证实,而在另一部分则可能被否定。假设总是在一定前提条件下才成立的,用来验证的事实和证据也总是在一定范围内而言的。

(3)假设要尽可能清晰、简洁地表述变量之间的关系

首先,一项研究工作所要解决的问题应清晰、准确。如果要研究问题及研究的实际和理论背景都是用模糊语言表达的话,假设也可能是含糊不清的。“激励程度高”、“销售绩效好”是何含义?销售何类产品,家电、化妆品还是汽车?假设清晰有赖于变量界定清晰,一般假设先描述自变量,操作化定义自变量和因变量。

同时,假设还应该是简洁的。经验欠缺的研究者经常在自己的假设中加入很多自变量。但是随着自变量的增多,这些变量之间的关系就变得越来越复杂,最后也越来越难对因变量的变化做出合理的预测和解释。比如,有研究者想考察消费者个性和品牌忠诚之间的关系。但他也意识到,性别、涉入度、互动、情绪等和品牌忠诚都有关系。如果他在假设里面把这几个因素都加进去,假设就会变得非常复杂,对因变量的变化的描述因为受到多个自变量的影响而混乱不清,从而失去了研究的重点,缺乏理论贡献,也很难指导实践。所以,一个好的假设不是要穷尽所有的因素,而是要分离出几个主要的因素,避免不必要的复杂概念和条件,重点研究这几个因素对因变量的影响,才能得出深入的、有价值的、可以推广的研究成果。

(4)好的假设应是“情理之中,意料之外”

好的假设应该是能够颠覆人们对某个现象的既有的认识,在情理之中,但

是意料之外，能够引人入胜，激发读者的兴趣。一些学者的研究，解释的是一个大家都熟知的事实，例如"同等价位的同类产品，产品质量越差，消费者购买意愿越低"。此种假设没有多大意义，我们应该在研究中尽量避免出现。好的假设应该有所突破，挑战读者对某个事物的刻板认知。例如"相比给自己做决策，人们在替他人决策时更喜欢冒险"就是这一类的研究。这类文章会让读者觉得有道理，有新意，印象深刻，发人深省。

(5)好的假设应该具有可推广性

具有推广性的假设指的是可以推演出很多新的假设。举个例子来说：牛肉涨价时，会发现消费者大多转向购买猪肉，我们可以得到的假设是：牛肉涨价会影响猪肉。显然这个例子就不具备推广性，如果将假设改为：一个商品的变动会影响同类替代商品的消费，这个假设就具备可推广性。我们所提出的假设不能仅仅留在事物的表面或者是对单个现象的说明上，而是应该能将表面现象深层化的概括或者能将个性推广到共性上，这才是一个好的假设。

2.4 管理研究方法的选择

管理研究方法是实现管理研究的手段，研究方法的选择是研究设计的另一个重要的任务。研究方法可分为定性研究与定量研究两大类。

定性研究侧重于用语言文字描述、阐述以及探索事件、现象和问题。定量研究侧重于用数字来描述、阐述以及揭示事件、现象和问题。作为定性与定量研究方法的组合，则是定性与定量两种方法兼而有之。需要指出有时在具体问题的研究中，严格地划分研究方法存在一定的困难性。因为定性研究不等于没有数字，而定量研究中也不乏直觉、价值判断和逻辑推理等。因此，定性研究与定量研究在不少情形中往往是你中有我，我中有你。

2.4.1 定性研究方法

2.4.1.1 定性研究

一般认为定性研究是"在自然环境中，使用实地体验、开放型访谈、嵌入与非嵌入性观察、文献分析、个案调查等方法对社会现象进行深入细致和长期的研究；分析方式以归纳为主，在当时当地收集第一手资料，从当事人的视角理解他们行为的意义和他们对事物的看法，然后在这一基础上建立假设和理论，通过证伪法和相关检验等方法对研究结果进行检验。"定性研究的哲学基础主要来自于三方面的哲学思潮——后实证主义、批判理论与建构主义，同时解释学、现象学、符号互动论以及社会批判理论等思想也对其具有重要影响。在具体方法上，定性研究对定量研究的唯科学主义倾向进行了批判，反对将科学凌驾于所有知识之上，指出研究应当是开放和多元的，因此其方法体系也更为多元化，包括参与和非参与观察、无结构与半结构访谈、案例分析、行动研究、历史研究、人种志法等多种形式，主要表现为如下典型特征：

第一，在研究目的上，定性研究更重视对事实的解释性理解，强调"事实"本身必须通过研究者主观的诠释才可能揭示其意义。同时，定性研究还强调研究者必须从当事人的视角来看待研究问题，了解被研究者本人的想法与行为方式；定性研究并不寻求对普遍的共识，而是强调研究的复杂性与不确定性，以寻求新的意义。

第二，在研究情景上，定性研究更强调研究情景的自然性，主张在现有的环境下开展研究，研究者不做预先安排。在定性研究中，研究者应该深入研究现场，在尽可能自然的环境中和被研究者一起交流、学习、工作，按照被研究者看问题的角度、方法、观点，了解他们眼中的现实，揭示其真实世界。

第三，在研究策略上，定性研究更为开放和灵活，主张在研究前不对研究问题做详尽的假设，只提出大体的研究思路。在研究的过程中，研究者随时根据新问题与新信息调整研究方向，修定原来的思路，使之更适合所欲研究的问题。

第四，在具体的研究方法上，定性研究更多地采用访谈、观察、档案分析等方法，强调在研究过程中研究者自身的体验，主要以文字化的描述为主。

第五，在资料分析思路上，定性研究多以归纳分析为主，强调一边进行研究，一边分析资料，同时还应根据分析的结果对研究加以修正。

第六，在研究者与被研究者的关系上，定性研究反对定量研究的价值中立原则，主张研究者应当积极与被研究者交往，并认为这是研究不可缺少的部分。

2.4.1.2 定性研究方法的选择

管理研究中常用的定性研究方法包括定性实地研究和非介入性研究两大类。下面对两种研究方法进行简要的概述。

(1)实地研究

实地研究最初为社会人类学家采用，英国著名社会人类学家 B. K. 马林诺夫斯基曾于 1914～1921 年在太平洋美拉尼西亚特罗布里恩德群岛与土著居民共同生活，研究他们的文化和生活方式，写下了著名的《西太平洋的淘金者》。实地研究(field research)是对自然状态下的研究对象进行直接观察，收集一段时期内若干变量的数据。自然状态(naturalistic setting)指所研究的变量不会在研究者可控的环境或条件下发生变化，而是顺其自然，保留研究者未出现时的原始面目。采用实地研究方法隐含着一个出发点，即所研究对象受其环境的影响，变量是在一定的情境(context)下发生变化的，要弄清变量之间的变化关联就必须弄清其所处的情境。

实地研究最主要的优点是它们的综合性。研究者通过对研究对象的直接观察(direct observation),可以取得许多形象信息供直觉判断。有些研究课题,靠定量分析往往不够或不合适,实地观察则可以发现用其他研究方法难以发现的问题。概括地说,实地研究适用于三类课题:①在自然状态下才能确切描述变量间的关联。实验法和问卷法都是在研究者设定的环境下取得数据,但并非所有行为和现象都可以通过实验或问卷测出,譬如企业的文化氛围。②重大或关键的发展过程。管理中的重大决策或重大事件往往是一次性的,实地研究者亲身参与此过程有助于了解管理者、职工的行为。如果重构或重演这种事件,事后总结,往往就失去意义,发现不了问题。③形成研究假设阶段。实地研究不仅是收集资料的方法,还是一种形成研究假设的行为。在研究工作开始阶段,是难以精确地提出研究假设的,实地研究交替应用归纳和演绎方法,先从实际事实、数据提炼出初步设想,再进一步深入观察,修正原来的设想直至提出假设。

实地研究的操作手段包括定性访谈、专题小组和观察记录,通过应用这些手段,帮助研究者判别和发现观察中的重要事实,分析观察事实并引出结论。事实上,分析和观察是相互交错进行的,并着重应用归纳推理的思路。

观察和分析现象中,最常采用也最有效的思路是找出现象的相似和差异(similarities and dissimilarities)之处。被观察对象的行为中哪些相互之间有相似属性,该实地研究现象与其他背景下的现象有何相似之处等等,都是资料分析中所要考虑的问题。

实地研究的优点有:第一,能提供深入的、个人实际感受和理解的数据资料,特别适合于研究人们日常"自然状态"下的行为和态度,以及这些行为和态度发生的环境。通过问卷或访谈方法对被访者的语言或文字回答作出判断,不过人们口头说的和实际做的往往还有差距。实地研究便可避免这种误差,将语言文字信息和实际行为信息联系起来。像观念"开放"或"保守",工作态度"积极"或"消极",光凭问卷难以得出结论,只有通过观察才能收集到确切反映这些概念的事实和论据。第二,适于研究群体的行为和特征。其他方法所采用的个人回答问卷的方式,难以发现群体的特征。例如企业文化研究。不深入现场体验就无法概括出该企业的企业文化特征。第三,多数实地研究都是动态地研究事件的变化过程,便于弄清事情发生的前因后果。

实地研究的局限性主要包括:第一,因参与程度较高,研究者易受同化,所获资料不免带有主观成分。第二,对于可能影响资料的外部因素难以控制。第三,难以进行定量研究。实地研究所获得的资料多且杂,很难系统地进行编码和分类，无法有效地综合资料，以验证同假设有关的结论。

（2）非介入性研究

非介入性研究（unobtrusive research）指研究者不直接观察研究对象的行为，也不直接沟通，不引起研究对象的反应，更不干扰其行为。非介入性研究可分三类：内容分析（content analysis）、既有统计数据分析（secondary analysis）和比较研究法（comparison research）。内容分析是针对特定的议题以及方向，对被记载下来的人类传播媒介的研究。其内容可以包括书籍、杂志、网页、报纸、歌曲、绘画、讲演、信件、电子邮件、法律条文和宪章以及其他任何类似的成分或集合。既有统计数据分析则顾名思义，利用所能收集到的统计数据进行论证，此法的优点在于，研究者可以藉由二手资料，大量增加分析内容的广度。比较研究法旨在从历史记录中掌握关键情节，追踪随着时间发展而产生不同的社会形势以及变化，以客观的态度分析过去资料。

非介入性研究有以下几种特征：

①研究者无法操纵和控制所研究的变量。非介入性研究所依据的文本、统计数字和历史记录都是过去已发生的事件，研究者无法像实验法那样对所研究的对象施加控制，无法改变这些事实，只是按照科学方法的要求，分析这些已发生的事件。非介入性研究旨在解释过去事件的因果关系和发展趋势，用于观察现在和预测未来事件。

由于认知上的弱点，人们会自觉或不自觉地漠视与自己想法相悖的事实，而倾向在过去经历的事实中找出支持自己想法的论据。但是，非介入性研究中研究者并非无可作为，他的主观判断对于取得科学可靠的结果至关重要。

②假设提出过程和论证过程重合。问题辨析（即假设提出和假设论证）分为前后两阶段。实际上两者有相互交替的关系。假设提出和论证的关系实际上反映了演绎法和归纳法交替应用的关系。尽管假设提出和论证过程关联，不同论证方法的关联密切程度还是不一样。实验研究、问卷等，一般都是先有假设，然后才着手设计实验和问卷或访谈提纲。非介入性研究方法不一样，假设就是从已有文本、统计数字和历史记录的使用中辨析出来，后续的论证仍旧是从这些文本、统计数字和历史记录去分析、综合，只不过比假设辨析阶段更为深入精确。

③研究者不干扰被研究对象。在实验研究和统计调查研究过程中，研究者都要直接接触和观测被研究对象，非介入性研究则不存在此问题。

非介入性研究为管理学科研究者提供了更广阔的研究空间，与自然科学和工程技术研究比较起来，这应该说是管理研究的一种优势。

非介入性研究方法的缺点也很明显。首先，研究所应用的资料并非按照研究者的主题和假设去调查收集而来，各种现有文本、统计资料和历史记录都离不开资料提供者所处的客观环境、主观知识结构和写作目的。当前研究者与情境和研究目的的差异，带来文本、统计资料和历史记录理解上和应用中的偏差。其次，所应用的研究文本和资料并非按规范格式安排，使文本的应用带来困难和局限性，难以进行横向比较分析。最后，研究者本人难以核实这些文本和资料的准确程度。由于这些缺点，非介入性研究不得不注意效度和信度问题。

2.4.2　定量研究方法

2.4.2.1　定量研究

定量研究范式认为在人们的主观世界之外，存在一个客观且唯一的真相，研究者必须采用精确而严格的实验程序控制经验事实的情景，从而获得对事物因果关系的了解。因此，定量研究强调在研究设计、数据收集、结果的处理与解释上必须具备严格的形式，具体表现在：(1)强调对事物进行量化的测量与分析；(2)强调对研究对象进行人为干预，创设实验条件；(3)主要采取假设验证的研究方式。由此出发，定量研究形成了包括严格的抽样技术（随机抽样）、量化的资料收集技术（调查、实验）与以数理统计为基础的资料分析技术（描述统计、推断统计）在内的一套完整方法体系。由于定量研究的科学化倾向与社会科学的发展方向契合，自 19 世纪后期以来，定量研究很快取代了思辨研究的位置，在社会科学领域得到了广泛的应用，成为主导性的研究范式。

定量方法与定性方法的主要区别在于定量方法有数字或数据的基础去解释事物间的关联性或因果关系。对于定量方法完整的定义至少应该包括以下几个元素或步骤：(1)建立理论假说；(2)收集相关数据；(3)用统计模型测试自变量与因变量之间的相关性；(4)得出自变量与因变量是否相关，在多大程度上相关的结论，并进而推导其因果关系。由此我们看到，定量研究的本质是用统计模型测试自变量与因变量之间的相关性，从而验证理论假设是否正确、推断事物间的因果关系的过程。

2.4.2.2　定量研究方法的选择

管理研究中，我们最常使用统计调查法和实验法两种定量方法。

(1)统计调查法

社会研究所使用的资料可分为三类：1)直接调查得来的数据资料；2)直接调查得来的文字资料；3)文献资料。统计调查所收集的资料数据属于第一类。这种资料是通过自然状态下直接询问、观察或由被调查者本人填写来的，资料的收集是利用事先设计好的表格、问卷、提纲等，所提出的问题和答案的类别是标准、统一的，调查内容可以汇总统计。

统计调查研究已经广泛应用于各个领域，包括政治学、社会学、经济学、教育学和管理学科。它是以研究样本回答问题的数据为基础辨析总体状况的研究方法。总体状况，一般指成员的态度、意见和特征信息。统计调查研究方法包括两类资料收集方法：问卷法（questionnaire）和访谈法（interview）。问卷法是以书面提出问题的方式搜集资料的一种研究方法。研究者将所要研究的问题编制成问题表格，以邮寄方式、当面作答或者追踪访问方式填答，从而了解被试对某一现象或问题的看法和意见，所以又称问题表格法。问卷法的运用，关键在于编制问卷，选择被试和结果分析。访谈法是研究人员通过与被调查者直接交谈，来探索被调查者的心理状态的研究方法。访谈调查时，研究者与被调查对象面对面的交流，针对性强，灵活真实可靠，便于结合内部原因深入了解影响人或事件的多种因素，但访谈法比较花费人力和时间，调查范围比较窄。

在管理研究领域中，统计调查研究经常应用在以下几方面：第一，个体态度、观点的调查。如企业内职工对工作、培训、产品质量等的态度和看法，消费者对于企业产品和售后服务的意见，或者用来判断一个企业及其各部门成员的行为、态度和期望，并以此比较各企业间职工行为的异同，分析企业文化的特点。第二，研究企业不同时期的差异，即跟踪研究。例如，高层管理人员定期掌握组织内部职工和用户的态度、看法的动态，以正确制订组织发展策略。判断企业执行某项计划、措施以后发生的变化。例如资金、人力的投入是否带来相应的效益，也常用到跟踪研究。当然，有些措施有滞后性，属长期效益，则要配合其他分析研究方法。第三，评价性调查研究。包括对组织业绩、产品和某种方案（如组织结构形式、分配方案）的评价。

统计调查研究要收集样本或总体中所有成员规范化的定量信息，为了保证数据的可比性，应对所有被询问者提出同样的问题。

（2）实验法

实验法是自然科学的主要方法，它最适用于解释现象之间的因果关系。在某些自然状态下观察法无法得到研究者所要的结论，例如，很多自然发生的数据受到很多无关因素或干扰因素的影响。在研究危机归因对消费者危机后品牌评价影响的研究中，危机的严重性、企业对危机的反应、危机的行业性及品牌以往的声誉等都会影响消费者对危机的判断，由于这些因素的影响，我们无法清晰的分辨出消费者对品牌评价的高低是由危机归因还是其他因素造成的。此外，自然发生的数据只能说明两个变量之间的相关关系，不能确认他们之间的因果关系。如果我们收集了一组关于人们开心程度的数据，同时也收集了这些人居住的房子大小的数据。我们通过对数据的分析发现，整体来看，住在大房子里面的人比住在小房子里面的人开心。但是这些数据不能帮助我们确认，到底是因为住在大的房子里面，人们更加开心，还是因为人们更加开心，他们更有可能得到好的工作，所以更有可能住在大房子里面。也就是说，通过这些自然发生的数据，我们只能说“两个变量是相关的”，但是没有办法确认变量之间的因果关系。鉴于以上的原因，研究者通常不是收集自然发生的数据，而是通过实验的方式来对假设进行检验。

通过实验法收集到的资料与统计调查资料很相似，它们都可以分类汇总和统计。两者的主要区别是：1)统计调查是在自然环境中，而实验是在人为控制的环境中观测或询问；2)统计调查所得到的不同变量值是调查对象本身固有的，而实验法则是实施某种刺激，使调查对象的属性和特征发生某种程度的变化。由实验法收集的数据资料都是精确度量的，以便能反映出调查对象的细微差异。数据资料的分析主要使用统计方法。

本书第三章将对问卷法和实验法的相关具体知识进行详细的介绍。

无论是定性研究方法还是定量研究方法，都有其适用的研究，没有一种方法适用于任何研究，也不能笼统说哪种方法最好。有许多事物和现象运用目前的手段还难于进行定量研究，则最好采用定性研究方法。某些管理现象或研究领域，如消费行为已经有成熟的定量研究范式，则建议采用定量研究方法。近年来，实证范式或定量范式受到越来越多的学者质疑。大量的论文也开始尝试将定性研究方法与定量研究方法结合起来，使所得的结论更加可靠和可信。

思考题

1. 研究设计有那些基本要素？请予以详述。
2. 如要确定因果关系，是不是就不需要考虑进行实地研究？
3. 管理研究设计的目标是什么？
4. 在何种情况下，更适合运用定性分析？或更适合运用定量分析？
5. 研究假设要遵循哪些前提？

参考文献

[1]李怀祖．管理研究方法论．西安交通大学出版社，2009．10．

[2]袁方，王汉生．社会研究方法教程．北京大学出版社，2002．10．

[3]艾尔·巴比著(邱泽奇译)．社会研究方法．华夏出版社，2010．8．

[4]马尔霍特拉著(涂平译). 市场营销研究:应用导向. 电子工业出版社, 2006.10.

[5]陈晓萍,徐淑英,樊景立. 组织与管理研究的实证方法. 北京大学出版社, 2008.10.

[6]涂平. 营销研究方法与应用. 北京大学出版社,2008.9.

第三章

数据采集方法

数据被证实好比下一代计算机应用的"因特尔内核"。

——Tim O' Reilly，O' Reilly Media 公司创始人兼 CEO

对包括管理研究在内的任何一项科学研究而言，如何采集到客观可靠的数据来帮助研究者尽可能的发现和解释研究问题的真相，是一项非常重要而又基础的工作。本章内容将对现有的、广泛被应用的几种数据采集方法进行介绍，包括问卷调查法、实验法、二手资料搜集法以及观察法和访谈法。其中，观察法和访谈法常常作为问卷调查或实验设计的辅助方法予以使用。

3.1 问卷调查法

问卷调查法是管理学研究中运用的主要方法之一，运用问卷调查法采集数据之前要弄清如下几个方面的问题：一是问什么？包括问卷如何开发，如何借用和如何改用；二是怎么问？包括问题的形式和问法等；三是问谁？包括如何确定研究对象和如何抽样；四是在哪儿问？包括问卷发放的途径和各种途径的优缺点。下面我们对以上问题逐一进行阐述。

3.1.1 问卷设计

"问卷设计"解决的是我们在问卷中应该具体问什么以及这些问题从哪里来或通过什么方法而来，也包括问卷的形式、问卷中的测量方式以及问题设置顺序等方面。

如第二章中所谈到，问卷调查法不太适用于研究问题相对开放的探索性研究。因此，无论是描述性研究还是解释性研究，当我们决定运用问卷调查法搜集数据时，一般来说我们已经对研究问题所涉及的主要构念有了明确的界定，并且对于构念之间的相关关系有了清晰的假设。在这里，构念是指那些抽象的、潜在的，而非具体的、可观察的变量，也称为潜变量。潜变量这个叫法是相对于显变量而言的，后者指那些可以被直接观察和测量的指标，如重力、温度、高度等等，而前者往往需要借助可观察的测量指标才能被量化，如人格、组织承诺、品牌满意度等等。明确了研究中的构念及其构念之间的假设关系之后，接下来的问题就是：我们究竟在问卷中问些什么问题才能将这些构念准确的量化呢？也就是确定各个构念的测量指标。这个问题的解决可能会面临三种情况：一是现有研究中从没有学者对构念进行过测量甚至明确的界定；二是现有研究中有学者对相近构念进行了很好的测量，或者对同一构念在不同情境下进行了测量并且信效度指标优良，但已有量表明显不适用于研究者所关注的情境；三是现有研究中已经有学者对构念进行了测量，并且测量的信效度指标很令人满意，也不存在不同社会情境下的本质差异。通常情况下，前两种情况的处理方法是研究者开发新的量表，而最后一种情况的处理方法是研究者借用或适当改用已有量表(适当指小幅度修改)。下面我们分别对这两种处理方法进行说明。

3.1.1.1　开发新量表

在管理学研究中，一个有效量表的开发大致要经过五个步骤。

(1)明晰构念的理论边界和内在成分

一个好的构念应该阐述所研究现象的核心特征，这是开发出高质量量表的前提。在研究中，如果你提出了一个新的构念，那么首先要用精确简练的语言来概括这个构念在理论上能够解释哪一种现象或心理？在所能解释的理论边界内，该构念涵盖了哪些成分或元素？如果存在与之相近的构念(通常如此)，那么还要说明所提出的新构念与相近构念之间有哪些不同？举例来说，如果你想测量某种产品的消费者满意度，那么消费者满意度这个构念包括哪些成分呢？很容易想到的方面是对价格、质量、外观、安全性的满意度，那么，购买过程中卖家的服务态度、购买之后的保修时间和条件、同类产品的价格、质量等等这些方面是否包括在满意度这个构念当中呢？因此，一个好的构念需要研究者仔细反复的思考，来确定哪些现象元素包含在构念当中，哪些现象元素排除在构念之外。

另一种情况是，如果研究中所涉及的构念是现有研究中已经存在的，但这个已经存在的构念还没有广泛的被学者们应用和认同，也没有学者自行开发量表对其进行测量，这说明这个构念很可能还有待于进一步清晰和明确的界定，从而有利于量化操作。那么在这种情况下，研究者可以根据研究目标和量化操作的需求对同一构念做出新的界定或调整。比如“企业社会责任”这个构念的内涵在20世纪八九十年代曾经引起过学术界很大的争论，对这个构念的界定也林林总总，但是Carroll(1979)提出的四维模型更清晰的阐释了“企业社会责任”这个构念的层次和理论边界，因此在之后的实证研究中被学者们广泛的引用，成为该领域备受认可的经典定义，并成为企业社会责任量表开发的概念依据。

(2)明确构念的层次

构念的层次是我们在描述研究现象时所基于的层面。比如，在研究中需要界定“组织公平”这个构念，如果要研究组织公平对员工工作满意度的影响，那么该构念的界定和测量就在个体层次；如果要研究组织公平对组织公民行为的影响，那么该构念的界定和测量就在群体层次。构念定义在个体层次，测量指标就需要反映个体的认知和判断；构念定义在群体层次，测量指标就需要反映组织内所有个体的共有认知和判断。关于构念层次的问题，可以参阅Chan(1998)发表在*Journal of Applied Psychology*上面的文章。

(3)寻求并确认测量指标

明确了构念的理论边界和层次之后，接下来就要寻求和确定能够反映构念的可被测量的指标题项，这是一项比较繁杂的工作，也是开发量表过程中比较耗时的一个环节。一般来说，可以采用两种方法来发展测量指标：归纳法和演绎法。

在归纳法中，研究者对构念所涵盖的成分和内部结构没有一个清晰的认识，需要研究者通过观察、访谈、开放式问卷调查、二手资料搜集等各种方法来尽可能的搜寻能够反映这一构念的现象元素，然后再通过逐层提炼产生测量指标，这是一种自下而上的量表开发模式。而在演绎法中，研究者一般是通过文献回顾的方式确定构念的理论边界，并且在已有文献中能够找到可借鉴的量表，这时研究者凭借对构念的理解，可以直接对现有量表进行整合、改编或完善，最终形成一个符合研究目的、能够更好的反映构念的可操作化量表，这是一种自上而下的量表开发模式。但如果仅仅由于语言习惯、文化差异等原因对已有量表进行小幅度的修改，那么充其量只能视为对已有量表的改用，不能视为新量表开发。当然，归纳法和演绎法也可以同时使用，如我国学者张妙清教授的研究团队在已有西方人格量表的基础上，开发了中国人格测验量表(CPAI)(Cheung et al.，1996)，该量表既包含了西方人格量表中的测量维度，也发现了与中国特定社会文化情境紧密相关的人格维度。关于量表开发的问题，可以参阅Hinkin(1998)发表在*Organizational Research Methods*上面的文章。

另外需要注意的是，无论是归纳法还是演绎法，测量指标与构念之间通常只可能存在两种关系：一种关系是每个测量指标都反映了这个构念，我们将这样的测量指标称为反映型指标(reflective indicator)；另一种关系是这个构念反映了每个测量指标，我们将这样的测量指标称为形成型指标(formative indicator)。举例来说，如果测量消费者对某一品牌的满意度，反映型指标可能会设置如下类似的问题："我对 * * 品牌感到满意"、"在选购同类产品时，* * 品牌是我的第一选择"、"我会向周围的朋友推荐 * * 品牌"等等，以上每一个测量项目都反映了品牌满意度这个构念。然而如果运用形成型指标进行构念的测量，可能会这样设置问题："我对 * * 品牌的价格范围感到满意"、"我对 * * 品牌的产品质量感到满意"、"我对 * * 品牌的服务保障感到满意"等等，以上每一个测量项目都不能全面的反映品牌满意度这个构念，但是品牌满意度这个构念可以在以上每一个测量指标中得到反映。这就是反映型指标和形成型指标在测量构念时的差异。在管理学研究中，通常绝大多数研究都是运用反映型指标来测量构念的，关于反映型指标和形成型指标的问题，可以参阅 Diamantopoulos & Siguaw 以及 Coltman et al. 发表于 2006 年的文献。

(4)请专业人士审核内容效度

通过归纳法或演绎法可以形成一份完整量表的初稿，接下来我们需要请专业人士来审核量表以提高量表的内容效度。这里的专业人士至少应该包括两类人：一类是学者(最好是相同研究领域的)，另一类的企业管理者(最好是经验丰富的)。有些研究者为了严谨起见，还会请一些典型的调查对象作为专业人士(例如：所研究的构念是品牌忠诚，典型调查对象是那些具有高度品牌忠诚的消费者)。这些专业人士会对量表中词句的翻译、表述以及指标问项的设置提出自己的看法，研究者或研究团队根据他们所提出的建议或意见对量表进行相应的修改和完善。

(5)试测

所开发量表经过专业人士的审核之后，需要先抽取一个小样本进行试测。如果试测结果的信效度比较理想(信效度的检验请参见第五章)，就可以直接进入大规模问卷调查的阶段；如果试测结果不理想，需要研究者重新进入第四步，由专业人士和研究团队一起来分析量表的问题出在哪里。当然也可以请参与试测的被访者提出他们在填答问卷过程中遇到的障碍或问题，但这时提问方式要小心，不能让被访者感觉研究者带有某种倾向性。在有些情况下，可能需要反复重复第四步和第五步，最终得到一份能够准确全面的反映所测构念的理想量表。

3.1.1.2 借用或适当改用已有量表

俗话说，万事开头难。实际上，对于年轻学者来说，创造一个新的构念以及开发一份新的量表难度是比较大的，不仅需要更多的积累和思考，同时也需要做研究的深厚经验和敏锐直觉。因此，对于踏入研究领域时间不长的学者来说，借用或适当改用已有量表可能是解决问卷设计中“问什么”的更好方法。关于在借用或改用已有量表中应该注意的方面，很多学者都会强调语言、文化等原因造成的翻译问题或表述问题。

首先，目前被学者们普遍认可的量表翻译方法是背对背翻译法（back to back translation）。背对背翻译的一般过程是：首先将西方量表翻译成中文，然后请两个或两个以上对该量表内容不熟悉的翻译人员将中文再翻译成英文，然后检查重新翻译后的英文量表与原来量表在表述上存在多大差异，如果差异很小就完成了背对背翻译的工作。这种做法的缺点是，有时候为了能使重新翻译的英文量表与原来的量表尽量一致，我们会忽略中西方语言习惯的差异，这样可能会影响数据收集的质量。因此，在翻译过程中应该灵活处理，使得所借用的量表能够以最佳的表述方式翻译成中文。

其次，在实际研究中通过直接借用和翻译已有量表并不能实现相应构念在中国情境下的表达，这时候就需要我们对已有量表进行修改或补充完善。在修改完善过程中，研究者一方面要对已有量表进行准确的翻译，另一方面要发现已有量表在哪些方面需要修改，或者在哪些方面需要适当的补充，以确保同一构念在不同文化情境下的对等性。

最后，对于其他需要注意的事项，可能会视研究领域、研究问题，甚至不同学者的个人看法而有所差异，因此，这里仅以讨论的方式提供一些建议和参考。比如：在改用已有的西方量表时，尽量不要去修改问题中“形容词或副词”的部分，而是去修改问题中“名词”的部分；尽量不要修改量表的级数，如原有量表为7级李克特量表，不要将其更改为5级李克特量表；尽量不要随意删除原有量表的指标，除非有充分理由证实该指标存在语言文化上的理解差异或歧义，或者不适用于研究中的情境。

3.1.1.3 问卷的形式

一般来说，问卷形式可以划分为三种类型：开放式问卷、封闭式问卷和半开放半封闭式问卷。

开放式问卷也称非结构化问卷，这种问卷中的问题需要填答者用自己的话自由的表达观点和看法。比如：您如何看待企业的慈善行为？开放式问卷由于不会限制填答者的思维，也不容易引起填答者的某种倾向性，因此在探索性研究或描述、解释性研究的初始阶段非常有帮助。但缺点也很明显：一是对问题答案的编码和提炼会受到研究者主观偏见的影响，不同编码人员对同一答案的解读可能会存在差异；二是这种问卷的调查过程和分析过程都比较耗时；三是开放式问卷对填答者的表达水平有要求，那些不能清晰表述自己观点的填答者可能会给出让人误导的信息。因此，对于开放式问卷的调查和分析过程通常要求一个团队成员共同完成，并且不适用于大规模调查。另外，当开放式问卷用于访谈时，尽量争取被访者的同意进行录音，进行逐字逐句的记录，以保证所获信息的完整性和客观性。

封闭式问卷也称结构化问卷，这种问卷中的问题会给出一组答案选项，可以单选也可以多选。封闭式问卷的填答和定量分析所需的时间成本相对较少，并且大大减少了研究者主观思维对数据编码的影响，适用于大规模调查。但缺点是研究者需要预先掌握所有可能出现的答案，否则所获数据会出现遗漏的状况，影响对研究问题的本质分析。另外，某些不负责任的填答者可能会随意地勾选答案，造成严重的误导，这时可以通过设置正向和反向的相近问题来检验问卷的有效性，尽量确保填答者能够认真的阅读，并理解问卷中的问题。

半开放半封闭式问卷是以上两种问卷形式的结合，这种问卷形式在量表开发的试测阶段是一种不错的选择，既可以检验问卷量表的信效度，也可以了解问卷中出现的问题以及答案背后的动机和原因，从而使问卷得到进一步完善。

3.1.1.4 问卷中的测量方式

采用问卷调查法收集数据时，可以有多种不同的测量方式，这里介绍常用的几种。

(1)二项式量表

二项式量表中的每个问题只有两个选项，如是或否、同意或不同意、赞成或不赞成。当然，也可以再设置一个选项对以上两个观点进行补充，如不清楚、没有意见、都是或都不是。是否设置一个中立选项是二项式量表设计中一个很重要的问题，尤其在中国文化情境下中立选项往往是填答者避免给出某种立场的选择，因此，是否设置中立选项取决于研究者对问题答案的预期估计，如果预期确实有很多人对此问题抱有中立态度，而不会倾向于回避自己的立场或观点，那么就给出中立选项，反之则取消。

另外，二项式量表存在一个明显的缺陷，那就是填答者的回答会受到提问方式的影响。举例来说，“个人比社会条件对这个国家中的违法犯罪行为负有更大的责任”这一陈述，得到了 59.6%被调查者的认同。但在一个匹配样本中，相反的陈述“社会条件比个人对这个国家中的违法犯罪行为负有更大的责任”，得到了 43.2%被调查者的认同。这表明问题本身自带的观点会影响被调查者的选择，因而当问题本身以一种观点出现时，最好能将样本分为两部分，一半用一种立场陈述问题，另一半用相反立场陈述问题，这种方法称为分半投票方法。

(2)语义差异量表

语义差异量表由处于两端的一组形容词构成，在两个极端的形容词中间可以划分为几个等级，通常为五级或七级。主要用于跨文化的比较研究或者探讨个体、群体间的态度差异。比如某研究想了解两个国家消费者对某个广告的态度差异，一个七级语气差异量表如下：

热情的	____	____	____	____	____	____	____	冷漠的
开放的	____	____	____	____	____	____	____	保守的
喜悦的	____	____	____	____	____	____	____	伤感的
强的	____	____	____	____	____	____	____	弱的
快的	____	____	____	____	____	____	____	慢的
善的	____	____	____	____	____	____	____	恶的

语义差异量表通常用来研究被调查者的感觉和态度。美国心理学家Osgood(1957)认为，语义差异量表中应尽可能的包含三个主要维度：评价(好与坏、善与恶、重要与不重要等)、力量(强与弱、硬与软、刚与柔等)和行动(主动与被动、快与慢等)。他同时指出了这种测量方法具有较好的再测信度和表面效度。

(3)李克特量表

李克特量表是目前管理学研究中应用最为广泛的一种量表，它是由美国社会心理学家 Likert 于 1932 年发明的。李克特量表中所有问题的选项都是由一组不同强度的态度构成的，如典型的五级李克特量表的选项为“非常同意、同意、不知道、不同意、非常不同意”，典型的七级李克特量表的选项为“非常同意、比较同意、有点同意、不知道、有点不同意、比较不同意、非常不同意”。李克特量表可以在文献中很容易的找到实例，因此这里不再占用篇幅举例说明。需要强调的一点是，为了避免某些被调查者不愿表明真实立场或倾向于保持中立，有些学者认为六级李克特量表可能在中国情境下更为适用(去掉中间选项)，但对这一点的把握还是要根据具体的研究问题而定。此外，为了避免某些不负责任或不配合的被调查者在不仔细阅读和理解问题的情况下，对选项进行随意的勾选，在问卷中可以就同一问项从正面和反面分别提问一次，如果两次回答是冲突的，那么说明被调查者并没有认真阅读问卷，可视为无效问卷。

3.1.1.5　问题设置顺序

在问题设置的顺序上，先问的问题不能影响后面问题的回答，比较难回答的、敏感的问题一般放在后面，这样被调查者产生抵触情绪的可能性较小。围绕一个主题的问题应该集中设置。当话题发生转移时,应该先用简短的过渡语帮助填答者转换思维。有些问卷的问题是跳跃式前进的,即对上一个题目的不同回答将会导致问题跳到不同的位置,这种跳跃式的问题称为分叉问题(branching question)。分叉的问题(被调查者被指引回答的下一个问题)要尽量靠近引起分叉的问题。分叉问题有助于对被调查者进行筛选,提高问卷填答的效率,并且有助于回避被调查者在回答问题中遇到的盲点。比如,某研究想研究个人捐赠动机对捐赠意愿的影响,那么首先应该将有捐赠行为和没有捐赠行为的被调查者分开,然后针对两类人群进行不同的提问。这时分叉问题就派上用场了。

3.1.2 调查对象选择

该阶段解决的是问卷发给谁、发多少的问题,涉及到问卷调查对象的确定、调查对象的抽样方法以及样本容量的确定三个方面。

3.1.2.1 调查对象的确定

在以往的管理学研究中,很多学者选取在校学生作为问卷调查的对象,并且没有受到过多的争议。这种做法也是可以理解的,因为绝大多数的学术文章都是由在校的博士生或从事科研工作的教师完成的,因而以学生作为调查对象具有很大的便利性,并且在一定程度上能够保证问卷填答的质量和回收率。但近年来随着对问卷调查结果普适性要求的提高,由学生样本数据所得出的推断可能会遭遇普适性的瓶颈。当然,如果学生群体构成了调查对象的主体,那么学生样本就无可非议了,比如调查某智能手机品牌的消费者满意度。

3.1.2.2 调查对象的抽样

在管理学研究中,当我们发现了一个有趣的现象,最理想的做法是对这个现象的整体或卷入这一现象的总体进行调查,从而获得非常全面的数据,但这种理想的做法往往是不切实际的。通常我们可以实现的理想做法是:只研究卷入某一现象的总体的一部分,但我们所得到的不仅仅是这一部分个体的情况,而是反映在这部分个体身上的总体的情况。我们把选择能够代表总体的一部分个体的过程叫做抽样。样本就是通过一定的方法从总体中抽取出的、能够代表总体情况的一部分个体的集合。随着现代统计学和概率论的发展,抽样方法大致可分为两大类:随机抽样和非随机抽样。随机抽样的方法包括:简单随机抽样、等距抽样、分层抽样、整群抽样和多段抽样;非随机抽样的方法包括:便利抽样、判断抽样、定额抽样和雪球抽样。如3—1图所示。

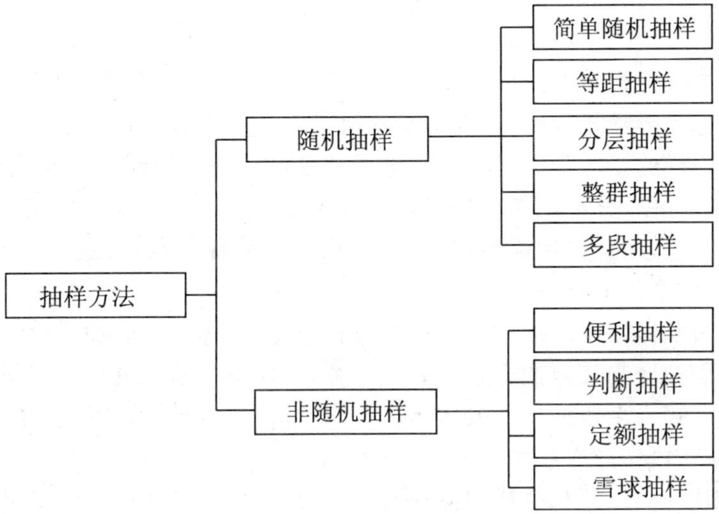

图 3—1　抽样方法的分类

(1)随机抽样方法

①简单随机抽样。简单随机抽样是一种最基本的抽样方法,做法是在总体中完全随机的抽取一部分个体,也就是说,总体中任何一个个体被抽取出来的机率是均等的。随机抽取的方法可以采用抽签法、计算机随机抽取法等。在总体规模较小的情况下可以采用抽签法,在总体规模较大并且总体中的每个个体都有一个编码的情况下,可以采用计算机随机抽取法,在 SPSS、EXCEL 等软件中都有生成随机数字的命令。其次,简单随机抽样适用于总体分布比较均匀的情况,对于总体分布不均匀、规模不明确(没办法对每个个体编码)的情况,简单随机抽样将无法操作。

②等距抽样。等距抽样又称为系统抽样,做法是先将总体按照某种顺序进行排队,然后以固定的顺序间隔在总体中抽取一部分个体。当总体规模较大时,等距抽样是一种非常省时省力的抽样方法,易于操作,并且当抽取的顺序间隔比较大时,可以稀释总体分布不均匀所造成的抽样误差。比如:将总体按照某种顺序进行排队后,编码为 1,2,3,4,5,6……,以“4”为顺序间隔的单位进行等距抽样,那么抽出的样本量为{1,5,10,15,20,25……}。

③分层抽样。分层抽样的做法是首先将总体按照某一种或某几种特征分为几个层次,然后在每一个层次内的总体中抽取一部分个体,最后将每个层次所抽取的个体进行合并,形成最终的样本。分层的工作需要确保各个层次之间的个体有较大的差异,但每个层次内部的个体之间差异较小。在总体分布不均

匀的情况下，分层抽样比简单随机抽样更能确保样本的均衡性，但前提是调查者对总体有一定的了解，能够较好的抓住总体分层的特征依据。

④整群抽样。整群抽样又称聚类抽样，做法是将总体划分为若干群，然后以群为单位进行随机抽样，也就是被随机抽取的一部分群构成了样本。整群抽样和分层抽样的第一步都是将总体进行划分，但两者划分的依据和结果完全不同。整群抽样中，分群工作应尽量确保群与群之间的个体差异很小，但群内的个体差异较大；而分层抽样中，分层工作应尽量确保层与层之间的个体差异很大，而层内的个体差异较小。

⑤多段抽样。多段抽样是指抽样过程不是一次完成的，而是分为多个阶段进行。多段抽样与其他抽样方法并不冲突，对于每一阶段的抽样仍然可以采用以上抽样方式。多段抽样一般适用于调查范围广、规模大、情况复杂的调查。

(2)非随机抽样方法

①便利抽样。便利抽样的做法是让那些在恰当的时间和地点出现的个体接受调查，由这些恰好出现的个体组成一个样本。便利抽样在管理学研究中应用的也比较多，比如：使用学生、教师作为样本、街头拦访等等。相对而言，便利抽样的成本低、耗时少，并且通常情况下问卷填答是在被调查者愿意合作的情况下完成的，同时由于填答过程往往受到调查人员的控制，因而在一定程度上保证了问卷的有效率和回收率。但便利抽样的缺点是，由偶然出现的个体所组成的样本可能并不能代表总体的情况，甚至由于调查时间、地点等原因还可能存在非常大的局限性和偏差。建议便利抽样时，在不同的时间、多个地点、从不同的群体中进行样本收集。比如街坊调查的时间可以分为工作日和周末，地点可以分别选择商业中心区、大型住宅区、车站、公园和一些不同档次的休息场所；使用学生和教师作为样本时，尽量从不同年级、不同学历(本科生、研究生和MBA)、不同学院进行便利抽样。

此外，便利抽样的前提除了被调查者出现的偶然性之外，还要看偶然出现的被调查者是否愿意接受调查。如果某些群体出现的机率很低并且配合调查的意愿也很低的话，那么你的样本就可能严重缺失了一部分具有某些特征的个体。比如，当调查对象的总体是全体消费者时，采用街访的方式发放问卷，那么你可能会发现高收入者或者年纪较大的消费者出现的机率很小，并且配合调查的意愿较低，这时对于这两部分个体的调查就要考虑更换调查地点和调查方式。对年长者的调查在大型居民区的公共休息场所可能会更好，对高收入者的调查可能需要你进入比较高档的写字楼或公司，那么就需要准备好单位介绍信、身份证等证件，礼貌的说明来意，争取对方的配合。在情况允许的条件下(研究结果无需保密)，如果对方对调查所解决的研究问题非常感兴趣，也可以大方的提供数据分析结果作为合作的条件。尽管便利抽样存在明显的缺点，但仍被广泛的应用于多种大中规模的调查中。

②判断抽样。判断抽样是根据研究者的判断从总体中选出一部分个体，研究者有足够的依据来判定所选出的个体能够代表总体的情况。判断抽样也是便利抽样的一种形式，在实际中也应用广泛，如：选择一部分潜在的目标消费者测试新产品的满意度、选择企业中层管理者来作为公司的代表、选择会员消费者测试品牌忠诚度，等等。判断抽样同样具备便捷、成本低的优势，但由于判断抽样依据的是研究者的主观判断，并且总体的边界也不明确，因而在结论的推广性方面可能存在局限。

③配额抽样。配额抽样又称定额抽样，做法是：研究者将那些有可能影响研究变量的特征因素作为依据，对总体进行分层，接着找出具备这些特征因素的成员在总体中所占的比例，然后按照这个比例在不同层的子总体中进行配额抽取，最后将各个层总体中抽取出来的成员合并作为最终样本。需要注意的是，总体被分层后，从每个层次的总体中抽取一定数额的成员并不是随机的，而是根据研究者的主观判断和研究需要，比如研究者可能刻意的不去抽选那些看起来漫不经心的人或者看上去不太友好的人。

乍看起来，配额抽样与分层抽样似乎是一种做法，但其实两者存在本质差别。配额抽样实际上是抽选出总体的一个“模拟集合”，所抽取的样本个体是在研究者依据一定的特征条件、有目的的寻找出来的，研究者的目的是使抽取的样本与总体在结构特征上的分布尽可能一致。而分层抽样中分层的依据则是尽量确保层间的异质性和层内的同质性，并且从每层子总体中抽取一部分个体是随机进行的，分层抽样的目的是尽量照顾到某些比例小的层次。因此，配额抽样和分层抽样在抽样原则、目的和结果上都存在差异。

④雪球抽样。雪球抽样是一种比较特别的抽样方法，做法是先从总体中的少数个体入手进行调查，然后请这些少数个体帮忙寻找其他符合条件的人来填答问卷，然后再请第二批被调查者继续寻找其他人接受调查，问卷经过若干次间接的介绍和传播之后，最后回收到满足调查要求的问卷数量。这种抽样方法通常适用于调查对象是具有一定特征的群体或社会圈子的情况。比如：想了解老年消费者的购买习惯，那么可以通过几位老年朋友认识更多的老年朋友，以此滚动下去，就可以扩充样本量。但在实际操作中，如果问卷填答过程没有得到控制，可能会造成问卷的抄袭或污染，比如几位老年朋友聚在一起填答问卷，很有可能会相互询问和参看彼此的答案。

3.1.2.3 样本容量的确定

我国学者风笑天(2005)认为，社会科学研究中的样本规模主要受到四个方面的影响：总体的规模，估计的把握性与精确性要求，总体的异质性程度，以及研究者所拥有的经费、人力和时间。

首先，总体的规模增加时，一般也会要求样本规模相应增加，但样本规模的增加速度远远低于总体规模的增加速度。当总体规模超过了一个非常大的数量时，样本规模的改变是很小的。

其次，我们也可以通过推断的精确性来初步决定样本量的范围。在管理学研究中，我们一般用置信度和置信区间来判定由样本数据所得出的结论在多大程度上能推广到总体。比如置信度为 95%，那么说明总体值落在样本某一区间的概率为 95%。所要求的置信度越高，从样本推论到总体的把握性越大，所要求的样本容量也越大。

再次，总体的异质性也会明显影响样本规模的确定。总体在研究变量上的异质性越高，波动越大，所需要的样本就越大。比如对于某一个二分变量而言，总体内持有两种观点的比例为 70%∶30%，这种情况下所需的样本规模相对较小；如果总体内持有两种观点的比例为 50%∶50%，这时所需的样本量就比较大。表 3—1 反映了这种差别。

表 3—1　根据总体同质性和推断精确性判定的样本规模

容许的抽样误差(%)	总体中给出某一种回答的百分比(%)					
	5 或 95	10 或 90	20 或 80	30 或 70	40 或 60	50/50
1	1900	3600	6400	8400	9600	10000
2	479	900	1600	2100	2400	2500
3	211	400	711	933	1066	1100
4	119	225	400	525	600	625
5	76	144	256	336	370	400
6	—	100	178	233	267	277
7	—	73	131	171	192	204
8	—	—	100	131	150	156
9	—	—	79	104	117	123
10	—	—	—	84	96	100

注：1. 置信水平为 95%；

2. 样本规模小于表中短横线上的数字时，难以进行有意义的分析。

资料来源：D. A. de Vaus. Surveys in Social Research. George Allen & Unwin Ltd. 1986：65.

最后，研究者所拥有的经费、人力和时间也会在很大程度上影响样本规模。研究者在考虑以上几个因素的基础上，一般都会根据研究条件确定合适的样本量。通常来说，小型调查的样本规模在100－300之间；中型调查的样本规模在300－1000之间；大型调查的样本量在1000－3000之间。

3.1.3 问卷发放与回收

该阶段要解决的是问卷通过什么途径发放和回收的问题。这里主要介绍三种途径：一是实地面对面发放，当场回收或规定时间内上门回收；二是邮寄发放，陆续回收；三是网络匿名发放，通过系统设置自动回收。前两种是比较传统的做法，第三种做法近年来应用的越来越多。其中，相对于后两种途径，第一种途径的回收率和有效率都相对较高，并且所耗用的时间和成本通常也能够接受，这也是目前应用最多的问卷发放方式。无论采用哪种途径，在问卷发放之前一般要准备如下几点：一是提供给填答者适当的小礼物，以提高问卷填答的意愿和质量；二是培训调查人员如何礼貌清晰的解释被调查者可能遇到的问题（网络发放时，应该预留答疑的联系方式）；三是准备好能够证明调查行为合法合规的证件（如介绍信或推荐函），以及证明身份的证件等（如身份证、工作证等）。

此外，随着网络技术和服务的发展，我们也可以在第三方的虚拟平台上发放和回收问卷，比如"问卷星"网站就提供这样的服务（网址为 http://www.sojump.com）。

3.2 实验法

实验法被认为是推断因果关系最有力的方法。在开始介绍实验法之前，我们先来谈谈什么是因果关系。在科学研究中，推断两个变量之间有因果关系必须满足三个条件：一是相伴变动（concomitant），即两个变量一起发生变动或一起变化的程度；二是变量的出现有时间顺序，三是没有其他可能的原因因素。但这些条件仅仅是因果关系的必要条件，我们仍然不能根据这三点百分百的证明两个变量之间具有真实的因果关系，只能做因果关系的推断。举一个很简单的例子，有这样两个钟表，第一个显示的时间是上午九点整，第二个显示的时间是上午十点整，如果以第一个钟表所显示的时间作为原因变量 X（自变量），以第二个钟表所显示的时间作为结果变量 Y（因变量），那么 X 与 Y 之间就满足因果关系推断的三个条件，即 X 与 Y 是相伴变动（X 变动多少 Y 也变动多少），X 与 Y 有时间顺序（Y 总是比 X 晚了一个小时），找不到其他可能的原因要素

(假设两个钟表显示的都不是正确时间,我们又不能直接看 Y 的情况下,我们只有通过看 X 才能推断 Y)。在这个例子中,尽管 Y 总是比 X 晚一个小时在变动,而且我们可以通过 X 来推断 Y,但 X 与 Y 之间其实并不存在真实的因果关系。有人可能认为,像例子中的这种虚假的因果关系很容易判断,其实不然。在现实生活中,很多现象背后所隐藏的变量并不像两个钟表的时间那样显而易见,变量之间的因果关系也常常不能通过我们的主观经验做出准确的推断,因为在一个复杂的现象中,导致一个变量发生变化的可能有很多因素,我们所能做的是找到引起变化的最主要因素,并且运用科学的方法来尽可能的量化一个变量引起另外一个变量发生变化的可能性有多大。至少目前在管理学研究方法中,能够做到尽可能的排除干扰性和无关性原因变量的方法就是实验法。下面我们将具体介绍如何运用实验法采集数据,包括四个方面,即实验法的基本概念、实验法的类型、实验法的程序设计和实验法的变异控制。

3.2.1 实验法的基本概念

为了便于理解实验法的基本概念,我们首先给出一个典型的实验过程。假设某研究欲了解一种药剂对食欲是否会产生影响。实验人员将 20 只小白鼠随机的分为两组,然后记录下两组小白鼠每天的进食量,发现两组小白鼠的日均进食量没有显著差异。接着对其中一组小白鼠注射该药品,在药效起作用的时间内,再次记录两组小白鼠每天的进食量,然后比较两组小白鼠日均进食量是否存在显著差异。在上述这个实验中,涉及到实验法中常用的概念或要素如下:

自变量——药剂
因变量——食欲
测试单位——小白鼠
前测——第一次进食量记录
后测——第二次进食量记录
实验组——注射了药剂的那一组小白鼠
控制组——没有注射药剂的那一组小白鼠
随机化——每只小白鼠被分配到实验组或控制组的机率是均等的

下面我们给出上述基本概念的具体解释。

(1)自变量和因变量。在实验法中,自变量(independent variable)又称实验刺激(experiment stimulus)或处理(treatment),研究人员通过操纵或改变它来考察其对因变量的影响。我们把自变量的不同取值或状态称为水平,如在上例中自变量“药剂”有两个水平:有和无。自变量可以有多个水平,若上例中研究的是药剂量对食欲的影响,那么自变量就可以根据研究者的需要设置多个水平,如:0、50ml、100ml、150ml,然后将其作用于四组小白鼠。而因变量(dependent variable)是自变量所影响的变量。

(2)测试单位。测试单位(test unit)也称被试,是实验中接受测试的个人、组织或其他实体单位。如消费者、企业、非盈利组织、零售店等等。

(3)前测和后测。在有些实验设计中,需要对因变量进行两次完全相同的测试。第一次是在被试接受处理或实验刺激之前,称为前测(pretest);第二次是在被试接受处理或实验刺激之后,称为后测(posttest)。研究者通过比较前测和后测的数据结果,来考察实验刺激(自变量)对因变量是否产生了显著影响。

(4)实验组和控制组。实验组(experimental group)是实验中接受实验刺激的那一组或几组被试,在任何实验设计中都至少有一个实验组。控制组(control group)也称对照组,是实验中没有接受实验刺激的那一组。控制组除了在接受实验刺激方面与实验组不同,其他方面都要尽可能的与实验组保持一致。研究者通过比较实验组和控制组在接受实验刺激之后的数据结果,来考察实验刺激(自变量)对因变量的影响。

(5)随机化。随机化(randomization)是指测试单位(或称被试)被随机的分配到实验组和控制组(如果有的话)、处理条件也随机的分配到不同实验组的做法。也就是说,参与实验的每一个被试被分配到不同实验组或控制组的机率是均等的。随机化做法的目的是尽量使各组被试在接受实验刺激之前在其他干扰因素或无关因素上(包括背景因素、个人因素等)不存在显著差异,以更好确保因变量的变化确实是由实验刺激(自变量)的变化引起的,而不是由不同实验组内的被试所接受或固有的其他无关因素造成的。但随机化的过程毕竟不能排除偶然性的因素,因而随机化做法的效果在样本量比较大时才能够体现的比较明显,当样本量较小时,随机化做法可能会失效。

3.2.2 实验法的类型

我们可以根据不同的标准对实验类型进行划分,在本书中,根据实验的环境和地点将实验分为实地试验和实验室实验;根据实验设计的必备条件是否满足可以分为真实验和准实验。另外根据实验人员和实验对象是否知道哪些被试接受了实验刺激,可以分为双盲实验和非双盲实验。下面我们做出具体的解释和比较。

3.2.2.1 实地实验和实验室实验

严格的实验研究是在实验室环境下进行的，但对于某些研究问题而言，这一点比较难做到。因此，有些实验是在现实生活中或自然环境下进行的，我们将在实验室环境下进行的实验称为实验室实验(lab experiment)，将在自然环境下进行的实验称为实地实验(field experiment)，无论是实验室实验还是实地实验，研究者都能够实现对自变量的操纵和控制，从而考察自变量对因变量的影响。

实地实验和实验室实验各有优缺点。实地实验由于发生在现实生活中，因而实验结果(因变量)可能会受到许多干扰因素的影响，而这些干扰因素很可能是研究者很难控制或不能很好控制的，这会导致实验的内部效度比较差。内部效度(internal validity)是指我们能在多大程度上确定因变量的变化确实是由自变量的变化引起的。当然，也正是由于实地实验的环境更贴近现实，实地实验的结果可能更具有普适性和现实意义。实验室实验由于在封闭的环境下进行，因而研究者可以相对容易的控制住那些可能对因变量产生影响的干扰因素或无关因素，使得实验所得出的因果推断更加精确。但由于实验室实验的环境是在研究者人为设置的“非自然条件”下进行的，而且能够参加实验室实验的被试也往往不能与现实生活中接受同样实验刺激的人群等同，因而实验室实验的最大缺陷就是研究结果的推广性比较低，也就是研究结果的外部效度比较差。外部效度(external validity)是指我们能在多大程度上确定研究结果也适用于其他研究对象和研究环境。如果一个实验在更换被试和实验环境的情况下会得到不同的结果，那么我们很难接受这个实验所得出的推断在理论上的贡献性。实验室实验与实地实验的优缺点比较如表3—2所示。

表3—2 实验室实验和实地实验的优缺点比较

	实验室实验	实地试验
被试是否察觉参与了实验	是	否
接近现实的程度	低	高
干扰因素或无关因素	少	多
实验的可控制性	好	差
实验的成本	通常较低	通常较高

3.2.2.2 真实验和准实验

目前为止，对于真实验和准实验的区别普遍被公认的标准是：被试是否被随机分配。如果被试能够实现随机化就是真实验，否则为准实验。有的学者认为，真实验和准实验的另一个区别是研究者是否能对处理的时程进行控制，也就是研究者是否能控制实验刺激出现的时间以及发挥作用的时间，能够控制的情况为真实验，否则为准实验。还有的学者认为是否同时具备前测和后测、是否引入控制组也是真实验和准实验的区别，但对于这一点区别并没有限制的特别严格，而且也不是两者的本质差别。在管理学研究中，鉴于某些研究问题的特殊性，研究者有时很难对自变量进行完全的控制或操纵，有时不能将被试随机的分派到不同的实验处理中，有时没有条件进行前测，那么在这些情况下，准实验研究也不失为一种有效的研究方法。

真实验的分类有些复杂。根据是否进行前测（上文已说明这一点不是真实验与准实验的本质区别），可以分为实验前后对照设计和实验后对照设计；根据自变量的个数，可以分为单因素实验设计（只有一个自变量）和多因素实验设计（自变量个数≥2）；根据被试随机化分配的方案，可以分为完全随机实验设计、随机区组实验设计和拉丁方设计（只适用于单因素实验）；根据是否进行重复测量，可以分为重复测量实验设计和非重复测量实验设计；根据一组被试只接受一种实验刺激（或实验处理）还是多种（≥2），可以分为组间实验设计、组内实验设计和混合实验设计。当然，一个真实验是由以上多个标准特征组合而成的，下面我们举一个例子帮助理解。比如某研究欲探讨“生字密度”和“主题熟悉性”对儿童阅读理解成绩的影响，自变量有两个：生字密度和主题熟悉性，其中生字密度有两个水平：高和低；主题熟悉性也有两个水平：熟悉和不熟悉。因变量有一个：阅读理解成绩。实验是这样设计的：由于自变量有两个（即两因素），每个自变量有两个水平，因此研究者准备了四种难度的文章，分别对应着两个自变量不同水平的组合（即实验处理水平的结合）：高生字密度且主题熟悉的文章，高生字密度且主题不熟悉的文章，低生字密度且主题熟悉的文章和低生字密度且主题不熟悉的文章。然后，研究者从某幼儿园大班中随机抽出 60 名孩子，再将这 60 名孩子随机的分成四组（即随机化），然后让每一组孩子只阅读一种难度的文章（即组间设计），最后将每一组孩子的阅读理解成绩求均值（只有后测，没有前测），通过四组成绩均值是否存在显著差异来推断两个自变量对阅读理解成绩（因变量）的影响，以及两个自变量是如何共同影响因变量的（交互作用）。按照真实验分类的情况，上面这个实验设计就是“两因素完全随机 2×2 组间实验设计”，而且属于“实验后对照设计”，但通常我们不会采用这么全面的叫法，这样的实验设计我们一般叫它“2×2 组间实验设计”。

3.2.2.3 双盲实验

双盲实验是指在一项实验中，究竟哪一组被试接受或没接受实验刺激，被试本身和研究者或实验人员都是未知的，实验刺激是由第三方随机分派给各组被试的。我们来举一个例子，某医学研究所欲研究一种新药的效果，采用实验组（服用新药）和控制组（不服用新药）进行前测和后测来研究新药对病人病情的作用成效。但可能存在这样的问题，实验组和控制组的病人在知道了自己是否服用了新药的情况下，实验组的病人可能在心理上觉得自己的病情产生了好转，而控制组的病人可能更倾向于感觉自己的病情没有得到好转，这种心理作用可能会影响实验结果。另一方面，实验人员知道了哪些病人服用或没有服用新药之后，由于实验人员希望新药产生疗效，因此在观察和考察病人病情时，也可能倾向于对实验组的病人病情做出乐观的判断。基于以上考虑，该医学研究所决定采用双盲实验，即由第三方（非实验人员，也非实验对象）负责将病人随机的分派到实验组和控制组中，为了避免心理因素的影响，对控制组病人的处理由“不服用新药”改为“服用维生素片”，这样得出的实验结果就更具说服力。

3.2.3 实验法的程序设计

一般来说，实验设计包括如下活动：一是建立与研究假设相对应的统计假设；二是确定实验中的自变量（或实验处理）和必须控制的无关变量；三是确定实验所需要的被试数量以及被试抽样的方法；四是确定将实验条件（实验处理或实验处理水平的结合）分配给被试的方法；五是确定实验中因变量的测量方法以及对实验结果的统计分析方法。尽管我们了解了实验设计中应该落实哪些工作，但是一个好的实验设计不仅需要研究者具有实验设计和统计学方面的知识，还需要对研究问题所属的研究领域具有良好的理论积累和经验判断，因此如何设计一个漂亮的实验需要研究者或研究团队的创新智慧，而不是仅仅依照书本上的条条框框那么简单的事情。在前文中，我们在介绍其他相关知识的时候已经涉及到了实验设计的过程，在本节中，我们主要介绍几种基本的实验室实验设计，包括：单因素完全随机实验设计、单因素随机区组实验设计、两因素组间实验设计（包括两因素完全随机实验设计、两因素随机区组实验设计）、两因素组内实验设计和两因素混合实验设计。这里说的因素其实就是实验中的自变量，我们把一个实验中同时操纵两个或两个以上自变量的实验设计叫因素设计或因子设计。

（1）单因素完全随机实验设计

在单因素完全随机实验设计中，只有一个自变量，对其他所有无关变量的控制主要是通过对被试的随机化分配进行的。这是一种最简单的实验设计。比如：某研究欲探讨广告出现频次对购买意愿的影响。自变量是广告出现频次，分为四个水平：1 次、2 次、3 次和 4 次，因变量是购买意愿。研究者将 120

名大学四年级学生随机的分为四组(如表 3—3 所示),每一组被试都收看一段等时长的相同视频,不同的是每一组视频中插入同一广告的次数不同,收看之后测量每组被试的购买意愿并考察组间是否存在显著差异。

表 3—3 单因素完全随机实验中被试的随机分配

	实验处理(广告播放次数)				Σ
	播放 1 次	播放 2 次	播放 3 次	播放 4 次	
被试人数	30	30	30	30	120

(2)单因素随机区组实验设计

在单因素随机区组实验设计中,只有一个自变量,有两个及以上个水平,还有一个无关变量,也有两个及以上水平,并且自变量和无关变量之间是相互独立的(即不存在相关关系)。这种情况下,研究者需要首先将被试在无关变量上进行匹配,然后再将他们随机的分配到不同的实验处理组中。比如在上一个例子中,购买意愿除了受到广告播放次数的影响,还会受到产品需求程度的影响。于是我们首先对所有被试进行前测,测量他们对广告所宣传产品的需求程度,需求程度被分为五个等级,于是前测之后被试分成了五组,如表 3—4 所示。然后再将每组被试尽量等数的分配到四种实验处理中,如表 3—5 所示。

表 3—4 单因素随机区组实验中根据无关变量的分组

	组 1	组 2	组 3	组 4	组 5
被试人数	28	30	32	16	14

表 3—5 单因素随机区组实验中被试的随机分配

	实验处理(广告播放次数)				Σ
	播放 1 次	播放 2 次	播放 3 次	播放 4 次	
组 1	7	7	7	7	28
组 2	8	8	7	7	30
组 3	8	8	8	8	32
组 4	4	4	4	4	16
组 5	3	3	4	4	14
Σ	30	30	30	30	120

(3)两因素组间实验设计

在管理学研究中,组间实验设计是比较常见的设计形式。根据组间实验设计对无关变量的处理方式,可以采用完全随机实验设计,也可以采用随机区组实验设计。下面我们以实验中有两个自变量的情况进行举例说明。

①两因素完全随机实验设计

两因素完全随机实验设计适用于这样的研究条件:研究中有两个自变量,每个自变量有两个及以上水平,如果一个自变量有 p 个水平,另一个自变量有 q 个水平,那么实验中含有 p×q 个处理水平的结合。研究者将所有被试随机的分配到 p×q 个处理水平的结合中。比如:某研究想知道薪资增幅与晋升机会对员工跳槽倾向的影响。其中,自变量薪资增幅有三个水平,分别为增长 5%,10%和 20%;晋升机会有两个水平,分别为多和少。对于这样一个 3×2(薪资增幅的水平数×晋升机会的水平数)组间实验,研究者将 120 名被试随机分为 6 组(如表 3—6 所示),分别对应的实验处理水平的结合为:薪资增长 5%且晋升机会多、薪资增长 10%且晋升机会多、薪资增长 20%且晋升机会多、薪资增长 5%且晋升机会少、薪资增长 10%且晋升机会少和薪资增长 20%且晋升机会少,然后考察 6 组被试的跳槽倾向是否存在显著差异。

表 3—6 两因素完全随机实验中被试的随机分配

	实验处理水平的结合(薪资增幅×晋升机会)						Σ
	薪资增长5%且晋升机会多	薪资增长10%且晋升机会多	薪资增长20%且晋升机会多	薪资增长5%且晋升机会少	薪资增长10%且晋升机会少	薪资增长20%且晋升机会少	
被试人数	20	20	20	20	20	20	120

②两因素随机区组实验设计

两因素随机区组实验适用的研究条件为:一是研究中有两个自变量,每个自变量有两个及以上水平,同样的,如果一个自变量有 p 个水平,另一个自变量有 q 个水平,那么实验中含有 p×q 个处理水平的结合。二是研究中有一个研究者不感兴趣的无关变量,这个无关变量与自变量是相互独立的,研究者需要分离出这个无关变量对因变量的影响。比如在上一个例子中,被试对现有工作单位的满意度也会影响其跳槽倾向,但"对现有工作单位的满意度"不是研究者关心的自变量,需要研究者分离出这个无关变量的变异。做法是:研究者首先测量 120 名被试对现有工作单位的满意度,根据测试结果将被试分为五组(如表 3—7 所示),然后将每组被试尽量等数的分配到 6 组实验处理水平的结合中

(如表 3—8 所示)。

表 3—7 两因素随机区组实验中根据无关变量的分组

	组 1	组 2	组 3	组 4	组 5
被试人数	18	22	46	28	6

表 3—8 两因素随机区组实验中被试的随机分配

	实验处理水平的结合(薪资增幅×晋升机会)						Σ
	薪资增长5%且晋升机会多	薪资增长10%且晋升机会多	薪资增长20%且晋升机会多	薪资增长5%且晋升机会少	薪资增长10%且晋升机会少	薪资增长20%且晋升机会少	
组 1	3	3	3	3	3	3	18
组 2	4	4	4	4	3	3	22
组 3	7	7	8	8	8	8	46
组 4	5	5	4	4	5	5	28
组 5	1	1	1	1	1	1	6
Σ	20	20	20	20	20	20	120

(4)两因素组内实验设计

两因素组内实验设计的适应条件同样是研究中有两个自变量,每个自变量有两个及以上水平。不同于组间设计的是,研究者不需要将被试随机分配到不同的实验处理水平的结合中,而是所有被试接受全部实验处理水平的结合。组内设计的优点在于:能够分离出所有由被试个体差异引起的变异,从而减小实验误差,提供实验结果的精确度;同时,减少被试数量,从而降低实验成本。组内设计的缺点是:由于每一个被试都接受所有的实验刺激,因此可能产生被试的疲劳或者产生顺序效应,因此,不同实验刺激出现的顺序需要研究者进行随机处理或者合理安排。比如在薪资增幅(三个水平:5%、10%和 20%)和晋升机会(两个水平:多和少)影响跳槽倾向的研究中,组内设计的做法是:研究者让所有被试都接受 6 种实验处理水平的结合,然后考察 6 次测量所得出的跳槽倾向是否存在显著差别。

(5)两因素混合实验设计

两因素混合实验设计的适用条件是:一是研究中有两个自变量,每个自变量有两个及以上水平;二是研究中的一个自变量是被试内的,即每个被试要接受它所有的处理水平,另一个自变量是被试间的,即每个被试只接受它的一个处理水平。比如在跳槽倾向的例子中，假如我们将薪资增幅这个自变量做被试内处理，将晋升机会这个自变量做被试间处理，那么被试随机分配的方案是：将120名被试随机分为两组，每组接受“晋升机会”的一个水平，接受“薪资增幅”的所有水平，如表3—9所示。

表3—9 两因素混合设计中被试的随机分配之一

<table>
<tr><td colspan="2" rowspan="2"></td><td colspan="2">组间实验处理(晋升机会)</td><td rowspan="2">Σ</td></tr>
<tr><td>晋升机会：多</td><td>晋升机会：少</td></tr>
<tr><td rowspan="3">组内实验处理
(薪资增幅)</td><td>第一次测量：薪资增幅5%</td><td rowspan="3">60</td><td rowspan="3">60</td><td rowspan="3">120</td></tr>
<tr><td>第二次测量：薪资增幅10%</td></tr>
<tr><td>第三次测量：薪资增幅20%</td></tr>
</table>

相反的，假如我们将晋升机会这个自变量做被试内处理，将薪资增幅这个自变量做被试间处理，那么被试随机分配的方案是：将120名被试随机分为三组，每组接受“薪资增幅”的一个水平，接受“晋升机会”的所有水平，如表3—10所示。

表3—10 两因素混合设计中被试的随机分配之二

<table>
<tr><td colspan="2" rowspan="2"></td><td colspan="3">组间实验处理(薪资增幅)</td><td rowspan="2">Σ</td></tr>
<tr><td>薪资增幅：5%</td><td>薪资增幅：10%</td><td>薪资增幅：20%</td></tr>
<tr><td rowspan="2">组内实验处理
(晋升机会)</td><td>第一次测量：
晋升机会多</td><td rowspan="2">40</td><td rowspan="2">40</td><td rowspan="2">40</td><td rowspan="2">120</td></tr>
<tr><td>第二次测量：
晋升机会少</td></tr>
</table>

在混合实验设计中，被试内自变量的处理效应以及交互效应是研究者最感兴趣的，而被试间自变量的处理效应往往不是研究者关注的重点。

3.2.4 实验法的变异控制

一个实验设计是否成功，在很大程度上取决于研究者对于各种变异的处理策略，实验法中的变异主要来源于三个方面：系统变异、无关变异和误差变异。研究者应尽量使系统变异最大，误差变异最小，控制住无关变异。

(1)系统变异

系统变异是指因变量的变异中可以由自变量解释的那部分变异。系统变异是研究者期望获得的变异，因此在实验设计时应该尽量使系统变异得以显现。增大系统变异的方法有两种:第一种方法是确定恰当的自变量水平。举例来说,假设某研究欲探讨电影票价对电影票房的影响,如果自变量电影票价分为 15 元、20 元和 25 元三个水平,可能会发现电影票价对电影票房不存在显著影响。但如果自变量电影票价分为 30 元、60 元和 120 三个水平,那么就可能会发现电影票价对电影票房的影响是显著的。第二种方法是选取那些对因变量的反应存在较大差距的实验对象,而不要选取那些对因变量的反应都相差不多的实验对象。比如某研究欲探讨不同教学方法对学习成绩的影响,如果以某重点班的全体学生为实验对象,所有学生的成绩在 85 分至 95 分之间变化,那么就很难测得不同教学方法对学生成绩的影响。因此,选取的学生被试在学习成绩上应尽量存在较大的差距,比如在 45 分至 95 分之间变化,那么自变量对因变量影响的系统变异就相对容易获得。

(2)无关变异

无关变异是这样一些变量所引起的变异,即它们不是研究者感兴趣的变量,但它们确实对因变量产生较大的影响。无关变异可能来自被试的个人因素,如年龄、性别、职业、文化程度、价值观等,也可能来自外部因素,如实验环境、重大事件、突发状况等,还可能来自实验过程中被试产生的附加情绪或状态,如疲劳、烦躁、焦虑等。常用的变异控制方法主要有以下几种。

①随机化

随机化是控制实验中无关变异的最基本方法,也是应用最广泛的方法。由于被试是从一个更大的总体中随机抽取的,然后再随机分配到不同的实验处理或实验处理的结合中,因此理论上可以认为各组被试的个人特征在统计上是不存在差异的。但正如前文介绍随机化的概念时所述,随机化的做法适用于样本量较大的情况,当样本量比较小时,随机化的做法可能会失效。

②区组

区组是将被试首先在无关变量上进行测量并分组,然后再将每一组被试等数地(可能相差一个被试)分配到不同的实验处理或实验处理的组合中。区组的做法在上一小节中已经做了详细介绍,这里不再赘述。区组的方法最多能控制一个或两个无关变量的变异,当无关变量超过三个时,研究者可能很难选取到足量的、满足条件的被试。

③消除

消除是指将无关变量在实验中去除。假如被试的性别是一个在研究中不被研究者关心的无关变量,那么消除无关变异的做法就是只选取男性被试或只选取女性被试。但这种做法的局限性是降低了实验结果的普适性,而普适性也恰恰是实验法的主要弱势,因此,在研究中较少采用这种方法来控制无关变异。

④附加自变量

当研究中的无关变异既不能通过随机化或随机区组控制，也不能被消除时，研究者就会考虑将这个无关变量纳入到自变量的范畴中来，通过组间或组内的实验设计，来考察无关变量和真正的自变量对因变量的影响。有时研究者通过考察无关变量与自变量的交互作用，反而会发现一些重要的、更接近事实的规律。

(3)误差变异

误差变异指实验中所有未控制的变异。没有有效进行控制的无关变异就变成了误差变异，误差变异还可能来自实验中的随机波动。误差变异主要有两个来源：一是被试的个体差异；二是测量误差。尽管被试的个体差异可以通过随机化等方法进行控制，但随机化的效果还是有限的，因此消除被试个体差异造成的误差变异的最好方法就是组内设计，也就是对同一组被试进行多次测量，组内设计的方法详见上一小节内容。其次，对测量误差的控制方法，除了使用可靠的测量仪器或信效度较高的量表之外，还要考虑到被试在实验过程中的情绪状态和注意力涣散等问题，尽量安排合适的实验环境，掌握好实验节奏，谨慎规划好实验设计中各环节的顺序流程。

3.3 二手资料搜集法

在管理学研究中，二手资料搜集法也是研究过程中经常用到的方法，尤其在案例研究中，二手资料常常提供了案例研究的主要数据支持。所谓的“二手资料”是相对于“一手资料”而言的，一手资料具有如下几个特征：一是研究者或研究者所属的研究团队亲自收集数据；二是数据直接用于研究者自己的项目；三是数据收集过程中研究者与提供数据者发生直接接触。与一手数据相比，二手数据的特征刚好相反，即数据由他人收集，数据最初收集时通常不是用于解决研究者所关注的问题，研究者与提供数据者之间也不发生直接接触。一手数据与二手数据的比较如表3—11所示。

表3—11 一手数据与二手数据的比较

比较项	原始数据	二手数据
目的	始终用于解决研究者的问题	最初用于解决其他人的问题
程序	比较费力	比较容易
成本	高	低
时间	长	短

资料来源：(美)马尔霍特拉著.涂平译.市场营销研究—应用导向.电子工业出版社.2009.

3.3.1 二手资料的优缺点

利用二手数据作为研究结果的主要支撑并不是那么容易的事情，因为二手数据不仅像一手数据一样，要经过整合集中的过程，还要经过大量搜寻的过程，是一种“搜集”过程而不仅仅是“收集”过程。在国外的一些顶级管理学期刊中，二手资料搜集仍然是一种非常重要的数据采集方法，如 *Strategic Management Journal*(SMJ)、*Academy of Management Journal*(AMJ)、*Journal of International Business Studies*(JIBS) 等。因此，我们不能忽视二手资料搜集法的力量，相对于其他数据采集方法，二手资料搜集法具有如下两方面独特的优势。

(1)二手资料的数据量通常比较大，而且通常时间跨度也较大

利用一手资料收集数据，由于研究者在时间、精力、成本、收集难度等方面的局限性和挑战性，往往很难收集到足够大的、非常理想的数据量，而二手数据的搜集往往是从非常庞大的数据源中抽取所需要的数据，因此样本量可以做到足够大，如某上市公司的年报、世界银行的财务数据、某超市 100 多种商品的销售额等等。此外，许多二手数据在时间上是延续的，比如 60 个亚洲商学院在过去五年的招生人数、某航空公司在过去十年的客流量变化等等，这些时间跨度比较大的二手数据可以支撑我们做有价值的纵向研究，克服了很多一手数据只能提供横截面数据的局限。

(2)二手资料本身的客观性很强

由于二手资料在最初收集的时候不是用于研究者所关注的问题，因而这些数据被研究者用于特定的研究时，就属于验证假设的客观数据。但如果二手资料要经过研究者的整理、提炼和编码之后才能作为研究结果的证据，那就另当别论了，这时二手数据的客观性还取决于研究者是否提供了非常客观、准确的加工准则，否则，二手数据很可能在加工过程中夹杂了研究者的主观偏见。这也是为什么当我们运用内容分析或扎根理论等方法进行二手数据的提炼和编码时，要尤其谨慎的原因。

二手资料的主要缺点有：一是数据资料与研究问题本身的关联性比较间接；二是数据资料有时可能比较庞杂，夹杂了很多无关信息；三是数据的来源不够权威时，需要我们查证其可靠性。这些缺点都导致在很多情况下我们不能直接运用二手资料，而是要经过审核和再加工过程。

3.3.2 二手资料的分类

二手资料可分为内部资料和外部资料。内部资料是指由研究对象(通常是

组织或其他实体)提供的固有资料,如企业内部的文件、档案和已有的统计数据等。外部资料是指由研究对象之外的第三方提供的数据,如行业协会的统计资料、专业性数据库等。外部资料往往是公开或半公开(如需要会员身份)性质的,这些公开的二手数据可以是指南、索引、商报、行业报告等商业数据,也可以是普查结果、政策文件等政府数据(如图 3—2 所示)。当然,这些公开的二手数据的搜集需要建立在庞大的公共信息平台的基础上,这一点美国等一些发达国家相对比较成熟。

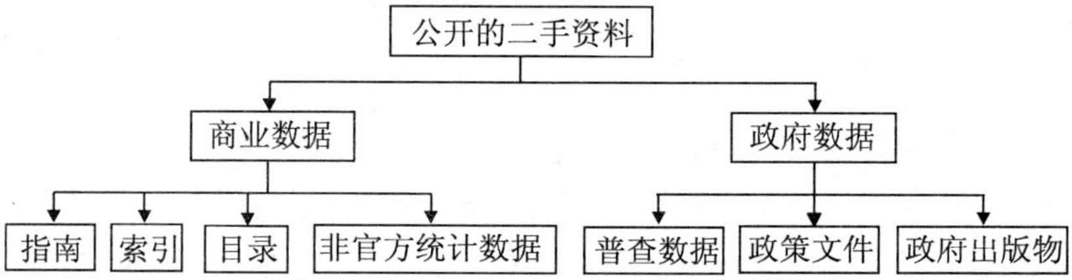

图 3—2 公开的二手资料分类

资料来源:(美)马尔霍特拉著. 涂平译. 市场营销研究一应用导向. 电子工业出版社. 2009.

3.3.3 定性二手资料的整理

我们所搜集的二手资料可能是定量的,也可能是定性的。对于定量的二手数据,如销售额、股指、净利润等,我们通过审核、截取(有时是抽取)、转换(有时不需要)、录入、整理等几个步骤,就可以完成对定量二手资料的利用。然而,对于定性的二手资料,其整理过程就比较繁杂,主要包括如下三个步骤。

(1)初步浏览建立资料档案

当我们需要搜集定性资料来帮助我们发现研究问题的本质时,通常我们会从多个渠道去搜集各种形式的与研究问题相关的资料,如行业指南、参考书籍、政策文件等。这些定性的二手资料不但数量庞大、内容繁杂,并且搜集工作常常是研究者请助手或委托其他人完成的。因此,研究者需要对全部二手资料进行浏览,进行初步的了解和熟悉,做到心中有数。全局性的浏览之后,初步建立与研究问题相关的资料档案。资料档案可分为如下四种类型:一是背景档案,特别是一些重大社会事件或突发事件的研究,背景资料显得十分重要。二是传记档案,传记档案主要涉及到对研究问题或现象具有关键作用的个人及其观点,如领导者的重要讲话或标志性举动。除此之外,如果研究问题涉及到不同层面的个人及其立场,还要进一步进行传记档案的分类,并理清他们之间的关系。如某研究欲探讨企业如何提高履行企业社会责任的规范性、透明性和持续性,那么这个问题不仅涉及到企业管理者,还涉及到非盈利性组织、政府以及受益者方面的关键人物及其立场态度。三是参考资料档案,参考资料主要指其他组织或个人对研究问题或现象的评价和分析,包括新闻报道、分析评论、学术文献、书籍等等。四是分析档案,分析档案通常建立在对前三种档案资料熟悉和了解的基础上,然后根据已有的理论框架或者根据对全部资料的分析,将每种类型的资料按照不同主题做进一步的区集整理。分析档案是对二手资料进行初步归整的重要一步。

(2)明确概念逐级编码

档案资料建立之后,真正的分析工作是从编码开始的。编码是研究者根据研究问题以及现有资料与研究问题的相关性,创造或借用不同的概念,进一步把不同类型的资料纳入到不同的概念主题中。编码工作通常是逐级进行的,下级编码通常是对上级编码的进一步细分和提炼,也是从一个更深刻的层面来分析当前资料对研究问题的支持。Strauss(1987)认为,对于无经验的研究者来说,要理解和掌握编码是一项困难的工作。在这里我们介绍三种方式的编码,即开放式编码、轴心式编码和选择式编码。

①开放式编码

开放式编码(open coding)常常是编码工作的第一步。在资料档案建立之后,研究者的理论框架很可能还是粗略的,而且对如何将理论概念对应到资料表层还不是非常明确。这时需要研究者在阅读(而不是浏览)资料的过程中能够灵活的将零散混杂的信息转换到不同的概念主题中去,这些概念主题可以是固有的,也可以是研究者根据研究需要创造的。在编码过程中,随着研究者对资料的熟悉度和对研究问题的理解不断增强,也可以不断调整旧的概念、增加新的概念。需要注意的是,开放式编码所依据的分类概念尽量不要抽象,不同概念主题尽量只反映资料本身。开放式编码需要研究者以一种开放的心态来分析资料,尽量摒弃个人偏见和学术界的定见,只将资料按照其本身所呈现的信息和属性进行分类。

②轴心式编码

轴心式编码(axial coding)主要用于发现和建立不同概念主题之间的关系,包括因果关系、时间序列关系、对比关系等。在轴心式编码中,研究者需要思考的是:开放式编码中的多个不同概念主题是否可以并入到一个抽象概念范畴内,有些概念主题是不是过于宽泛需要进一步划分维度,以及不同抽象主题之间具有什么样的关系。其中,最后一个方面是轴心式编码的核心工作,它的完成直接关系到研究者是否能够建立一个更有价值的理论框架来深入的探讨研究问题的本质。

③选择式编码

选择式编码(selective coding)是在开放式编码和轴心式编码的基础上，研究者识别出研究问题的最主要方面或关键议题，然后围绕这个关键议题选择出几个核心概念并找到它们之间的逻辑关系。选择式编码排除了一些与研究问题相关度不高的概念主题，同时也将研究问题的本质与二手资料表层信息最有效的关联起来。选择式编码常常用于案例比较研究中，将最说明主题的一些个案及其观点抽象为几个核心概念，然后通过比较或因果关系的挖掘来探讨现象背后可能存在的规律。

(3)形成理论模型

如果研究问题所依据的资料主要来源于定性的二手资料，那么在逐级编码工作完成之后，研究的理论模型实际上已经显现了。但如果研究问题还需要其他定量资料做支撑，那么研究者还需要考虑如何将定性资料的分析结果与其他分析结果有机融合起来，形成理论模型的坚实根基。当然，还有一种情况是，在搜集和分析二手资料之前，研究者已经有了一个预期的理论模型及其假设关系，在资料归档和逐级编码之后，对预期的理论模型进行调整和修善，这种情况在研究中也是比较常见的。

3.4 访谈法

在学术研究中，访谈法是一种重要的数据采集方法，常常与问卷调查法结合使用。运用访谈法时，可以由事先设计的问卷和固定的程序进行即结构访谈，也可以围绕一个主题进行自由交谈即无结构访谈；可以单次只访谈一个人即个别访谈，也可以单次访谈多个人即集体访谈；可以是有预约的正式访谈，也可以是随时进行的非正式访谈。在研究过程中，不论采用哪一种访谈方式，都需要研究者做好访谈前的准备和控制访谈的过程。此外，当我们采用集体访谈时还要克服“从众行为”的影响。下面我们就访谈法中应该注意的问题做一些说明。

3.4.1 访谈前的准备

这里我们所介绍的访谈前准备主要是针对正式访谈而言的，包括以下几个方面。

(1)明确访谈主题

明确访谈主题不仅要求研究者明确整个访谈内容所围绕的大主题，同时能够事先列出一些关键词或内容提示作为大主题下面的小主题。比如：某访谈的大主题是消费者对企业履行社会责任行为的看法，那么涉及的小主题包括：消费者是否注意到这样的行为、消费者是否信任这样的行为、消费者是否会产生正面的企业评价、消费者是否会对企业产品产生好感，等等。当然，事先准备的内容提示并不是一成不变的，研究者在访谈过程中会发现一些新的问题或视角，或者原有的问题可能并不恰当或实际，这时研究者应该灵活的做出调整、补充或删减。

(2)熟悉背景资料

可能有人认为访谈无非就是聊天，其实没什么困难的。确实，绝大多数的访谈几乎都可以顺利进行，但是访谈的效果和质量就另当别论了。比如有的被访者很健谈，一个小问题就可以说很长时间，有的被访者又很沉默，回答问题只用几个字或一两句话。这时，熟悉与访谈主题相关的背景资料，做好家庭作业就显得非常重要了。比如某研究需要了解一个企业战略演变的路径，研究者拟对该企业的高层管理者进行访谈。那么研究者在访谈之前就应该查阅并熟悉如下资料信息：对该企业的战略走向起到关键作用的转折性事件或决策、转折性事件发生的政策背景、哪些人参与了这些重大决策、当时出现了哪些不同意见、面临哪些阻碍、哪些人或事件起到了推动作用、同行业竞争对手的发展态势和做法，等等。在准备好这些资料之后，将其中重要的信息分别标记于不同主题的内容提示下面，这样当被访者偏离主题或无话可说时，研究者可以给出这样的信息促使访谈顺利的、有质量的进行。

(3)了解被访者特征

访谈前了解被访者的个人特质也是非常必要的，如年龄、性别、职业及职务、文化程度、毕业院校、工作经历、兴趣爱好等等。研究者了解这些信息的好处在于，一方面能够够采取适当的角色姿态与被访者接触，增加共同语言，缩小双方的心理距离；另一方面可以更为准确客观地理解被访者的回答内容。比如利用访谈法了解一个企业的激励措施时，高层管理者、中层管理者和基层员工的态度和看法可能差别很大，这时研究者应该根据被访者的特征有侧重的进行提问。

(4)准备好开场白

访谈的开场白非常重要，直接关系着被访者是否能够放下心理负担或心理戒备进行坦诚的、积极的交流。一个好的开场白应该简明扼要、意图明确、重点突出，以一种和缓礼貌的态度向被访者解释你要干什么，为什么进行这次访谈，以及被访者无需有顾虑等等，如果能加入适当的幽默营造一种轻松融洽的氛围就更好了。开场白的最后要抛出一个容易让被访者有话说的问题，用这样的问题引导被访者回答，而不要把需要被访者回答的问题全部列出，除非在被访者要求的情况下。

(5)安排时间地点

访谈的时间、地点以及是否保密都需要研究者与被访者商定,尽量满足被访者的要求。当被访者同意接受访谈时,一定要真诚表示谢意,非常客气的表示对被访者进行打扰的歉意。切忌以被访者上级领导同意等理由要求被访者参与访谈,不但是对被访者的不尊重,并且可能会严重影响访谈的质量。

(6)掌握正确的记录方法

对于访谈内容的记录方式有两种,一种是当场记录,另一种是事后记录,两种方式各有优缺点。当场记录是访谈中比较常用的方式,好处在于可以随时抓住谈话的要点和关键,并且根据被访者的表情姿态正确理解被访者的意思,但缺点是可能会产生一些信息遗漏,还可能会影响研究者与被访者之间的互动,甚至造成被访者的紧张情绪。事后记录的好处在于保证了研究者与被访者的充分交流,记录完整准确,但缺点是研究者在访谈过程中所产生的灵感和理解可能会淡忘了。

3.4.2 访谈过程的控制

对访谈过程进行控制是一项很重要也很难掌握的工作,但这也是访谈中最关键的环节之一。对访谈过程的控制可以通过提问控制,也可以通过表情或动作控制。

(1)提问控制

提问控制主要运用于以下三种情况:一是当研究者转换话题时,不能让被访者毫无准备的开始一个新的话题,而应该先对被访者上一话题的回答进行简要的归纳总结,然后引导被访者进入新话题的思考;二是当研究者感觉到被访者对所提问题比较模糊或产生误解时,研究者应该重述或更清楚的表述问题,使被访者及时的作出更正或补充;三是当研究者发现被访者跑题时,应该礼貌地打断被访者,引导其回到问题的主题上来。

(2)表情或动作控制

表情或动作的控制也是增进研究者与被访者有效交流的途径,比如研究者可以通过送水的方式打断被访者扯远的话题;在交流过程中研究者要表现出礼貌、谦虚、耐心和诚恳的态度,尤其是被访者表述的不够好或者情绪比较起伏时;不要一直盯着被访者,或者一直低头记录;等等。

3.4.3 集体访谈的注意事项

集体访谈也称为焦点小组访谈或座谈会,是将多个访谈对象集中起来就一个主题发表各自的观点和意见。与个别访谈相比，集体访谈的难度更大，因为被访者之间的互动可能会产生“从众效应”，但好处是被访者之间可以相互启发、相互修正，使得所提供的信息更为准确，并且节省了个别访谈的时间成本。采用集体访谈法要注意以下几个方面：一是单次访谈的人数不宜过多，过多不容易对访谈过程进行控制，也不宜过少，过少就显现不出集体访谈的效果和优势；二是集体访谈的对象要慎重选择，访谈者之间不要存在固有的个人成见，并且表达和理解能力不能有较大的差距；三是为了避免从众行为，研究者应该鼓励每个被访者大胆发表意见，必要时可安排一个助手参与访谈，作为当事人鼓励少数派发表意见。

3.5 观察法

在管理学研究中，不论采用何种方法收集数据，实际上都离不开研究者的观察，尤其是在探索性研究中，敏锐的观察是发现问题关键的重要途径。观察法按照观察地点可分为实验室观察和实地观察；按照研究者的角色可分为局外观察和参与观察；按照观察方式可分为结构观察和无结构观察。下面我们分别对不同的观察法进行简要的介绍。

3.5.1 实验室观察与实地观察

实验室观察是在设有观察设备的封闭环境下对研究对象进行观察，并且通常情况下研究对象并不知道自己处于被观察的位置。比如：某研究欲探讨一个团队中领导者发表意见的先后对团队决策的影响，研究者安排某项目团队进入预设的实验室中，给他们两个决策议题。但事先已经告知团队领导者在第一个议题中最后发表意见，在第二个议题中先发表意见。预设的实验室是经过研究者精心安排的，比如已经在多个角落安装了摄像头，或者实验室与观察室之间安装了一面镜子，使得实验室外面的人可以清楚的看到里面，但里面的人看不到外面。通过这样的设置研究者可以清楚的观察到不同情况下团队决策的过程。而实地观察是在现实生活的实际情境中进行的，研究者直接对实际发生的现象、事件和过程进行记录，不需要借助其他观察设备。实地观察在社会学研究中应用的比较广泛，如社会学中的经典之作《街角社会》就是采用实地观察的方式描述了当地一个青少年团体的形成、成长、内部关系及其心理。

3.5.2 局外观察与参与观察

局外观察是指研究者不参与到被观察者的活动中，被观察者也意识不到自己处于被观察的位置;参与观察则刚好相反,研究者通过实际参与研究对象的活动而进行观察。参与观察在人类学和社会学研究中比较常用,在管理学研究中常常由于研究者参与的难度较大或研究条件的限制而应用的比较少。但参与观察仍然可以作为其他研究方法的辅助手段,研究者在没有预期假设的情况下,先通过亲身体验和观察来理解被观察者的态度和立场,从而避免受到已有定见的影响,但参与观察的缺点是不能进行复制,并且观察的效果在很大程度上取决于研究者的敏锐性和领悟力,随着观察者参与度的深入,可能也会有失客观性。

3.5.3 结构观察与无结构观察

结构观察指研究者按照事先准备的观察要点或目标对现象进行观察和记录,而无结构观察则是研究者在没有任何预设目标的情况下对现象发生的过程进行的自然观察。类似于结构访谈和无结构访谈的区别。结构观察常常用于实验室研究中,而无结构观察常常用于实地研究中。与结构观察相比,无结构观察更需要研究者对细节的洞察和对现象本质的透析,对于经验不够丰富的研究者来说难度较大。

思考题

1. 问卷设计的一般过程是怎样的?问卷设计过程中应该注意哪些问题?

2. 当问卷调查的对象来自于一个很大的总体时,可以采用何种方法进行抽样?

3. 实验设计中控制无关变量的方法有哪些?请就你感兴趣的问题举例说明。

4. 比较问卷调查法和实验法,分析两者在数据采集方面各有哪些优势和劣势。

5. 在管理学期刊上找两篇高质量的实验研究文献,分析研究者是如何进行实验设计的。

6. 尝试运用观察法和访谈法,提出一个在现实生活中值得探讨的科学问题。

参考文献

[1]Chan, D.. Functional relations among constructs in the same content do-

main at different levels of analysis：A typology of composition models. Journal of Applied Psychology,1998(83)：234—246.

[2] Cheung, F. M. , Leung, K. , Fan, R. M. , Song, W. Z. , Zhang, J. X. & Zhang, J. P.. Development of the Chinese personality assessment inventory. Journal of Cross-Cultural Psychology,1996(27)：181—199.

[3] Coltman, T. , Devinney, T. M. , Midgley, D. F. & Venaik, S. Formative versus reflective measurement models：Two applications of formative measurement. Journal of Business Research,2008(61)：1250—1262.

[4]D. A. de Vaus, Surveys in Social Research, George Allen & Unwin Ltd. 1986:65.

[5]Diamantopoulos, A. & Siguaw, J. A.. Formative Versus Reflective Indicators in Organizational Measure Development：A Comparison and Empirical Illustration. British Journal of Management,2006(17)：263—282.

[6]Rial, T. K.. A Brief tutorial on the development of measures for use in survey questionnaires. Organizational Research Methods,1998(1)：104—121.

[7]Strauss. Qualitative Analysis for Social Scientists. Cambridge University Press. New York,1987.

[8]风笑天. 社会学研究方法. 中国人民大学出版社. 2008.

[9]贾怀勤. 管理研究方法. 机械工业出版社. 2006.

[10]刘军. 管理研究方法:原理与应用. 中国人民大学出版社. 2008.

[11](美)马尔霍特拉著,涂平译. 市场营销研究—应用导向. 电子工业出版社. 2009.

[12]舒华. 心理与教育研究中的多因素实验设计. 北京师范大学出版社. 2008.

第四章

管理研究中的变量

很难理解为什么统计学家通常局限自己的调查于平均数，而不着迷于更广泛的考虑。对于变量的美丽，他们的灵魂看起来如同平坦的英格兰国家之一的当地人一样迟钝，那些当地人关于瑞士的回顾是，如果可以将它的山脉扔进它的湖泊，那么两种讨厌的东西将立即去除。

——Francis Galton(1977)

上章阐述了如何提出研究问题和假设，是概念化过程。本章将阐述概念的操作化，即如何将构念转换成可观测的变量，并根据相应变量类型确定其相应的检验方案。变量是研究的基础，研究推理与思考、研究实施及研究结果的交流都要用变量语言来完成。

4.1 变量概述

变量是科学研究推理与思考、执行与实施的基础。本节将阐述变量的定义、变量分类以及变量的操纵方法。

4.1.1 变量定义

变量是研究者感兴趣的、可以发生变化的事件和现象（舒华，张亚旭 2008），是以一定刻度变化来反映构念的指标，如产品价格是一个变量，产品价格可以在一定范围内波动。如企业根据制作产品的成本、流通成本和预期利润率制定价格水平。为了考察产品价格对消费者购买意向的影响，企业可以对产品价格进行调整。管理研究中的变量既可以是与人有关的价值观、情绪情感、领导风格、个人魅力、组织承诺等，也可以是与企业有关的企业性质、企业资产、企业资金流动性、产品质量和产品价格等。管理研究的变量与其他类型研究变量一样，应具备下列属性：

变量应具可变性。顾名思义，变量其核心词即“变”，变量能够在程度上或幅度上发生变化。如服务质量可以通过某种方法提高或降低，产品价格可以在一定范围内波动，企业的领导风格可能由于领导班子的改变而发生变化等等。事物或现象只有具有可变性，人们才能通过观察变化洞察本质。人们很难研究静止或不变的事物或现象与其他事物或现象的联系。

变量应有可测性。变量在某个维度程度或强度的变化是可以观察到的，且观察结果可以用类别、顺序、距离或比率等尺度来表示。如消费者满意度可以用5点李克特量表测量；企业绩效可以用具体的营业额来度量。

变量的选择和控制反映了研究者的创造力和研究潜力，正确了解管理研究中变量的分类是选择和控制变量的前提。

4.1.2　变量类型

从测量尺度的角度来看，根据变量变动的数值性质，变量可以分为：类别变量和连续变量。

类别变量，又称名称变量，用简单的类别如企业类型、员工性别等来反映管理研究中某些现象的程度变化，包括用定类尺度和定序尺度来测量的数据变量（刘军 2009）。类别变量指标的数值具有间断性和有限性。如员工性别就男和女两个水平，又如企业类型有国有企业、外资企业、私营企业、集体企业和中外合资企业等类型。使用类别变量时，类型之间应该互补，概念上无重叠。

连续变量，以定量的、连续变化的指标来反映现象的变化，包括用定距尺度和定比尺度来测量的数据变量。连续变量指标的数值具有连续性、无限性，如企业利润、销售额等。

与类别变量相比，连续变量能更精细、准确地反映事件的发展程度。例如，与用满意和不满意类别变量来描述员工的情感状态相比，5点满意度量表反映员工的情感状态更为精细和确切。一般情况下，连续变量可以处理为类别变量，反之将类别变量处理为连续变量则不一定成立。变量是采用类别变量还是连续变量，主要取决于三个方面：

首先，变量类型的选择需考虑变量的性质。如果变量只能在有限范围内做间断性的变动，如企业类型可分为国有企业、私营企业等类型，此类变量则只适宜用类别变量。反之，如果变量可以连续、无间断地变动，则研究者应尽量用高信息含量的定距或定比尺度进行测量，以获得连续型数据。如用员工人数来测量企业规模，如仅将员工人数分为两类，则丧失了大量具体信息，不利于下一步的统计分析、解释和预测。应尽量要具体到员工的具体个数，从而能计算所有样本的均值、标准差,能使用更复杂的统计分析工具。

其次,变量类型的选择还需考虑研究手段和工具,有的变量虽可以从低至高连续变化,但研究手段与工具尚不能获取连续性数据。某些敏感信息如消费者的情绪变化,虽然它是连续变化的,但通过书面的调查问卷很难准确获取情绪连续变化的程度和取值。

第三,变量类型的选择还需要考虑研究目的。根据研究目的有针对性地选取变量类型。如果要考察两个变量之间的线性相关关系,则要求两个变量均为连续变量。如果要比较两不同群体的取值差异,则需其中一个变量为类型变量,从而将样本分为两类群体。

根据变量在研究中所承担的角色来看,管理研究中的变量可以分为:自变量和因变量(舒华,张亚旭 2008)。

自变量,又称独立变量,是研究者所操纵并预期能引发特定效应的变量。在研究中,自变量的水平由研究者根据目的进行操纵和变化,独立、不受其他因素的影响。如希望考察服务质量与满意度之间的关系:研究者可提高或降低服务质量,然后观察消费者满意度的变化。自变量具有变化性、操控性和诱发性等特点。变化性是指自变量的取值可以在一定范围内变动。变化性具有主动的特点,即研究者可以对取值范围进行主动地操纵和控制,如产品价格可以提高或降低。自变量确定后,需要确定自变量变化的范围。有些连续变量可以无限变动,需要根据研究目的来确定其取值区间。如研究企业规模对企业绩效的影响,企业规模有连续的、无限地取值空间,需要根据研究者自身的研究目的和条件,选取合适的取值范围。

因变量,又称相依变量,由操纵自变量而引起的某种特定的反应,是自变量作用的结果。提高服务质量能提高消费者满意度,其中满意度即因变量。因变量应该是可以被测量的,能够数量化。其次因变量还需对自变量的变化有敏感度,能精确地反映自变量的变化。例如,想考察品牌危机对情绪的影响。情绪有不同维度,积极情绪和消极情绪,积极情绪有不同类型及相应程度。如果不具体细分情绪类型,用概括性情绪作为因变量,则可能因其敏感度不够而出现"天花板效应"或"地板效应"。天花板效应是指自变量不同条件下因变量的测量得分普遍很高,而地板效应则为自变量不同条件下因变量的测量得分普遍很低。

4.1.3 变量的操纵

如何操纵自变量?如何选定自变量的变化范围?如何测量因变量?如要研究员工与消费者之间的互动如何影响品牌资产,那么互动如何操作?如何界定互动高与互动低？如何测量品牌资产？这些都是管理研究过程中需要认真思考的问题。变量操纵的第一步即需要清晰界定变量。科学研究中，为了研究的重复性，研究者须从测量的角度对变量进行操作性定义。变量的操纵性定义是指对一个变量根据测量它的程序所下的具体的、明确的定义（舒华，张亚旭 2008）。操纵性定义在实验研究中显得特别重要。在实际研究中，某些心理或行为变量含义模糊，只有根据程序进行具体明确的定义才能进行实验研究，并在此基础上可以重复检验结果。当然研究者也可以根据自己的研究角度给研究变量下操作性定义。

自变量自身必须是能够发生变化的，而且研究者能够直接控制操纵。确定自变量后，要确定自变量的变化范围。例如研究者想研究企业规模对国际化发展的影响，如何确定企业的规模？从年营业额来确定？还是企业员工人数来确定？如果用员工人数来确定，那么最小规模和最大规模分别是多少？自变量变化等级如何确定，如何选定中间变化的等级？以员工人数 100 人作为等级变化的差异额是否合适？在实际调查过程中，如果确定测量的等级和深度，最好是越具体越好。如果情况容许，直接要求填写具体的员工人数。在分析数据时，可以根据研究需要将连续的或具体的数据进行分类；反之则不可能。

那么，如何才能保证所确定的自变量的变化范围更为恰当？首先，可以通过查阅文献，获得必要的知识。如果有文献研究过该变量，则可以参考前人对该变量提出的操作性定义、类型、变化范围等。如有不足，亦可以在此基础上改进提高。其次，对于前人研究较少的现象或变量，有必要进行多次预备实验来确定自变量变化的范围（舒华，张亚旭 2008）。

因变量的选择首先要考虑研究的目的和要求。选择能敏感反应自变量变化的、具有理论与实际意义的因变量对研究本身具有重要意义。一般情况下，良好的因变量应具有以下特点：

1. 容易观察，如研究服务质量对满意度的影响，满意度应该容易通过量表调查获得。然而有些变量如追逐权力的动机等则较难观察和测量。

2. 容易数量化，如企业利润，可以通过具体的数值指标来测量，而且可以精确到元角分单位。

3. 效度高，能敏感地反应出自变量的变化。

4. 信度高，在所有条件一致的情况下，重复测量的结果是否一致。因变量应该具有较高的稳定性和可靠性。

本节阐述了变量的概念、类型及其观察与控制，接下来将进一步了解变量之间的关系及其分类。

4.2 变量之间的关系

管理科学研究的主要目的是从企业变量间关系的角度来理解、解释和预测管理现象，具体是通过采用严谨的科学方法证实或证伪变量之间是否存在某种确定的关系。变量之间的关系可以分为相关关系与因果关系。下文将首先阐述相关关系与因果关系的概念，在此基础上进一步探讨相关关系与因果关系的区别。

4.2.1 变量间关系的类型

相关关系是指自然发生的两个变量共同发生变化，是变量之间所表现出来的一种纯数学关系。判断变量之间是否具有相关关系的依据只有数据。相关分析是判断变量之间是否具有相关关系的数学分析方法。相关关系中的变量地位是对等的，无方向性；变量之间可能互相影响，且无时间先后关系的确定，也无法排除其他变量是影响二者关系的最终原因。例如某个企业的员工满意度高，其企业绩效也高。经过相关分析发现，员工满意度与企业绩效之间的相关系数为 0.8，则可以认为员工满意度与企业绩效之间有相关关系。但并不能推论员工满意度是企业绩效变化的原因，二者高度相关可能是由于其他原因导致的。譬如，最近企业开展了人力资源培训，员工通过培训后满意度提高且服务水平和工作绩效提高，从而导致企业绩效提高。

一般用相关系数作为度量相关关系的具体指标。相关系数的范围是从＋1经过 0 到－1。根据二者是否同方向变化，相关可以分正相关、零相关、负相关。同样数值的正相关与负相关表示同样大小的相关，只是方向相反而已。正相关关系是指一个变量的值增加时，另一变量的值也增加。如服务质量提高，消费者满意度提高。负相关关系是指一个变量的值增加时，另一变量的值却减少。如员工离职率越高，企业的凝聚力越低。进行相关分析，只有定序以上测量层次的变量才能分析相关方向，因为只有这些变量的值有高低或多少之分。至于定类变量，由于变量的值并无大小、高低之分，无法进行相关分析。

根据相关系数绝对值的大小程度，相关可以分为高相关、中等相关和低相关，系数绝对值越高，变量之间的关系越密切。如相关系数为 0，表示两组变量之间没有任何关系；相关系数为 0.3－0.5，表示两组变量之间存在中等关系；相关系数为 0.5－0.7，表示存在高关系；相关系数为 0.7－0.9，表示存在密切关系；而相关系数为 1，表示存在正比关系。

因果关系是指一个变量的变化（Y）是由另一个变量（X）引起的，则称二变量之间具有因果关系。在一个研究中，自变量是原因，因变量是结果。根据自变量与因变量关系的方向性，因果关系可以分为单向因果关系和互为因果关系。生产要素投入与国内生产总值之间具有单向因果关系，生产要素投入影响国内生产总值。自变量生产要素是原因，因变量国内生产总值是结果；反之即国内生产总值影响生产要素则从逻辑上不可行。但社会现象中亦存在自变量与因变量互为因果关系的现象。如国内生产总值与消费之间的关系，国内生产总值可以作为自变量影响消费，它还可以作为因变量受消费的影响而发生变化。在经济行为上的互为因果关系，国内生产总值决定消费，而消费又对国内生产总值增长起着拉动的作用。一般情况下，因果关系的确定需要满足 3 方面的条件：

(1)两个变量有共变关系，即一个变量的变化会伴随着另一个变量的变化。共变证据可以通过定性或定量的方法获得。如，某学者认为服务质量影响销售额，其中服务质量为自变量 X，销售额为因变量 Y。如果某商店服务质量高，同时发现销售额也高；令人不满意的服务质量，其销售额也低。如此相从变动则说明二变量之间存在共变关系。

(2)变量出现的时间顺序，原因必须在结果之前或者与结果同时发生，不能在结果之后发生。服务质量发生变化后，销售额同时或随后发生变化。在管理实践中，亦有互为因果现象存在。例如，在服务管理实践中，服务质量提高销售额增长，另一方面销售额可能同时随员工培训费以及雇佣额外销售人员增长而增长。

(3)排除其他解释。没有其他可能的原因解释自变量与因变量之间的关系。在检验服务质量与销售额之间的关系时，需要排除其他可能影响销售额变化的原因。如果肯定其他影响销售额的因素如产品质量、价格、广告等保持稳定，则可以确定店内服务质量提高是销售额增长的原因。

4.2.2　相关关系与因果关系之区别与联系

变量之间具有相关关系并不一定具有因果关系，同样地具有因果关系亦不能确定一定具有相关关系(张小天，1992)。如中国的国内生产总值与印度的人口之间具有较强的相关性，二者都以较快的速度增长，但显然二者之间不具有因果关系。实验研究中发现服务质量提高导致销售额增长，但现实中服务质量与销售额不一定存在高相关。变量之间存在相关关系，但不存在因果关系，可能相关是由于其他原因导致的，也有可能是因为偶然原因，或者因为各种条件限制，掌握的信息不全所致。例如，太阳镜的销售量和雪糕的销售量存在相关性，但这不是说因为太阳镜卖多了，雪糕就会卖的多。它们之间呈现相关关系，仅仅是因为它们受同一因素日光辐射强度的影响。它们都是日光辐射强度所影响的结果。

面对客观世界的种种不确定性，人们喜欢寻找原因，并将不确定性转化为确定性，尽管这种转化往往只是心理上的。人类已经形成这种将不确定性转化为确定性的思维弱点。人们习惯于将相关关系转化为因果关系来解释周围的事物，探索客观世界的因果关系也总是从相关关系开始的。不经过周密的思考和论证，匆匆推导出结论，将容易导致出错。如果人们发现，B紧跟着A发生，很匆忙地就推论A一定导致B。在这里，或许A是B的因，B是A之果，但更可能的情况是，A和B并不互为因果，而都是第三种因素的产物。

相关关系与因果关系在定义上是有差异的。两种关系对变量间关系性质的界定不同。相关关系是对称关系，相关变量地位对等，两变量可以随时互换位置；因果关系是一种非对称关系，自变量与因变量的位置无法互换。只有自变量影响因变量，因变量不会反过来影响自变量。相关关系说明了两个变量在数量上的共变关系，虽然未能表明二者存在确定的因果关系，但为进一步探索因果关系提供了重要线索。

4.3 变量间关系的研究设计与统计检验

上文阐述了变量间关系的类型，即相关关系与因果关系以及二者之间的区别与联系。不同类型变量的数据应该如何进行统计分析？如何根据变量类型的不同分配被试？如何确定相关关系或因果关系？本节将尝试回答上述问题。

4.3.1 研究变量间相关关系的研究设计和统计检验

研究变量间的相关关系可以解释和预测管理研究现象。在管理研究中，相关研究所占比例较高。当某些问题所涉及的变量不能采用因果关系研究时，相关研究是唯一的选择。如想探讨企业所有权结构与创新效率的关系，所有权结构是已经存在无法变动的变量，只能采用相关研究。相关研究耗时较少，操作较简单，可以在短时间内获取数量大、有代表性的数据。但相关研究只能说明变量之间是否相关，无法提供变量间因果关系的证据。如服务质量与销售额之间高相关，究竟是高服务质量引起高销售额，还是高销售额产生了高服务质量？相关关系无法给出时间顺序方面的证据。其次，相关研究无法控制其他调节变量或中介变量的影响。如上述服务质量与销售额的高相关还有可能是由于员工组织承诺造成的。

研究不同类型的变量之间的相关关系，应该采用不同的统计方法如表 4—1 所示。具体如下：

(1)连续变量与连续变量间的相关关系

当需要确定相关关系的两个变量或多个变量皆为连续变量时，需要从研究对象中随机选取研究样本，分别确定样本在两个变量或多个变量的连续水平。获取了合适的数据后，可以采用皮尔逊积差相关或回归分析方法进行统计检验。如研究服务质量水平与销售额的相关关系，可以选取有代表性的样本，用服务质量量表测量员工的服务质量水平，用企业的具体销售作为销售额的指标。如果服务质量有多个维度或多个问项，还需要将数据平均化。

如果研究只对变量间的关系进行相关关系的假设，可以通过积差相关公式计算服务质量水平与满意度的相关系数，并根据相关系数的显著性水平确定两个变量的关系。

(2)类型变量与连续变量间的相关关系

当一个或多个变量为类型变量，另一变量为连续变量时，首先需要确定研究样本成员在类型变量上的类型水平，并从每个水平上选出一组被试，其次确定每组被试在另一连续变量上的取值。进行统计检验时，可采用 t 检验、点二列相关、斯皮尔曼等级相关等统计方法。

(3)类型变量与类型变量间的相关关系

当需要确定相关关系的两个变量或多个变量皆为类型变量时，首先需要确定研究样本成员在某个类型变量上的类型水平，在每种水平上选出 1 组被试。然后再确定每组被试在另一类型变量上的类型水平。可采用 χ^2 检验和列联表相关对变量之间的关系进行检验。

表 4—1　相关关系统计检验方法表

变量的数据模式		统计分析
连续	连续	皮尔逊积差相关，回归分析
类型(2)	连续	t 检验，　二列相关，点二列相关
类型(3 以上)	连续	F 检验，　多系列相关(等级)
类型	类型	χ^2 检验，列联表相关

4.3.2　研究变量间因果关系的研究设计和统计检验

因果关系的研究一般都通过实验研究来实现。实验法通过操纵自变量，观察和测量因变量的变化，并控制外生变量，从而确定变量之间是否存在因果关系。如果变量定义清晰，因果关系明确，则该研究具有较高效度；反之变量定义模糊，因果关系含糊不清，则表明研究效度较低。因果关系的明确程度与实验的控制程度密切相关。实验控制包括三方面：(1)对自变量的控制，在特定时间对自变量的水平进行变化；(2)外生变量与场景的控制，如选取同质样本，并尽量选择匹配的场景；(3)对研究设计过程的控制。通过研究设计的安排、研究流程的规范化和测量指标的标准化，排除影响因果关系推论的其他解释。因果研究从设计到实施的各个环节决定了其控制的程度以及因果关系分析的水平。

因果研究能确定变量间的因果关系，解释和预测管理实践中何种原因导致何种结果。相关研究则无法实现上述目标。但因果研究对变量有严格的要求，自变量必须可以操纵或控制，因果研究还须对外生变量进行随机化或平衡。操作复杂，需要投入较高的人力和物力。管理研究中，有些变量无法操控或被试无法随机化，研究者需要根据自己的研究目的和研究条件，有选择性地、恰当地使用因果研究。

根据自变量与因变量的数据类型，被试分配的方式，应该采用不同的统计方法研究变量之间的因果关系。具体如下：

(1)自变量与因变量都为连续变量

当需要确定因果关系的自变量或因变量皆为连续变量时，需要从研究对象中随机选取研究样本，操纵或控制自变量的变化水平，并观察因变量的连续变化。获取了合适的数据后，可采用回归分析方法进行统计检验。

(2)自变量为类型变量，因变量为连续变量

当一个或多个自变量为类型变量，因变量为连续因变量时，首先需要确定类型变量上的类型水平，并从每个水平上选出一组被试。将被试随机分配到不同小组。然后测量每组各被试在因变量的反应。进行统计检验时，可采用 t 检验、回归分析(虚拟变量)、方差分析(有 2 个或两个以上类型自变量)等统计方法。

如考察产品是否具有微小属性对品牌评价的影响(刘红艳，王海忠 et al. 2008)。自变量为产品是否具有微小属性，分为有微小属性和无微小属性两种水平。因变量为被试对品牌的偏好评价，可采用 5 点李克特或 7 点李克特量表测量。随机选取被试 100 名，将其随机分配为两组，每组被试随机参加自变量一种水平的处理。如一组被试阅读产品有微小属性的实验场景，然后测量用 7 点李克特量表测量被试对品牌的偏好评价。测量后得出的原始数据如表 4－2：

表 4—2 微小属性对品牌评价的影响

被试 ID	实验处理	品牌评价
1	有微小属性	6
2	无微小属性	4
3	有微小属性	5
4	有微小属性	6
…	…	
100	无微小属性	3

然后对原始数据进行整理并分析。运用独立样本 t 检验对数据进行统计分析。(SPSS17.0 软件,使用＜Analyze＞下的＜Compare means＞下的＜Independent - Sample T Test＞进行统计检验)。如表 4—3,结果发现,有微小属性的品牌评价显著高于无微小属性的品牌评价,$t=6.02$,$p<0.01$。

表 4—3 两组的均值比较

组别	人数	品牌评价
有微小属性	50	5.20
无微小属性	50	4.62

(3)自变量与因变量都为类型变量

当需要确定因果关系的两个变量或多个变量皆为类型变量时,首先需要确定研究样本成员在某个类型变量上的类型水平,在每种水平上选出 1 组被试。然后再确定每组被试在另一类型变量上的类型水平。可采用的统计方法有 χ^2 检验等。

4.4 管理研究中的调节变量和中介变量

随着研究的深入,一些简单的相关关系和因果关系并不能为解释或预测现象提供足够的信息。近期,愈来愈多的研究者提出通过调节变量和中介变量来挖掘更复杂、更准确的信息。什么是调节变量与中介变量?为何要用调节变量与中介变量?二者对于研究有何意义?如何检验调节效应与中介效应?本节内容将试图回答这些问题。首先介绍调节变量与中介变量的概念含义及其原理,其次将简单介绍调节效应与中介效应的检验。

4.4.1 调节变量与中介变量的概念

调节变量是能够影响自变量与因变量之间关系的方向或强度的变量。一个包含调节变量的研究问题往往如此表述:基于什么条件下或与某种情况相比,X对Y的影响更大。如果用数学语言表述即:如果变量Y与变量X的关系是变量M的函数,则称M为X与Y关系的调节变量。在管理研究中,调节变量既可以是类型变量(如企业性质、员工性别)也可以是连续变量(如企业资产、员工薪水)。如员工服务质量影响满意度的关系中,产品质量是一个调节变量。对于质量较高的产品而言,服务质量对满意度的影响并不显著;对于质量较低的产品而言,高服务质量的消费者满意度显著高于低服务质量的消费者满意度。调节变量的加入使我们对于服务质量与满意度关系的条件和边界更加清晰,二者之间并非绝对的正向关系。

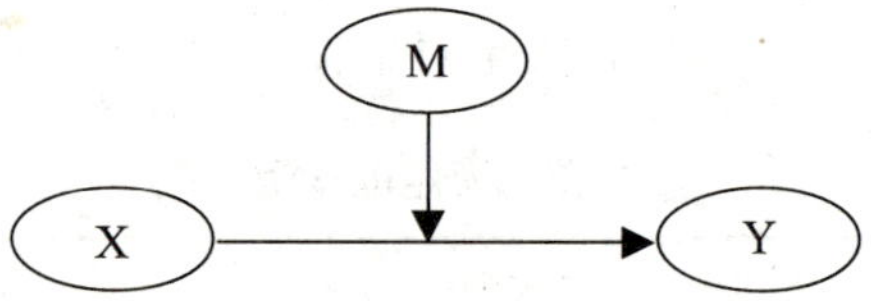

图4—1 调节效应图

调节变量的一个主要作用是丰富现有理论,为现有理论划出限制条件和适应范围(陈晓萍等,2007)。通过研究一组关系在不同条件下的变化及其背后的原因,使理论对变量间关系的解释更精细。

中介变量的提出与研究来源于心理学。美国心理学家伍德沃斯(Woodworth)在“刺激—反应”(S—R)理论的基础上提出“刺激—机体—反应”(S—O—R)模型,认为刺激对行为的作用是通过有机体内部的转换过程而发生的。他认识到一个活动的有机体介入了刺激与反应之间的作用过程。如考察产品价格(S)对产品质量评价(R)的影响,其中消费者对价格的认知加工(O)即为中介变量。中介变量是用来解释变量之间为什么存在关系以及这个关系是如何发生的。在已知某些关系的基础上,探索这个关系内部产生的作用机制。研究中介变量使自变量与因变量间的关系链更为清楚和完善,可以将自变量与因变量关系之间的黑箱揭开。大量研究发现,变革型领导可以提高下属的工作绩效和组织公民行为,也有研究发现,领导成员交换关系也会影响员工的工作绩效和组织公民行为。但很少有研究说明中间的原因。Wang, Law, Hackett, Wang和Chen发现,领导成员交换关系在变革型领导与工作绩效关系之间起中介作用(Wang, Law et al. 2005)。用领导成员交换对变革型领导对下属的影响作出解释，整合了已有研究结果，使知识和理论更为系统。

综上可知，凡 X 影响 Y，且 X 是通过一个中间变量 M 对 Y 产生影响的，M 就是中介变量。自变量对因变量的影响需要通过中介变量的作用，例如 X 为自变量，Y 是因变量，如果 M 是 X 和 Y 的中介变量，那么，它们的关系应该是：X→M→Y。这里有三个因果关系的条件：(1) X 是 M 的原因之一；(2) X 是 Y 的原因之一；(3) X 对 Y 的影响是透过 M 的。

中介变量可以分为两类：一类是完全中介(full mediation)，另一类是部分中介(partial mediation)。完全中介就是 X 对 Y 的影响完全通过 M，没有 M 的作用，X 就不会产生影响。部分中介是 X 对 Y 的影响部分是直接，部分通过 M 产生。X、M 和 Y 之间的中介关系用图 4—2 表示如下：

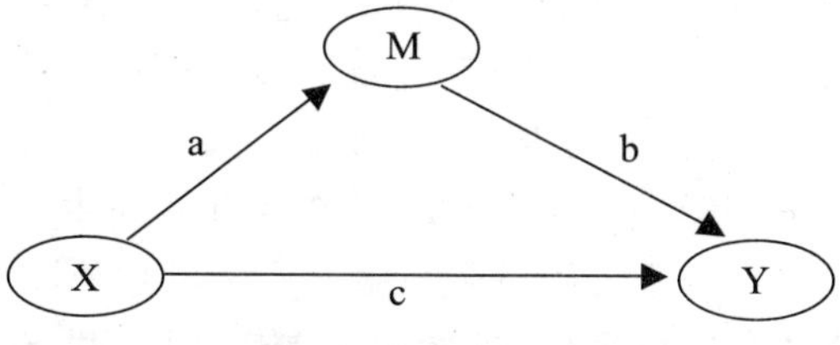

图 4—2　中介效应图

如果已经确定 M 是中介变量，发现 $c=0$，则说明 M 是完全中介变量。如果 $c\neq 0$，则说明 M 是部分中介变量。

调节变量与中介变量都是在原有两个变量关系基础上的进一步研究，只有两个变量之间的关系已经存在条件下，才能用中介变量讨论关系背后的机制或关系存在的条件与边界。调节变量和中介变量对于因果关系的作用机制存在差异，当预测变量与因变量之间的关系并没有想象的那么显著或存在不一致情况时，引入外生的调节变量常能解决因果关系不能解释的问题。而中介变量更关注因果关系中的内部机制，中介变量常为研究对象的特质或行为特征。同一变量既可以做调节变量，也可以做中介变量，根据研究问题和理论基础选择变量在因果关系中的作用。

如何才能确定中介变量或调节变量的存在？下文将进一步介绍中介效应或调节效应的检验方法。

4.4.2　调节效应的检验

如果 M 变量调节了 X 与 Y 变量之间的关系，那么统计分析就应该测量在调节变量的影响下，自变量 X 对因变量 Y 的作用有何不同。根据自变量、调节变量与因变量的测量类型(定类变量、定序变量、定距变量和定比变量)的不同，分别采用不同的分析方法。

如果调节变量和自变量都是类别变量、因变量为连续变量，可以用方差分析来检验。类别自变量(X)对因变量(Y)的影响受另一类别变量(M)的影响。调节变量往往用来说明自变量发生作用的条件。例如，服务质量(高/低二水平，类别变量)对品牌评价(5点Likert量表测量)的影响在不同产品质量水平(高/低，二水平)条件下，作用不一致。此时，可以通过一个2×2的方差分析(ANOVA)检验两个变量之间的交互效应，并根据理论假设确定调节效应。

从统计上来看，调节效应与交互效应的分析原理是一样的，但在概念与逻辑上两者效应存在差异。在交互效应中，X与M对Y的影响是一致的；X与M既可以都做自变量也可以都做调节变量，二者的位置可以互换。根据理论与假设再确定调节变量。在调节效应中，自变量与调节变量很明确，自变量与调节变量不能互换。通过证明交互效应就可以证明调节变量的存在。但在调节变量的不同水平上，自变量与因变量之间的关系有何不同，还须进一步分析。例如，如果X是服务质量，M是产品质量，在交互效应中，X与M的位置可以相互调换。既可以解释为产品质量调节服务质量对品牌评价的影响，亦可以解释为服务质量调节产品质量对品牌评价的影响。但在调节效应中，产品质量调节服务质量对品牌评价的影响，产品质量与服务质量的位置不能调换。

如果自变量为连续变量，调节变量为类别变量，因变量为连续变量，可以根据调节变量的两个类别将数据分为两组，分别进行回归分析。得到两个回归系数后，再确认回归系数间的差异是否存在统计学上的意义。例如，Cleary(1968)发现，不同种族(美裔欧洲人一美裔非洲人)员工的智力测验分数对于其工作绩效的预测能力不一样。通过对回归系数、斜率差异的检验，结果发现，与美裔非洲人相比，智力测验分数预测美裔欧洲人的工作绩效准确性更高。

如果调节变量、自变量和因变量都为连续变量(刘军，2009)，则常用回归分析进行检验。在回归分析中可用交互项来检验调节效应，交互项是自变量与调节变量相乘的积，例如我们要检验X_2是否在X_1和Y的关系中担当了调节作用，我们可先计算X_1及X_2相乘的积($X_1 * X_2$)，用层级回归(Hierarchical Regression)方法分析：

(1) $Y = \beta_0 + \beta_1 X + \beta_2 X_2 + \varepsilon_1$

(2) $Y = \beta_0 + \beta_1 X_1 + \beta_2 X_2 + \beta_3 (X_1 * X_2) + \varepsilon_2$

如果接受第二个方程，即接受X_2在X_1和Y的关系中担当了调节的作用。X_1对Y的影响，要视X_2而定。当X_2不变时，而X_1增加了一个单位，那么Y的改变(ΔY)会是：

(1) $Y_1 = \beta_0 + \beta_1 X_1 + \beta_2 X_2 + \beta_3 (X1 * X_2) + \varepsilon$

(2) $Y_2 = \beta_0 + \beta_1(X_1+1) + \beta_2 X_2 + \beta_3[(X_1+1) * X_2] + \varepsilon$

$\Delta Y = Y_2 - Y_1 = \beta_1 + \beta_3 X_2$

从统计角度来看，上述分析亦可解释为 X_1 在 X_2 与 Y 的关系中担当了调节的作用。X_2 对 Y 的影响，要视 X_1 而定。同样地，当 X_1 不变时，而 X_2 增加了一个单位，那么 Y 的改变(ΔY)会是：

$\Delta Y = \beta_2 + \beta_3 X_1$

一般情况下，我们都假设自变量对因变量的影响是受调节变量的线性影响，是线性函数关系。如果调节效应为非线性效应(如二次函数调节效应)时，则需要引入调节变量的平方项。

(1) $Y = \beta_0 + \beta_1 X + \beta_2 M + \varepsilon_1$

(2) $Y = \beta_0 + \beta_1 X + \beta_2 M + \beta_2 XM + \beta_2 M^2 + \beta_2 X M^2 + \varepsilon_2$

通过检验 $X M^2$ 效应的显著性即可以检验二次调节作用。

操作上通常分为以下几步：

第一步，首先对所有变量进行中心化处理或标准化处理。因为自变量与调节变量与它们二者的乘积项往往存在高度相关。中心化处理后就可减小回归方程中变量间多重共线性的问题。在 SPSS 中，选择菜单【Analysis】→【Descriptive Statistics】→【Descriptives】【Save standardized value as variables】，可以实现变量标准化处理。

第二步，构造乘积项 $\overline{XM}$。需要将中心化或标准化处理后的自变量 $\overline{X}$ 和调节变量 $\overline{M}$ 相乘。在 SPSS 中，选择菜单【Transform】→【Compute】，在【Target variable】中输入 XM，在【Numeric Expression】中输入 $\overline{X} \times \overline{M}$。交互项就会出现在数据表中了。

第三步，进行回归分析。将 $\overline{X}$、$\overline{M}$、$\overline{X} \times \overline{M}$ 分别放入方程进行回归。在 SPSS 中，选择菜单【Analysis】→【Regression】→【Linear】，将 $\overline{Y}$ 放入【Dependent】中，将 $\overline{X}$ 放入【Independent】中，点击【Statistics】，选择【Estimate】，【Model fit】，【R squared change】，即可得到相应的回归系数估计值以及 R 平方，重复上述步骤估计 $\overline{M}$、$\overline{X} \times \overline{M}$ 的回归系数以及 R 平方。如果乘积项的回归系数显著，或 ΔR^2 显著则说明调节变量存在。

4.4.3 中介效应的检验

如果 X 影响 Y，且 X 是通过一个中间变量 M 对 Y 产生影响，则 M 就是中介变量。如"父亲的社会经济地位"影响"儿子的教育程度"进而影响"儿子的社会经济地位"，"父亲的社会经济地位"是 X，"儿子的社会经济地位"是 Y，"儿子的教育程度"是 M。父亲的社会地位高导致儿子的社会经济地位也比较高，正如我们常说的富二代,官二代。大量研究表明,父亲的社会经济地位并不直接影响儿子的社会经济地位,而是通过提供更高的教育和培养环境这个中介变量来影响。又如企业的“学习策略”影响“企业能力”进而影响“企业绩效”。学习策略是 X,企业绩效是 Y,企业能力是 M。学习策略分为探索性学习(Exploration learning)和利用性学习(Exploitation learning)。研究发现,探索性学习策略常常导致高的企业绩效。但这种影响是间接的,探索性学习策略通过提高企业动态能力进而影响企业绩效。最常用的、最经典地检验中介效应的方法为 Baron 和 Kenny(1986)提出的方法,经历三个步骤:(1)自变量 X 影响因变量 Y;(2)自变量 X 影响中介变量 M;(3)控制中介变量 M 后,自变量 X 对因变量 Y 的显著作用变小或不存在了。

中介变量的检验,需要确定三个因果关系。在对样本的回归分析中,需要检验以下三个方程:(Judd & Kenny,1981;Baron & Kenny,1986):

(1) $Y = b0_1 + cX + e_1$

(2) $M = b0_2 + aX + e_2$

(3) $Y = b0_3 + c'X + bM + e_3$

现有关于中介变量的检验尚存在很多争议,下文将首先介绍 Baron 和 Kenny(1986)提出的方法:

第一步,检验自变量 X 的变化能否显著地解释因变量 Y 的变化。第一个方程中的回归系数应该显著。如果答案为否定,则可以直接判断中介效应不存在。如果回归系数显著,则进入第二步。如“父亲的社会经济地位”是否显著地影响“儿子的社会经济地位”,如果这一回归系数不显著,那么没有必要做进一步的研究;反之该回归系数显著,可以进一步考察“父亲的社会经济地位”对“儿子社会经济地位”的影响是否通过其他变量间接影响的。

第二步,检验自变量 X 能否显著地解释中介变量 M 的变化。如果回归系数不显著,则检验结束,中介效应不存在。如果回归系数显著,则需进行第三步的检验。如,检验“父亲的社会经济地位”是否会显著地影响“儿子的教育程度”,如果回归系数不显著,则无需进行下一步的检验。如果“父亲的社会经济地位”显著地影响“儿子的教育程度”,为了检验教育程度的中介效应,还需进行第三步的检验。

第三步,检验在控制 M 情况下,自变量 X 对因变量 Y 的影响是否显著降低或等于零。如果 b 显著、c'不显著,说明 M 是 X 与 Y 的完全中介变量。如果 b 显著,c'的效应小于 c,则 M 是 X 与 Y 之间的部分中介变量。将“父亲的社会经济地位”、“儿子的教育程度”皆纳入回归方程,观察“父亲的社会经济地位”对“儿子的社会经济地位”的回归系数是否比单独回归情况下的回归系数显著降低或等于零。

如想研究初中生学生行为(X)对同伴关系(Y)的影响。假设我们认为学生行为会影响老师对他的喜欢程度(M),而同伴关系会受到老师喜欢程度的影响,喜欢程度是中介变量(温忠麟等,2004)。学生行为是被试的违纪捣乱行为,包括 9 个题目。同伴关系是被试受欢迎的程度,就是同班同学有多少人将其列入喜欢的名单。老师对学生的喜欢程度由班主任为被试打分(从一点都不喜欢到非常喜欢,5 点量表)。将上述变量题目得分的平均值作为变量值,并经过中心化处理。具体数据结果如表 4—4,4 个 t 检验都显著,是部分中介效应。学生行为对同伴关系有直接负效应,违纪捣乱行为多的同学受同学欢迎的程度往往会降低。另一方面,学生行为通过教师喜欢程度对同伴关系有间接负效应,即违纪捣乱行为多的同学,老师往往不喜欢。学生行为以老师态度为中介影响学生的同伴关系。

表 4—4 喜欢程度(M)的中介效应依次检验

	标准化回归方程	回归系数检验
第一步	$y=-0.232x$	SE=0.040,t=−5.8**
第二步	$m=-0.338x$	SE=0.039,t=−8.7**
第三步	$Y=0.349m$	SE=0.040,t=8.7**
	$-0.114x$	SE=0.040,t=−2.8**

注:SE 表示标准误。** $p<0.01$, * $p<0.05$。

近期有学者对 Baron 和 Kenny 的检验步骤提出了质疑,Zhao 等提出,某些情况下 X 对 Y 的直接效应并不存在,可能在第一步就得放弃中介检验(Zhao, John G. Lynch et al. 2010)。如此,则用 Baron 和 Kenny 的检验流程可能会拒绝真实存在的关系。如 a 较小而 b 较大时,依次检验判定为中介效应不显著,但是此时 ab 乘积不等于 0,因此 Baron 和 Kenny 的三步检验法容易犯第二类错误(接受虚无假设即作出中介效应不存在的判断)。

近年来,大量学者提出系数乘积项检验法。此种方法主要检验 ab 乘积项的系数是否显著,检验统计量为 $z = ab/s_{ab}$,根据 Sobel 等的研究,可以用如下公式计算 S_{ab}

$$S_{ab}=\sqrt{a^2 s_b^2+b^2 s_a^2}$$

其中,$s_b{}^2$ 和 $s_a{}^2$ 分别为 a 和 b 的标准误。这个检验称为 Sobel 检验。该统计检验量与总体分布为正态的 z 值有点类似,分子换成了 ab 乘积项,分母换成了乘积项联合标准误。大量研究发现,该统计检验量分布非正态,因此检验公式的

z 值和正态分布下的 Z 检验是不同的，同理临界概率也不能采用正态分布概率曲线来判断。关于临界值可参考 MacKinnon 等提出的临界比率表。

为了使中介效应检验过程中的一类错误率和二类错误率最小化，既可以检验部分中介效应，还可以检验完全中介效应，温忠麟等将三步检验法和 Sobel 检验结合起来，提出一个综合流程，步骤如下：

1. 检验回归系数 c，如果显著，继续第二步分析。反之则停止分析。
2. 做 Baron 和 Kenny 的部分中介检验，依次检验系数 a，b 是否显著。如果二者都显著，表明 X 对 Y 的影响至少有一部分是通过中介变量 M 实现的，第一类错误小于或等于 0.05。如果至少有一个不显著，由于该检验的功效比较低（第二类错误较大），需转到第四步。
3. 完全中介检验。检验系数 c'，如果 c' 不显著，说明是完全中介过程；如果 c' 显著，说明是部分中介，即 X 对 Y 的影响只有一部分是通过中介变量 M 实现的。
4. 做 Sobel 检验，如果显著，说明中介效应显著（高效应、中等效应或低效应，可根据临界值查表）。否则中介效应不显著。

该流程综合三步检验法和 Sobel 检验，同时使第一类错误率和第二类错误率都控制在较小的概率，并且还能检验部分中介效应和完全中介效应，操作性比较强，建议大家检验中介效应时采用此流程。

总之，本章用变量语言介绍了管理研究的设计。研究问题以及假设的提出，研究设计的形成以及检验方法的选择都离不开变量。变量定义、变量类型、变量间关系是管理研究的基础。随着研究的深入，理论的复杂化，现有研究的模型不仅仅是自变量与因变量的简单关系，模型中往往包含中介变量和调节变量。理论上我们需要更深入地思考变量间关系的边界和调节以及关系背后的机制。统计工具上，要思考各种工具使用的条件和假设。

思考题

1. 什么是类别变量与连续变量？请举例说明。
2. 操纵自变量时需要注意哪些问题？
3. 何为调节变量？如何检验调节效应？
4. 何为中介变量？如何检验中介效应？

参考文献

[1]Wang,H. ,K. S. Law,et al. Leader-member exchange as a mediator of the relationship between transformational leadership and followers' performance and organizational citizenship behavior[J]. The Academy of Management Journal,2005:420—432.

[2]Zhao,X. ,J. John G. Lynch,et al. Reconsidering Baron and Kenny: Myths and Truths about Mediation Analysis [J]. Journal of Consumer Research, 2010, 37(3): 197—206.

[3]陈晓萍,徐淑英,et al. ,Eds. 组织与管理研究的实证方法. 北京:北京大学出版社. 2007.

[4]刘红艳,王海忠,et al. 微小属性对品牌评价的放大效应[J]. 中国工业经济,2008(12).

[5]刘军. 管理研究方法. 北京:中国人民大学出版社. 2009.

[6]舒华,张亚旭. 心理学研究方法. 北京:人民教育出版社. 2008.

[7]温忠麟,张雷,et al. 中介效应检验程序及其应用[J]. 心理学报. 2004(5).

[8]张小天. 因果关系与相关关系:它们的关系及他们的差异[J]. 社会学研究,1992(3).

第五章

效度与信度

一个测量工具没有效度，无论它在实用、美观、信度等方面做得多么好，这个测验都是没有价值的。

——《教育与心理测验历程标准》(1985)

一项研究的结果是否可靠准确，研究的质量如何，关系到研究成果的学术价值和应用价值有多高，在相关领域的推广应用有多深远。在经过前面关于研究设计、数据收集、变量选择和操纵、概念结构的提炼以及管理模型的确定后，需要对其研究质量进行评价。通过研究质量的评价，明确该研究的学术价值和实践价值，可以有利于研究成果在同行之间进行交流，也可以促进该成果的推广和应用。本章将从研究的效度和信度两个方面阐述如何对评价一项管理研究的质量。

5.1 概述

本章所介绍的信效度，是指整个研究设计的信效度，而不仅仅是某个具体研究方法的信效度。作为研究设计的两大目标之一，信效度在研究过程中发挥着至关重要的作用。本章首先从研究设计的目标和研究的一般过程出发，引出研究的信效度的概念，介绍其重要意义，厘清当前学界存在的相互混淆的概念。接着逐一阐述四大效度和信度在问卷调查法、实验法、案例法等管理学科比较主流的研究方法中分别用哪些指标进行定性定量测量，并对这些指标的测量方法做简要的介绍。其中，构念效度在调查法中具有相当多的指标来测量，内部效度在实验法中也是测量得较为完善的，因此做了重点介绍。最后，对于当前一些有争议的热点问题进行了讨论，以供读者参考。

5.1.1 研究的信效度

研究设计的目标为:第一,控制变异;第二,保证效度和信度。所谓控制变异,即最大化系统变异、控制外生变异和最小化误差变异。一般地,一项研究都涉及理论构思、设计、实施和统计推论等环节,从效度角度来说相应地就有构念效度、内部效度、统计结论效度和外部效度(徐淑英,欧怡,2007)。信度则是多次重复测量的一致性程度。四大效度和信度是整个实证研究的评估性指标。

所谓构念效度,是指研究方案和测量指标的理论构思及其操作化的有效性。也有的研究者认为,构念效度即是测量的准确性(徐淑英,欧怡,2007;樊景立,梁建和陈志俊,2007)。本书也认同这种观点,意指测量指标与构念定义的一致性,是否将理论构念有效地转换为测量指标。

内部效度是自变量与因变量之间因果关系的确定性程度,即因变量数值的变化是不是由于自变量的变化引起的。该概念需要确定两个方面关系,首先是自变量与因变量之间是否存在因果关系,而因变量的变化是否一定是由于自变量的变化引起的,而不是由于其他变量引起的。

统计结论效度是指统计检验对假设关系进行解释的可信程度。它评价的是一项研究中统计方法的运用是否得当,有关数据分析程序是否准确和有效。

外部效度是研究中所假设的因果关系的边界,即推广到不同人物、时间和环境中的程度。也有研究者称之为外化或者概化能力。由于我们的大部分研究都基于某群体和某个时间点得到,这一结论是否可以在其他情境中重复出现,和外部效度的大小息息相关。

信度指的是如果重复进行测量产生一致性结果的程度。系统误差对信度没有不利影响,因为它们以不变的方式影响观察分数,相反,随机误差产生了不一致性,导致了较低的信度。

5.1.2 研究效度和信度在实证研究过程的作用

除了外部效度之外,其他三个效度可以用实证研究的一般过程进行图示,以辨明这三者在实证研究中所发挥的不同作用。

基于实证主义思想的影响,科学研究的主要目标在于探讨变量间的因果关系,可以用图 5—1 的模型进行表述。在图 5—1 中,线(a)代表两个抽象构念 X′和 Y′之间的假设关系。我们需要检验的研究假设是 X′和 Y′之间是否存在因果关系。但由于 X′和 Y′不是可以在现实中予以直接观测的变量,而是两个抽象的构念(也即潜变量),因此需要首先将它们进行操作化定义,变成可以予以测量的显变量,即图 5—1 中的 X 和 Y。图 5—1 中线(b_1)、(b_2)代表操作化过

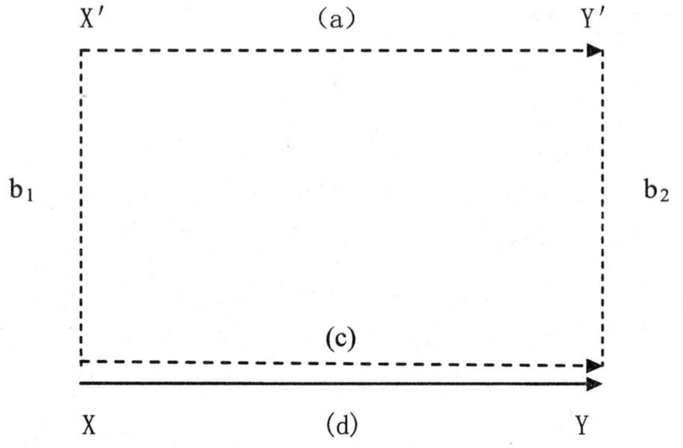

图 5—1 实证研究的一般过程

(资料来源:Schwab. Kesearch Methods for Organizational Stadies. lawrence Erlbaum Associates,1999)

程。这样就将一个抽象的研究假设转变成可以进行实证研究的具体问题了。之后,需要选择合适的数据搜集方法,如实验法、案例法、二手数据法、准实验法、问卷法等等获取数据,接着,运用合适的统计方法来检验 X 和 Y 之间是否存在统计上显著的关系,如线(d)所示。如果没有发现统计上显著的关系,就拒绝研究假设并接受零假设,据此推断在构念 X′和 Y′之间不存在显著的关系。反之,X 和 Y 之间存在统计上显著的关系,在排除了各种可能导致 X 和 Y 之间发生因果关系的替代解释之后,即控制住了外生变异,那么我们就可以认为在 X 和 Y 之间存在因果关系,如线(c)所示,进而推断构念 X′和 Y′之间存在因果关系。

在实证研究的这个过程中,有效的研究设计必须确保在构念转化为可操作化变量时具有构念效度,即图 5—1 中线(b_1)、(b_2)所代表的过程应具有构念效度。如果在这个过程中,由于各种误差被引入,使得构念效度很低,则即使在最后的统计检验时发现了 X 和 Y 之间的显著关系,也无法推断构念 X′和 Y′之间存在因果关系。因此,构念效度是评价实证研究质量的首要指标。

统计结论效度对应的是图 5—1 中的线(d)。针对统计检验所做的结论,实际上是在一定的概率基础上做出的,有可能发生第一类错误,即弃真,和第二类错误,即取伪。所以,无论是拒绝原本正确的零假设,还是接受原本错误的零假设,都会影响统计结论效度。影响统计结论效度的因素很多,如样本太小以致不能达到要求的样本量;忽视了统计检验的假设,如正态分布假设、误差独立假设等;问卷缺乏信度;被试样本的差异等。

内部效度对应的是图 5—1 中的线(c)。外生变量会降低内部效度,而这些外生变异产生的原因被总结为9点，将在后面的内容中介绍。

最后，整个实证研究的过程能够多次重复，不论是由同一个实验者操作还是由不同实验者独立操作整个过程，都能得出一致性的结论，则该研究就具有了信度。

通过本节的分析可见，实证研究是一个复杂的推理过程，只有通过严谨科学的研究设计，才能实现对效度的保障，也才能确保一个实证研究的质量。虽然我们了解到研究效度和信度的重要性，但在一个研究中同时满足四种效度要求是不可能的(樊景立，梁建和陈志俊，2007)。不同效度指标之间如内部效度和外部效度的要求互有矛盾。内部效度高是外部效度高的必要非充分条件。要提高内部效度，研究者必然缩小研究的范围，势必削弱外部效度。例如，实验法的内部效度很高，但外部效度偏低；二手数据具有较高的外部效度和较低的内部效度。要想同时满足四种效度，可以进行多项研究。例如同时采用实验法和二手数据法，如果能获得同样的结论，则这一结论的质量是很高的。

5.2 构念效度

构念效度，也有翻译成建构效度或者结构效度(construct validity)，它致力于解决“实际测量的构念是否就是研究中所提出的构念”这样一个问题(Naresh，2006)。一些书中在介绍构念效度时往往把它和问卷调查法联系在一起，但在实验法、案例法中也一样要保证构念效度，因此本节将依次介绍在不同方法中如何保证构念效度。

5.2.1 问卷调查法的构念效度

在问卷调查法中，研究者经常会面临着三个难以回答的问题：一，该问卷的测量指标是否能有效调查出所要评估的潜变量？二，若使用多份性质相同的问卷，或多次测量，被试的答案是否会一致？三，如何确认测量指标产生的潜变量就是我们所要测量的构念，而不是任何一个与之相近的构念？第一个问题和第三个问题可以依赖构念效度来解决，而第二个问题则与信度有关。关于信度问题，我们将在稍后进行介绍。

(1)构念效度的测定

构念效度是指研究方案与测量指标的理论构想的有效性。如有的研究者认为，问卷的构念效度包括表面效度、内容效度、校标关联效度、聚合效度和区分效度构成(张伟雄，王畅，2007)。但也有研究者认为表面效度就是内容效度(Naresh，2006)。下文将简要介绍问卷调查法的效度类型：

①内容效度

也有称之为表面效度(content validity),是指测量指标在多大程度上反映了研究者所要测量的构念(Haynes,Richard 和 Kubany,1995)。内容效度将有助于解决上面提到的问题,也就是该问卷的测量指标是否能有效调查出所要评估的潜变量。

当我们对一个构念的测量涵盖了它的所有层面及意义时,我们称测量工具或者问卷具有内容效度。在三种情况下,内容效度会被损害:(1)遗漏了一些反映构念内容的测量指标;(2)包含了一些与构念无关的指标;(3)在估计构念的不同成分对测验分数的影响时出现偏差。

在实际研究中,可以通过定性或定量的方法去评价一项测量的内容效度。定性的评价方法是,通过一组专家就某个构念的测量是否符合他们对此构念的认识进行主观判断,也就是专家法。一般而论,在定性评价时,应着重于以下几个方面:一是检查每个测量指标是否具有代表性,即它们与所界定的内容或行为之间是否适当相关;二是测量指标是否涵盖了所研究的构念的理论边界;三是测量指标的分配比例是否反映了所研究构念中各个成分的重要性。测量指标太少或太集中于构念的某个成分都是不适合的做法。

虽然国内在管理领域的很多研究都使用专家法来评价内容效度,但定量方法也在逐步被提倡,如梁建,樊景立(2007)就介绍了两种定量的评价方法。

方法一,直接评价测量指标与构念定义的匹配程度。具体的做法是,让一组被试阅读构念的定义和测量的指标,并逐一评价他们之间的匹配关系。最后根据被试正确匹配的比例,确定研究测量指标的内容效度。Schriesheim 和 Hinkin(1990)首次应用了这种方法,他们采用了三个环节来完成。第一步,选择 34 名高年级的商学院大学生作为评价者。第二步,研究者将构念定义和测量指标呈现给这些学生,要求他们把每个测量指标分配到所反映的构念中去。如果某个指标只反映了某一个构念,则在相应处标“X”;如果这个指标同时反映了多个构念,则在最接近的构念下标“1”,次接近的构念下标“2”,依此类推。如果认为它与所有的构念无关,则将它归为“其他”。第三步,根据测量指标反映的构念定义的程度,研究者为每项评价分配一个权重分数,如 X 和 1 计作 3 分,2 计作 2 分等。在此基础上,计算各指标在每个构念定义上的得分。最后将得分进行加总,得出每个测量指标所反映各个构念的百分比。如果一个测验指标能够在所要测量的构念上得分超过 60%,就认为它具有良好的内容效度。由此研究者可以对没有反映所要测量的构念的指标予以删除。这种方法非常简单易行,评价者只需要用一般的大学生,就可以胜任这种从认知上判断构念定义和测量指标关系的工作,比专家法更易实现。

但是方法一有一个问题，即，如果一个测量指标在所要测量的构念上得分达到 60%，但在另一个构念上得分达到了 40%，这时我们很难认定这个指标的内容效度。这时，使用方法二是更为合宜的。Hinkin 和 Tracey(1999)使用的方法是，评价测量指标的区分度来判定其内容效度，所谓区分度，即一个指标的目标构念的得分应显著高于它在其他构念上的得分。具体的做法是，第一步，选择一批大学生作为被试；第二步，将构念定义和测量指标呈现给这些学生，然后要求他们在 Likert 量表上判断测量指标在多大程度上反映了各个构念；第三步，通过方差分析，比较某个测量指标在各个构念上的得分来判断它的内容效度。如果它在所要测量的构念上得分显著高于其他构念上的得分，就证明这个测量指标是有内容效度的。

这两种定量方法虽然都可以找出缺乏内容效度的测量指标，但是并不能发现测验内容上的缺陷，如遗漏了一些反映构念内容的测量指标，也不能判断测量指标的比例是否得当；因此在评价内容效度时，并不能完全依赖定量方法，专家法依旧是最常用的方法。

②校标关联效度

又叫准则效度或预测效度(criterion-related validity)，是测量结果能预测人们将来行为的程度。校标关联效度与梁建和樊景立(2007)提出的建立逻辑关联网络(nomological network)本质上是一个概念。所谓逻辑关联网络是根据逻辑分析和文献回顾，在理论基础上，为所研究的构念定义建立前因变量、中介变量、调节变量、结果变量等逻辑关系网。通过相关分析、回归分析或结构方程模型等统计方法，对变量间的逻辑关联网络进行检验，若发现观察结果和研究假设相一致，并且与理论上无关的构念不相关，就可以认为测量具有构念效度。不同于前面通过各种效度来评价构念效度，逻辑关联网络的建立侧重于从变量间的因果关系中推论测量的构念效度，而非单纯地评价测量指标的质量。因此，测定校标关联效度的方法和测定预测效度的方法一样，都可以用结构方程模型中的路径模型，在路径模型中，校标关联效度就是多个潜变量之间的关系，也即逻辑关联网络。

③聚合效度和区分效度

聚合效度和区分效度这两个指标有助于上文提到的问题三的解决，也就是如何确认测量指标产生的潜变量就是我们所要测量的构念，而不是任何一个与之相近的构念。

聚合效度也叫收敛效度(convergent validity)，是指通过不同方式测量同一构念时，所观测到的数值应该高度相关。区分效度也叫判别效度，或者辨别效度(discriminant validity)，梁建和樊景立(2007)根据 Campbell 和 Fiske

(1959)的观点，提出区分效度的定义是运用不同的方法测量不同的构念，所观测的值能够加以区分。但是，孟捷(2008)则根据 Bryman(1997)的观点，认为区分效度是运用相同的方法测定不同的构念，所观测的值能够加以区分。我们可以用一个矩阵来说明方法 A 与方法 B 来测量概念 X 与概念 Y 的情况：

	概念 X	概念 Y
方法 A	Xa	Ya
方法 B	Xb	Yb

如果 XaXb，YaYb 的相关系数都比较高，说明聚合效度比较高。而 XaYa，XbYb 的相关系数都比较低说明区分效度比较高。

更常见的做法是使用结构方程模型来测定区分效度。Mathieu 和 Farr(1991)的研究可以作为借鉴，他们使用了二个结构方程模型的方法。第一个方法，合并三个所要研究的潜变量，生产并比较三种不同的测量模型：一个潜变量模型，即把所有的测量指标都用来测量这一个潜变量，或叫构念；两个潜变量模型，即合并三个潜变量中的任意两个；三个潜变量模型，即研究所假设的模型。结果是，三个潜变量模型的拟合优度是最好的。第二个方法，比较所研究的这三个潜变量与一组相关变量之间的关系。这样做是基于这样一个假设，即如果这三个潜变量彼此可以加以区分，那么它们与一组相关变量之间的关系应该是有差异的。具体的做法是，构建两组结构方程模型，一组模型将这三个潜变量与其他变量的相关关系设为相同，第二组模型里，将这三个潜变量与其他相关变量的相关关系设为自由估计。结果发现，第二组模型的拟合优度是更好的。这二个方法都证明这三个潜变量是可以加以区分的，因此他们得出结论，这三个潜变量具有区分效度。Anderson(1987)认为第二个方法是更为严格的方法。第三个方法是 Fornell 和 Larcker(1981) 建议的区分效度的评价标准，即验证性因子分析计算出的模型中各因子的 AVE 都要大于所有因子相关系数的平方。

(2)提高问卷调查法构念效度的方法

在使用问卷调查法时，有一些措施可以帮助提高构念效度。首先，应该对所要研究的构念进行确切、严格的定义。对于开创性的研究，问卷调查前要应用专家法、访谈法等定性方法准确地界定概念的含义。其次，问卷的内容和目的要相合，顺序由易到难；再次，样本适宜且要预防流失，一般而言，回收率不应低于 70%。最后，可以适当增加问卷的长度，更多的测量指标有助于增加内容效度。增加问卷的长度对于信度的影响比效度更大。

5.2.2 实验法的构念效度

应用实验法检验变量之间的因果关系时，亦可以从构念效度来评估实验法的质量。实验前，需要将变量进行操作化定义（张岩，徐飞和奚恺元，2007）。管理研究中，常常包含着复杂的、多维度的理念概念，构念效度具有重要的意义。比如，把服务人员的效率只定义为接待顾客的人次，而忽视顾客满意度，那么内容效度肯定是低的，很明显服务人员的效率是一个多维构念，而不是单维构念。为了使实验研究具有较高的构念效度，要求研究有坚实的理论基础，层次分明，对研究中的自变量和因变量作出严格的定义，给予明确的操作性定义，并确定相应的测量指标。

在实施实验时，接受处理的被试常主动与其他被试进行比较，或猜测实验目的，朝符合实验者所期望的结果或符合社会期望的结果做出反应。这种情况在社会学研究以及管理研究中很常见。这些因素可能会影响实验的构念效度。为了避免此类因素的影响，研究人员采用尽量使研究假设难以猜测或采用双盲程序来控制，使主试和被试都不知道实验的真实目的。其次，使用同一测量手段来记录或测量因变量时也可能影响构念效度，譬如纸笔测试测量消费者的态度，可能只是测量其外显态度，如果能增加反应时或脑电，可能对态度的测量会更准确、更全面。

5.2.3 案例法的构念效度

案例研究的构念效度，同样是针对所要探讨的构念，进行准确的操作性测量。在案例研究中，构念效度是通过多重证据来源的三角互证、资料链的建立、信息提供人的审查或唱反调者的挑战等方法来实现（郑伯埙，黄敏萍，2007）。

①三角互证

三角互证是指研究者使用各种不同来源的证据，取长补短，互为补充，一旦不同的来源都能获得类似的证据时，研究就具有构念效度。这些证据的来源可以是信件、报告、报道、私人笔记，也可以是公司资料、官方记录，还可以是人员面谈记录、现场观察、活动参与及各种物品的收集。三角互证类似测量中的聚合效度，即使用不同的方法来测量同一构念。

②证据链

用某种逻辑来排列、贯穿所有收集的证据，并预测未来的发展。当逻辑清晰、连贯时，构念效度就高。这种做法类似测量中的逻辑关系网络。

③重要信息提供人的审查

这样的做法可以避免研究者个人的选择性知觉，和信息提供人进行互证。

④唱反调者的挑战

安排能够挑战资料、证据及结论的唱反调者，可以检视研究者的盲点和偏见，以确保收集的资料能够充分反映构念的每个方面。这样的做法类似于测量中的内容效度。

5.3 内部效度

如前所述，内部效度是指因变量变异的结果是由研究所提出的自变量所导致的这一结论的确定性程度。简而言之，即变量间存在因果关系的确定性程度。在管理领域比较常用的研究方法中，实验法的内部效度是最高的，因此谈及内部效度，实验法一般都会被重点介绍。而其他实地研究，如案例法、问卷调查法，由于其所获取的数据无法排除那些和研究假设无关的因素的影响即本章开篇提到的所谓控制外生变异，都不能确保高的内部效度。我们将首先介绍实验法如何确保内部效度，接下来再简单介绍案例法和问卷调查法的内部效度问题。

5.3.1 实验法的内部效度

内部效度强调在实验研究设计的程序中对各种因素的控制程度，以及对各种变量的控制水平，也就是最大化系统变异，控制外生变异。具体说来，需要做好三个方面工作，一是保证一个实验研究的高效度，需要对实验研究的各种无关因素进行严格控制，以免实验结果受到所研究的自变量以外因素的干扰和影响，产生替代解释；二是需要严格控制被试的取样和分配；三是要明确所选择自变量和因变量的有效性（张敏，2008）。

(1)影响内部效度的因素及应对手段

①被试的机体变量

包括他们过去的经验、个性和特征，这些都会造成对实验结果的干扰。随机化可以帮助解决这个问题。随机化是实验设计的三个原则之一（实验法设计的另外两个原则，一是复制，将在信度部分进行介绍，二是区集），随机化是指实验材料包括被试的分配、实验的顺序等都是随机产生的，叫做完全随机化。随机化可以减少甚至去除外生变异。

②偶然事件

实验过程中，某些事件会突然发生，我们往往意识不到这些事件会影响被试，但它们却确实对被试的实验反应产生了影响。这种事件只影响了某一组被试，却没有影响另一组被试，使得该事件变成了组间变量，干扰了实验结果。比如,研究科威特人和中国人的参加体育运动的意愿,实验正在进行时,被试中的科威特人获悉祖国被别国侵略,他们的情绪可能波动比较大,这个时候,实验结果就可能和没有发生这个事件的实验结果有所不同。在一些实验环境好、可控性强的实验中,偶然事件产生影响的可能性会减少。

③被试选择偏差

包括自选择和区别选择,自选择是被试自主选择参加某种测试,区别选择是实验者主观上凭感觉选择被试参加某种测试,这种选择的背后可能隐藏着某些因素会影响实验。比如,在研究工资和教育程度的相关性时,如果我们只能获得有工作员工的工资样本,而不能获得那些因为教育程度低而无法获得工作的人的工资水平,那么这样的样本就存在自选择问题,即教育程度低的人没有获得雇佣,或者因为工资太低而自愿失业,用这样的样本做出来的结果,将低估教育程度对工资水平的影响(张岩,徐飞和奚恺元,2007)。随机化可以帮助解决这个问题。

④实验者偏差

实验操作者的情绪、态度和失误而导致的偏差。例如某一组的实验操作者在指导语中表现出了某种倾向性,这就会影响实验结果。如果所有的实验操作者都表现出了同样的倾向性,那么会使得被试产生了迎合或对抗的心理。克服这种问题的方法是双盲设计。既不让实验操作者了解实验的研究假设,同时被试也不了解实验的研究假设。

⑤测量手段

实验介绍、实验情境、问题措辞等在实验中要用到的各种工具手段都会影响实验结果。如在测试时,一组被试所使用的电脑屏幕很清晰,而另一组则相对模糊,有可能就会影响实验结果。或者在测试理性对决策行为的影响的实验中,一个实验室的背景色是红色,一个是绿色,也很有可能影响实验结果。一致化的、准确的实验测量手段可以解决这个问题。

⑥被试的成熟、发展和流失

被试在实验过程中心理和生理上都会变化,尤其对于儿童来说,时间也可以变成一个无关的自变量,影响实验结果。随机化的对照组可以解决这个问题。由于各种原因被试退出了实验,会对实验结果造成影响。

⑦测试关联

前后测之间关联度比较高,可能会对被试产生积极或消极的影响。对照组是一种解决方案。对照组,就是随机抽取两个组,在相同的条件下分别对他们进行前测,然后给其中一组施加实验刺激,另一组不施加刺激,过一段时间后,再分别对两组进行后测。

另外，所罗门三控制组设计也是一种方法。即包括一个实验组和三个控制组，实验组有前测、实验刺激和后测，控制组 1 仅有前测和后测，控制组 2 无前测，但有自变量刺激和后测，控制组 3 仅有后测。那么自变量的变化在实验组，就归因于前测和实验刺激，以及前测和实验刺激的交互作用，在控制组 1 就归因于前测，控制组 2 就归因于自变量刺激的影响，控制组 3，就归因于所有无控制的外部因素效应，即外生变异。

⑧统计回归

主要指那些属于给出极端值的被试在测试后期所做的测试分数向均值靠拢。比如，在均值 50 分的情况下，原本打 95 分的群体，再重新测试时，可能打出 70 分。随机分配，增加对照组将有助于解决这类问题。

(2)内部效度的测定问题

由于内部效度涉及的因素很广，目前尚无定量手段可以像评估构念效度一样，来评估内部效度。目前只能采用定性化手段，通过改进实验设计、实验步骤、实验过程、实验控制条件和效果等手段提高内部效度。

5.3.2 案例法的内部效度

案例法的内部效度可以用模式匹配、解释建立和时间序列等设计来实现(郑伯埙，黄敏萍，2007)。

①模式匹配(pattern matching)

模式匹配用来检验资料与理论是否契合，资料与构念间的假设关系是否契合。理论推论假设，假设得到案例中获得的证据的验证，如果不能契合就用这些证据来修正理论模型。

②解释建立(explaining establishing)

根据可能的理论来陈述一些命题，这些命题可能包含对立的假设，如何解释这些对立假设，使两个相反的假设都能成立呢？在案例中搜集证据，印证命题，并修正命题和理论，依次反复，不断提炼想法，直到接受对立的假设，为这种对立提供最佳的解释。

③时间序列设计(time series design)

观察所研究的变量在时间上的先后顺序，如果某些变量总是发生在前，接着别的变量就发生一定的改变，则结合其他经验分析，就可推论其中的因果关系。这是因为因果关系的推论具有时间上的先后性、空间上的共存性、同因必同果和同果未必同因等复杂性。光是有先后性还不足以说明因果关系，但是没有先后顺序，只有共存性，就有可能倒因为果，以果为因。

总的来说，案例研究不能控制无关变量的干扰，而且在管理研究中，所研究的对象都是复杂系统，具有偶然性和不可复制性，多因一果，多因多果，一因多果也都可能存在，要判定因果关系是相当勉强的。

5.3.3 问卷调查法的内部效度

问卷调查法和其他实地研究方法一样，其获得的数据无法剔除无关因素的影响，因而内部效度都比较低，只能推断其相关关系，而不能推断因果关系。想提高问卷调查法的内部效度，就必须建立坚实的理论基础，来推出假设，在此基础上，结合实证方法进行经验检验。这也就是为什么没有理论的假设，而仅依靠统计方法的复杂性的研究会备受质疑。

目前有一个广受关注的影响内部效度的问题是共同方法偏差（common method variance，CMV）。它是一种系统误差，即外生变异，在很多研究方法中都存在，尤其是在问卷调查法的研究中更为严重，要想提高内部效度，应避免研究中的共同方法偏差。共同方法偏差是指因为同样的数据来源、同样的测量环境、项目语境以及项目本身特征所造成的因变量和自变量之间的人为共变。减少或避免共同方法偏差的方法有：从不同来源获得因变量和自变量的数据，比如不要把因变量和自变量放在同一份量表中由同一个人作答；从时间上、空间上、心理上、方法上分离测量，比如测量自变量和测量因变量的时间可以刻意间隔开，又如，设置一些无关的测量题项，模糊答卷人，使他们无法猜透组卷人的意图；答卷人匿名作答，以减少答卷人的犹豫、揣测组卷人意图的心理；打乱测量题项的逻辑顺序，避免顺序效应等。周浩，龙立荣（2008）对共同方法偏差问题的来源、发生机制及控制进行了全面的阐述，有兴趣的读者可以进一步阅读该文献。

5.4 统计结论效度

统计结论效度是指数据分析程序的准确性。针对统计检验所做的结论往往是在一定的概率基础上做出的，有可能发生第一类错误，即弃真，和第二类错误，即取伪。统计结论在研究设计中，可以通过降低这两类错误来提高统计结论效度。

统计检验主要控制的是第一类错误，因此，提高置信度，就可以减少第一类错误发生的概率，但是第二类错误发生的概率则会提升。此外，随机抽样，也有助于控制第一类错误，因为随机抽样是统计检验适用的假设前提，即观测值、误差等是独立的随机变量。最后，选择合适的统计检验方法，最简单的例子，如在小样本且总体分布形态未知时，对两样本均值之差就可以采用 T 检验，而 Z 检验就不适合。

针对第二类错误，可以采取三种手段：一是扩大样本量，在第一类错误的概率给定的情况下，样本量扩大，第二类错误的概率会减小；二是控制外生变量、抽取同质性高的样本和选取高可信度的测量工具，以减少与所研究的自变量无关的总体变异；三是研究假设一定要有坚实的理论基础，对于数据不支持的假设，不能随便修改假设，而应寻找充分的理论依据。

一般情况下，统计结论效度主要取决于两个方面的条件：首先是数据的质量，数据分析程序的有效性是以数据质量为基础的。数据质量包括数据的量尺特征（定类尺度、定序尺度、定距尺度或定比尺度）、数据分布等。对于顺序量表所得的数据应运用非参数统计方法进行分析。其次是统计检验的假设，数据分析中所采用的各种统计方法，各自都有其明确的检验假设。譬如方差分析要求方差齐性、数据分布正态等。相关分析要求变量是连续变量等等。只有满足这些检验假设，才有可能对数据分析的结果作出有意义的解释。反之，如果分析过程中违反统计检验的前提假设，就会显著地降低统计结论效度。

5.5 外部效度

外部效度是研究中所假设的因果关系的边界，即推广到不同人物、时间和环境中的可信度。也有研究者称之为外化或者概化能力。

影响外部效度的因素中，除了一些独特因素外，也包括影响内部效度的某些因素。例如前面介绍内部效度时提到的偶然事件。如果只影响一组被试，那么可影响的是内部效度；但两组被试都受到等效的影响，则外部效度易受到影响。这样，偶然因素不仅是内部效度的影响因素，也可能是外部效度的影响因素。读者在理解本小节提到的外部效度的影响因素时，不要忽略了内部效度的影响因素向外部效度的影响因素转化的可能性。

5.5.1 实验法的外部效度

①样本不具有代表性

样本具有代表性是外部效度的基本保证。只有样本有代表性，实验结果才可能推衍到实验对象、实验时间和情境之外的情况。例如，研究跨境购买意愿，如果只以大学生为被试，那么实验结果就不能说对具有独立经济能力的人群也适用。随机抽样有助于该问题的解决。

②传递效应

随着实验的进行，被试会随时间的变化，开始出现疲惫效应和练习效应等，这些都会影响实验结果。这种情况特别容易出现在组内设计中。这也是为什么在资源充沛的情况下，很多实验者都偏向采用组间设计的原因之一。对于传递效应，有帮助的做法有 ABBA 法、抵消平衡法、拉丁方法和统计控制法。

③霍桑效应

当有实验者在旁观察时，由于紧张或被关注，被试的表现会与平时相异，从而影响实验结果。著名的霍桑实验经历十年的研究后发现，灯光等对工作效率没有产生显著影响，而被实验者关注才是工作效率提高的真正原因。处理这种问题，可以安排一个对照组也处在被观察状态下，这样，对照组的后测结果只反映出霍桑效应引起的变异，而实验组的结果既有实验刺激引起的变异，也有霍桑效应引起的变异。注意，如果对照组没有被观察，那么霍桑效应就变成了内部效度的影响因素。

④需求特性

被试在实验过程中会去猜测实验者的目的，所以在实验中能引导被试做出猜测的线索被称为需求特性。被试如果能猜测到实验者的目的，就可能表现得和实验者的假设相一致，或者表现得和实验者的假设相反。无论是一致还是相反，都会对实验结果造成影响。所以，实验者需要在设计时，故意隐藏实验意图，不要回答被试关于实验目的的询问，也不要给予倾向性的引导。另外，组间设计是减少需求特性最简便可靠的方法，因为被试只接受一种变量水平的刺激，对实验没有全盘的了解，增加了猜测实验目的的难度。

⑤安慰剂效应

安慰剂效应是指即使被试没有真的接受实验刺激，也会给出有效果的反馈。典型的例子就是，被试即使服用的不是真的药剂，而是完全无效的淀粉片，被试也会感觉好多了。所以，最好的办法是不让被试知道自己在被测验，如果实在做不到，至少不要让被试知道实验的目的。

有些人把传递效应、霍桑效应、安慰剂效应的原因都归结为被试知道自己正在被测试，因此表现出不同寻常的反应，所以都可以被命名为实验的副效应。

5.5.2 案例法的外部效度

如果案例研究的结果不能具有外部效度，那么它的意义也就不会很大。对于案例研究，由于研究者通常只是在单一案例进行研究，这对外部效度是有影响的。案例研究的外部效度，主要依靠的是坚实的理论。正如张丽华，姜惠和何威（2008）指出，案例研究论文不能仅仅局限于就事论事地描述，而是必须提出理论上的独到见解。即使一个读者只读案例论文的理论文献部分，文章中的理论主张的内在逻辑也应使其信服，这就是理论的独立性，它不需要案例就足以让读者信服。而案例所起的作用只是激发研究、启发灵感和提供佐证。除此之外，多案例研究也能改善外部效度。

5.5.3 问卷调查法的外部效度

问卷调查法也一样存在外部效度问题，样本不具有代表性和副效应都同样会影响问卷调查法的外部效度。而且，问卷调查法不像实验法，可以通过多种实验设计手段来处理外部效度的影响因素。问卷调查法中，大样本一般被认为更具有代表性，当然，完全同质化的样本，还是不具有代表性的，例如常见的学生样本，即使量再大，代表性也有限。问卷调查法中对传递效应的处理办法是，问卷不宜太长，长的问卷会提高构念效度和信度，但是会降低外部效度；关于霍桑效应，在问卷调查法中不太常见；而需求特性，会导致共同方法偏差，应对的方法是自变量和因变量的题项不放在同一份问卷中，或者故意放置一些无关题项，干扰被试猜测问卷的目的等。

5.6 信度

信度是研究的稳定性、可靠性和内部一致性。信度可分为外部信度和内部信度。外部信度是指，研究由不同的研究者各自独立去做，得出的结论是否相似，也就是研究的可重复性，或者说实验法中所说的“复制”。内部信度是指，在同一次研究中，得到的数据误差小、变化小，具有统一性，如重测信度、复本信度、内部一致性以及评分者信度都属于内部信度。外部信度不论什么样的研究方法都应具有，而内部信度则有不同的测定指标，而且适用于不同的研究方法，下面就按研究方法的不同逐一介绍不同的测定内部信度的指标。

5.6.1 问卷调查法的信度

问卷调查法对内部信度的测量手段是最多的，而实验法则特别强调外部信度。因此在本小节中我们将主要介绍内部信度。

1. 信度的测定

信度有助于解决上文提及的研究者所面临的第二个问题，即若使用多份性质相同的问卷，或多次测量，被试的答案是否会一致？在测量中，我们用信度来评价测量结果的稳定性、可靠性和内部一致性，估计测量误差对测量的影响。信度可以理解为真实分数 X_T 和系统误差 X_S 在观察分数 X_O 中的比例。测量的随机误差越大，信度越是缺乏，越不可靠。如果随机误差为 O，那么测量就是完全可信的。测量信度的方法有很多，如重测信度、复本信度、折半信度、Cronbach’s α信度等。

①重测信度

重测信度(rest-retest reliability),也叫再测信度,是指用同一测验,在不同时间对同一群体施测两次,这两次测量分数的相关系数。两次测量结果的相关性越高,重测信度越高,因此稳定性也越高。它所考察的误差是时间的变化所带来的随机影响。重测信度的弱点在于会受到记忆效果、练习效应等的干扰,两次测量时间间隔期内被试发生变化也会干扰重测信度指标对信度的估计。

②复本信度

复本信度(alternate-form reliability)是发展两份等效但不完全相同的问卷,每个被试需要回答两份问卷,类似考试时使用的 A、B 卷。测试结果之间的相关系数越高,就表示该测验的信度系数也越高。这种方法既考虑了时间因素也能够避免重测信度的一些问题,如记忆效果、练习效应等,适用于进行长期追踪研究或调查某些干涉变量对测试结果的影响。但实施起来难度较大,需要发展两套等效问卷,被试也容易反感,在管理学中比较少用。

③折半信度

折半信度(split-half reliability)是把用来测量同一构念的测量指标,分为数目相等的两半,如奇数题或偶数题分开,独立计分,然后计算两组测量结果的相关性。要注意的是,折半不能前后分半,以免产生顺序效应。折半信度的好处在于,当测验没有复本且测验不可避免地受到时间的影响时,就可以使用折半的方法。缺点是,由于测量指标减少,不能通过多个测量指标来减少随机误差,信度会降低。

④Cronbach's α信度系数

Cronbach's α也是用来测定内部一致性的指标,而且是最常用的指标。因为它是针对 Likert 量表而开发的,对于管理学领域的研究比较适用。Cronbach's α测试各测量指标的共同变异度,共同变异度越高,Cronbach's α值越大。在实际应用中,一般要求 Cronbach's α值大于 0.7。但内部一致性不是越高越好,一味追求 Cronbach's α值大,而删除反映了构念定义某个部分的测量指标,会降低内容的完整性,也即降低了内容效度,是不可取的做法。因此,Cronbach's α值大于 0.7 的提法,目前也开始受到学者的质疑。

以上的各种信度,有的可以评价稳定性,有的可以评价内部一致性。需要注意的是,如果测量构念的是形成型指标(fomative indicator)单维构念或者组合型多维构念(Aggregate Multidimensional Construct)的话,评价其内部一致性是不恰当的。在这种情况下,再使用折半信度或 Cronbach's α都不适宜,测量其稳定性就成为必不可少的程序。因此，对于形成性指标单维构念或者组合型多维构念，适合的评价指标是重测信度。

2. 提高测量信度的方法

在使用问卷时，有一些措施可以帮助提高测量信度。一是适当延长问卷的长度，这样做可以减少偶然因素的影响，从而降低了随机误差；二是问卷的难度适中，如果问卷题目太难或太易，都会使测量得分差异减小，使真实分数的方差减小，真实分数占实际分数的比例变小，信度就低了；三是问卷的各项测量指标尽量同质，这就要求答卷者具有相同的能力、知识和技能；四是回答问卷的时间要充分，以反映答卷者的真实情况；最后是研究者对测量进行操作的程序要统一，无论是问卷题目、指导语、回答问题的方式、分收试卷的方法，还是问卷测验的时间等，都要统一。

5.6.2 实验法的信度

实验法的信度，和问卷调查法的信度有异同之处。它们同样强调研究的随机误差要小，强调研究的稳定性、可靠性和内部一致性，但是在方法上，问卷调查法最常使用 cronbach's α，而实验法则不一定，因为如果不使用李克特量表，就不会使用 cronbach's α信度系数。

①复制

实验法的外部信度，主要靠实验设计的三个基本原则之一——复制来保障。实验设计的另外两个基本原则分别是随机化和区集，这两个原则可以确保高的内部效度，已在实验法的内部效度部分介绍。所谓复制，就是指在相同的处理（manipulation）下，由不同的研究者独立重复实验以得到重复样本。复制可以让实验者对实验的随机误差有一个估计，这种估计可以帮助实验者了解到测试结果是否有统计意义上的不同（张岩，徐飞和奚恺元，2007）。实验法中的复制和重测信度不同。重测信度是由同一研究者予以施测，而复制是由不同研究者独立施测；重测信度是内部信度，而复制是外部信度。

②重测信度

实验中的重测信度和问卷调查法中的重测信度一样，存在的缺陷也一样，例如前文提到的练习效应，测量间隔中的变化，以及工作量翻倍等。

③复本信度

实验法中同样有复本信度，是指用同样目的和效果的两种研究方法，对同样的被试在间隔尽可能短的时间内进行两次测定。复本信度的优缺点和上文所介绍的问卷调查法中的复本信度相同，不再赘述。

5.6.3　案例法的信度

案例研究也要具有信度，也即，研究具有可复制性。复制也即重测信度，整个研究过程可以重复实施，并得到相同的结果，这是研究的稳定性、可靠性的评价指标（郑伯埙，黄敏萍，2007）。案例研究的信度和问卷调查法、实验法的信度也有异同之处。它们同样强调研究的随机误差要小，强调研究的稳定性、可靠性和内部一致性，但是指标上，问卷法和实验法都可使用重测信度、复本信度、折半信度，而案例研究则多使用重测信度和评分者信度。

①重测信度

案例研究的信度必须依靠周详的案例研究计划书和构建案例研究资料库来确保后来人可以重复研究步骤和分析证据（Yin，1994）。案例研究计划书应包含四项内容，一是研究目标和研究的问题；二是研究对象和研究程序；三是研究的具体问题，如访谈表、访谈对象、资料分析方式和过程；四是研究报告的结构，如研究结果、如何组织研究、如何获得结论（郑伯埙，黄敏萍，2007）。研究资料库应包括现场研究笔记、观察记录、访谈录音、观察的影像资料、文字稿件、档案资料以及进入诸如内容分析等的分析记录，总之要包含所有所获得和使用的证据的原始资料。

②评分者信度

如果案例研究中对所获得的文字资料采用了内容分析法（content analysis），那么就要计算评分者信度。评分者信度是指，不同评分者对同样对象进行评定时的一致性，它可用积差相关或 Spearman 等级相关法来计算。

5.7　研究中通常应报告的信效度

本小节将重点介绍的是问卷调查法应报告的信效度，尤其是定量方法，而定性方法则可参看上文对信效度的介绍来进行报告。之所以重点介绍问卷调查法应报告的信效度，是因为实验法、案例法的构念效度、内容效度、外部效度和信度都缺少定量方法来测定，更多的是依靠坚实的理论基础、研究设计、操作过程和数据资料的描述等定性方法。下面将介绍的是，问卷调查法应报告的构念效度、内部效度、统计结论效度、外部效度和信度。

5.7.1　问卷调查法应报告的构念效度

1. 探索性研究应报告的构念效度

如果是探索性的研究，可能涉及到要研究者自己开发问卷，那么研究者需要报告的首先是访谈或开放式问卷的内容分析过程。对这个过程的报告，可以使文章的读者得以通过操作的科学性来评价问卷开发的内容效度。

当初始问卷形成，应报告专家法或其他定量方法测量的内容效度结果。一般而言，测量指标应该比构念包含更广的内容，甚至测量指标应包含一些最后被证明是无关的指标(Clark 和 Watson，1995)。这是一种过胜于不及的观点。因为如果测量指标不能充分涵盖构念的所有层面和意义，任何随后的定量分析都于事无补；而那些无关的测量指标，可以通过定量分析加以剔除。

其次，测量的单维性是测量中的最基本、最关键的假设(梁建和樊景立，2007)。一个构念的测量题项应只聚合在这一构念下，这一观测值才是有意义的。在探索性研究中，探索性因子分析进行单维性检验是很常见的做法。用于评价结构效度的主要指标有累积贡献率、共同度和因子负荷。累积贡献率反映公因子对构念的累积有效程度，共同度反映由公因子解释测量题项的有效程度，因子负荷反映测量题项与某个公因子的相关程度。一般来说，探索性研究的话，因子负荷通常要大于 0.4，而在其他维度上的因子负荷越小，则构念效度越高。

探索性因子分析没有很强的理论指导，它只适合于问卷开发的初期使用。使用探索性因子分析后，对问卷做出修正，应再次发放问卷，并对收回的数据进行验证性因子分析。在验证性因子分析中，模型的拟合度是必须报告的指标。如果拟合度较差，可以观察模型估计中所产生的修正指数(modification indices)，改变某些限定条件以提高模型的拟合度。但必须注意的是，对限定条件的改变必须有理论依据。另外，对于反映性指标的单维构念和形成性指标的单维构念，探索性因子分析都是适用的。不同在于，反映性指标的分析在于解释测量指标间的相关性，而形成性指标的分析在于通过测量指标产生一个主成分。验证性因子分析则不同，它只能分析反映性指标，而不能分析形成性指标，如果一定要实现对其的估计，就必须在模型中增加两个或两个以上的反映性指标。关于反应性指标和形成性指标的概念和测量，可以参考罗胜强和姜嬿(2008)的文章。

再下一步，研究者需要报告的是聚合效度和区分效度。具体的指标取决于研究者所采用的方法。在国内期刊登载的论文中比较常见的是前面所介绍的三个区分效度测量方法中的第三个方法——Fornell 和 Larcker(1981) 建议的区分效度的测量，即验证性因子分析计算出的模型中各因子的 AVE 都要大于所有因子相关系数的平方。

2. 验证性研究应报告的构念效度

验证性研究不需要自行开发问卷，所以，内容效度将通过使用权威的量表来保证，所以必须确保所采用的问卷是来自权威期刊，并确保该问卷的适用范围和自己的研究相一致。这个时候要报告的就是问卷的来源。

接着，要报告的是测量指标的单维性。由于是验证性研究，所以无须使用探索性因子分析，研究者可以直接使用验证性因子分析来报告测量指标的单维性。

接下来要报告的指标和探索性研究一致，不再赘述。

5.7.2　问卷调查法应报告的内部效度

问卷调查法的内部效度主要是依靠理论来保障，但由于存在共同方法偏差问题，所以应报告本研究是如何处理共同方法偏差，在研究设计上和统计方法上采用了那些措施。如果是使用了统计方法的话，可以报告 Harman 单因素检验的结果来判定共同方法偏差的严重程度，如果确实存在共同方法偏差，就可以使用潜在误差变量控制法或协变量法等分离共同方法偏差效应，并报告这些指标的结果。具体的操作可以参考周浩和龙立荣(2008)的成果。

5.7.3　问卷调查法应报告的统计结论效度

统计结论效度要依靠对第一类错误和第二类错误的控制来保证，因此研究者需要报告置信度、抽样方法、统计检验方法，以便于文章的读者评价研究对第一类错误的控制程度；并报告样本量(包括发放问卷数和回收问卷数)、测量工具等，以便于文章的读者评价研究对第二类错误的控制程度。

5.7.4　问卷调查法应报告的外部效度

研究者首先要报告的就是样本量、样本的描述统计，以方便文章的读者评估样本的代表性。并备有问卷的全部内容，以便文章的读者索取，以评估问卷的指导语、问卷的长度、内容、措辞等，是否有可能导致传递效应、霍桑效应等。

5.7.5　问卷调查法应报告的信度

探索性研究常报告的信度，如果是反映性指标，常报告的是 Cronbach's α 值，也可以报告复本信度；如果是形成性指标，应报告重测信度或结构方程模型中的组合信度，而无法报告内部一致性。

验证性研究的话，应报告的是结构方程模型中的组合信度和标准化系数的平方值。组合信度一般要大于 0.6，标准化系数的平方要大于 0.5，不小于 0.2。

5.8 研究热点问题讨论

5.8.1 有效度无信度问题

如果说构念效度是有关测量指标与外部标准之间关系的评价；那么测量信度就是测量本身的自我比较（孟捷，2008）。由于随机误差会影响信度，也就是说，信度可以理解为真实分数 X_T 和系统误差 X_S 在观察分数 X_O 中的比例。而系统误差和随机误差都会影响效度，也即效度可以理解为真实分数 X_T 在观察分数 X_O 中的比例。因此测量的效度为信度所制约，有信度不一定有效度，没有信度肯定没有效度。信度是效度的必要不充分条件。所以，某些研究者提出的有效度无信度的说法，是不能成立的。

5.8.2 问卷的信效度问题

由于共同方法偏差的存在，作为一种方法性偏差稳定地影响着被试的反应，因此是一种系统性的误差。外生变异增大，系统性变异不变，而观察分数增大，那么信度将会提高。因为信度是真实分数 X_T 和系统误差 X_S 在观察分数 X_O 中的比例，也即系统性变异和外生变异在观察分数中的比例。也由于系统性变异不变，而观察分数增大，那么效度就会降低，因为效度是真实分数 X_T 在观察分数 X_O 中的比例。所以，共同方法偏差是一种提高信度却降低效度的效应。也因为共同方法偏差的存在，信度和效度不再被看成是一个静态的结果，而是一个证据不断积累的过程，所以问卷的信效度的提法不再被认可，更适合的提法是“测量的信效度”。

5.8.3 采用哪种信度指标

管理研究中，研究者一直习惯于采用 Cronbach 的α系数作为信度的估计。事实上，采用α系数是有前提条件的：a 误差不相关；b 测验是基本等价测验（即任意两个题目的真分数只相差一个常数）。但实际情况中，两个条件很难满足。如果条件不成立，α系数通常是低估测验信度。因此，近年来，α系数受到很多学者们的质疑。那么α系数是否还有参考价值？在论文中，我们是否还应该报告α系数？如果α系数不能用来估计信度，那么可以用什么指标来估计信度？

一般情况下假设误差之间不相关是合理的，误差相关只在特殊测量中才碰到。这种情况下，如果α系数高到可以接受，报告α系数并说明测验信度不低于α系数就可以了。从这个角度来说，α系数还有参考价值。但如果α系数过低，则应当使用合成信度。如果理论假设或数据表明测量项目的误差相关,则要计算合成信度。如果合成信度高,则报告合成信度,如果合成信度低,则说明该量表或测验的信度不能接受,需要进一步修改和探索。具体的计算方法参考温忠麟(2011)等的最新成果,具体步骤如图 5—2 所示:

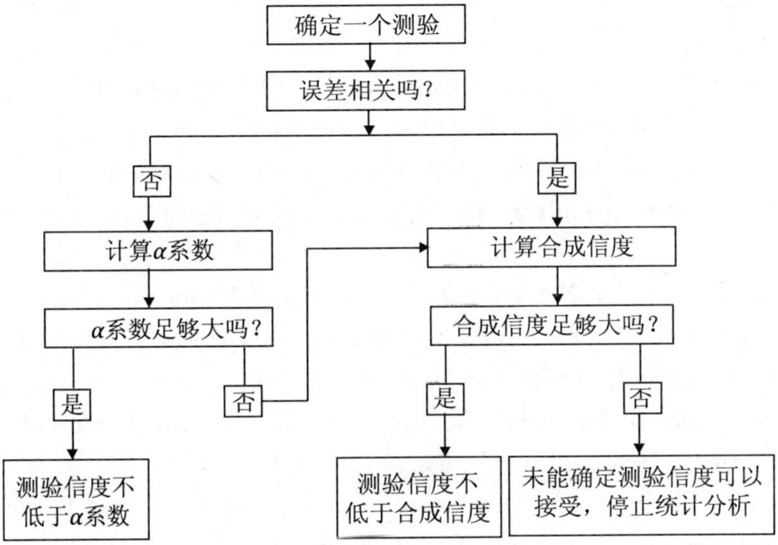

图 5—2　信度分析流程

(资料来源:温忠麟,叶宝娟. 测验信度估计:从 α 系数到内部一致性信度. 心理学报. 2011,43(7):821—829)

总之,本章阐述了具体研究方法如实验法、调查法等的构念效度、内部效度、外部效度、统计结论效度和信度,并介绍了影响这些方法信效度的主要因素。在此基础上,还介绍了管理研究中的问卷调查法需要报告的效度和信度的指标,并讨论了当前文献中出现的与信效度相关的一些热点问题。

思考题

1. 如何确保实证研究的可信程度?有哪些评估性指标?
2. 什么是效度?效度怎么测定?有什么影响因素?
3. 什么是信度?信度怎么测定?有什么影响因素?
4. 不同研究方法的信度和效度有什么不同?
5. 不同的研究方法中,各需要报告什么效度和信度?

参考文献

[1]Anderson,J. C. &Narus,J. A. ,1990,"A Model of Distribution Firm and Manufacturing Firm Working Partnerships",Journal of Marketing,54(1), pp. 42—58.

[2]Bryman,A. and Cramer,D. Quantitative Data Analysis with Spss for Windows: A Guide for Social Scientist. London: Routlege,1997.

[3]Campbell,D. T. and Fiske,D. W. Convergent and Discriminant Validation by the Multitrait-multimethod Matrix. Psychological Buetin,1959 (56): 81—105.

[4]Clark, L. A. and Watson, D. Constructing Validity: Basic Issues in Objective Scale Development. Psychological Assessment,1995 (7):309—319.

[5] Fornell, C. and Larcker, D. F. , 1981, "Evaluating Structural Equation Models with Unobservable Variables and Measurement Errors",Journal of Marketing Research,18(February):39—51.

[6]Haynes, Richard and Kubany. Conten Validity in Psychological Assessment: A Functional Approach to Concepts and Methods. Psychological Assessment,1995 (7):238—247.

[7]Hinkin and Tracey. a. An Analysis of Variance Approach to content Validation. Organizational Research Mehods,1999 (2):175—186.

[8] Mathieu, J. E. and Farr, J. L. Further Evidence for the Discriminant Validity of Measures of Organizational Commitment,Job Involvement,and Job Satisfaction. Journa of Applied Psychology,1991 (76):127—133.

[9]Naresh k. Malhotra. 市场营销研究:应用导向. 北京: 电子工业出版社,2008.

[10]Schriesheim and Hinkin. a. Influence Tactics Used by Subordinators: A Theoretical and Empirical Analysis and Refinement of the Kipnis, Schmidt,and Wilkinson subscales. Journa of Applied Psychology, 1990 (75):246—257.

[11]Schwab. Research Methods for Organizational Studies. Lawrence Erlbaum Associates,1999.

[12]Yin, R. K. Case Study Research: Design and Method. London: Sage,1994.

[13]陈晓萍,徐淑英,樊景立.组织与管理研究的实证方法.北京：北京大学出版社,2008.
[14]李怀祖.管理研究方法论.西安：西安交通大学出版社,2004.
[15]刘军.管理研究方法:原理与应用.北京：中国人民大学出版社,2008.

第六章

概念模型的提炼

“因子分析使我们能够考察相互关联的变量并发现解释这些相关关系的潜在维度。”

——SDR Consulting 合伙人 Stefan Bathe

很多男同学在找女朋友的时候都会说这样一句话，她必须很好。怎样才算“很好”？这就涉及如何衡量一个人的“好”。一般来说，女生的身高、体重、相貌、年龄、学历等直观信息能够帮助我们判断是否符合“好”的标准。与此同时，一个人的“好”也可以通过很多不能直接得到的数据展示，例如性格、爱好、能力等。由此可见，“好”这个概念包含了很多数据，那么我们到底该选择哪些数据来科学衡量“好”呢？这个问题需要我们进行深入探讨。

科学研究中也经常碰到类似问题，在前面的章节中，我们介绍了在现实世界中寻找各种“有趣”的话题，然而，当我们寻找到这些话题后，有一个难题摆在我们的面前：如何对这些“有趣”的话题进行测量，从而达到科学研究的目的。为了解决这一困惑，本章介绍如何提炼概念模型，实现对概念的准确衡量。

概念模型这个名词主要应用于地理学，在管理学中也较为常见。地理学中的概念模型是指“关于地理现象与过程的逻辑关系清楚的概念阐述模型”。管理学中并没有对概念模型下一个明确的定义，但是通过研究，中外学者对“概念模型”这个名词的使用，我们可以发现，在管理学中，概念模型有广义和狭义之分。广义的概念模型是指确定概念自身的结构以及厘清与其它概念之间的关系；狭义的概念模型则只包括概念自身结构的确定。由于本书下面一章的管理模型建构会重点提及如何厘清概念之间的关系，因此本章所讨论的概念模型均只限于狭义的概念模型。

本章内容主要包括六个部分：常见的模型分类、构建模型的方法选择原则和注意事项、概念模型的提炼步骤（即因子分析）、探索性因子分析和验证性因子分析的比较、探索性因子分析与验证性因子分析的分析过程、概念模型提炼中的问题讨论。本章内容是构建常见的管理模型(即第七章内容)的理论准备。

6.1 常见的模型分类

6.1.1 模型的概念

模型是事物的代表,是描述性或者解释性的工具,大致或者准确地描绘了变量之间的关系,为人们理解或者预测事物提供一定的帮助。模型本身在简化复杂现实的同时,也能够深刻地揭示纷繁复杂的世界。

模型有很多种,主要包括物理模型、比例模型、图解式模型和数学模型等。例如,地图对地理状况和位置选取了关键的特征和轮廓,描绘了各道路和位置之间的关系。建筑结构图也是采用图形和比例方式准确地描绘了各种材料和结构的准确位置和相互关系,将建筑结构模型化。

最精确的模型是采用数学方法描述问题(伦德尔等,2007),数学模型是数学关系的集合。例如,在营销研究中,预测购买行为的概率随机模型。该模型通过对消费者购买行为(什么时候买、买什么品牌)进行相应的概率分布假设,来预测其未来消费行为的模型方法。得到证实并被广泛应用的概率分布——泊松(Poisson)购买即是概率随机模型。顾客随机地与企业发生交易,并且其交易过程可用泊松分布描述,用 λ 表示个体顾客的购买率。离散选择模型(Discrete choice models)则从效用角度反映客户的选择决策,通过收集所要研究产品/服务的市场竞争环境要素数据(经常是通过试验设计的方式获取数据),来测量消费者的购买行为,从而获知消费者如何在不同产品/服务属性水平和价格条件下进行选择。该模型实质上是通过虚拟因变量讨论备择选项的一种回归模型方法,也是一种处理非线性数据的多元统计分析技术。

数学模型的优势有如下几点(伦德尔等,2007):

(1)能够准确描述问题。一个恰当的模型可以准确地描述调查中的问题,将变量之间的关系用数学公式表达出来,比简单地关系描述要准确地多。

(2)模型可以提供更深层的信息。例如,在员工绩效模型中,我们可以了解到员工满意度的变化如何影响员工绩效。

(3)能够在有限的时间内接近复杂的问题。例如,在供应链管理中,相互之间需要匹配和协调的环节很多,数学模型是接近这类问题的最好工具。

(4)数学模型能够帮助决策。例如,在企业利润模型中,管理者能够知道成本和收入的变化如何影响了企业利润。

在社会科学研究中，模型相对简单，缺乏变量直接准确的数学模型（格里斯，2011）。学者们常常采用一系列的方框和箭头来描述变量之间的关系。例如，Dodds，Monroe 和 Grewal（1991）所建立的感知质量模型。在这个模型中，价格与感知价值之间负相关，价格与购买意向之间也是负相关。品牌名称和商店名称与感知质量、感知价值和购买意向之间正相关，感知质量与感知价值和购买意向之间正相关，感知价值和购买意向之间也是正相关。价格、品牌名称、商店名称对感知质量、感知价值和购买意向的影响，以及感知质量对感知价值和购买意向的影响如图 6—1 所示。该模型是感知质量、感知价值和购买意向中最具有影响力的模型，具有很高的价值。

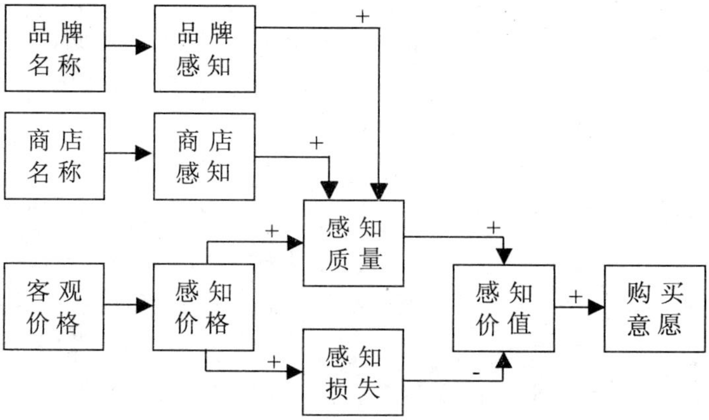

图 6—1　感知质量模型

资料来源：Dodds，William B，Kent B. Monroe and Dhruv Grewal. Effects of Price，Brand，and Store Information on Buyers' Product Evaluations. Journal of Marketing Research，1991，28(3)：307—319，308.

6.1.2　模型的分类

管理系统各式各样，模型也可以有不同形态。我们可以根据精细程度，进行更详细的划分，如图 6—2 所示。

首先，系统模型可以分为形象模型和抽象模型。形象模型可以分为实体模型和图形模型，形象模型并不是我们管理学中的模型，而是对客观事物的实物描绘。实体模型如玩具模型等，图形模型是对一些事物的图画，如动物图形，山水画等。

抽象模型是对客观实物从本质上进一步的提取和分析。常见的包括概念模型、数学模型和模拟模型。概念模型主要是考察概念形成或者概念之间关系的模型，常见的是采用一系列的方框和箭头来描绘概念之间的关系。

数学模型包含的类型较广，并且可以进行多种划分。如果按变量分，可以分为确定型模型与随机型模型。按研究对象划分，可以分为经济模型、社会模型、生态模型与工程模型等。按模型的功能划分，可以分为预测模型、结构模型、测评模型、优化模型和决策模型等。

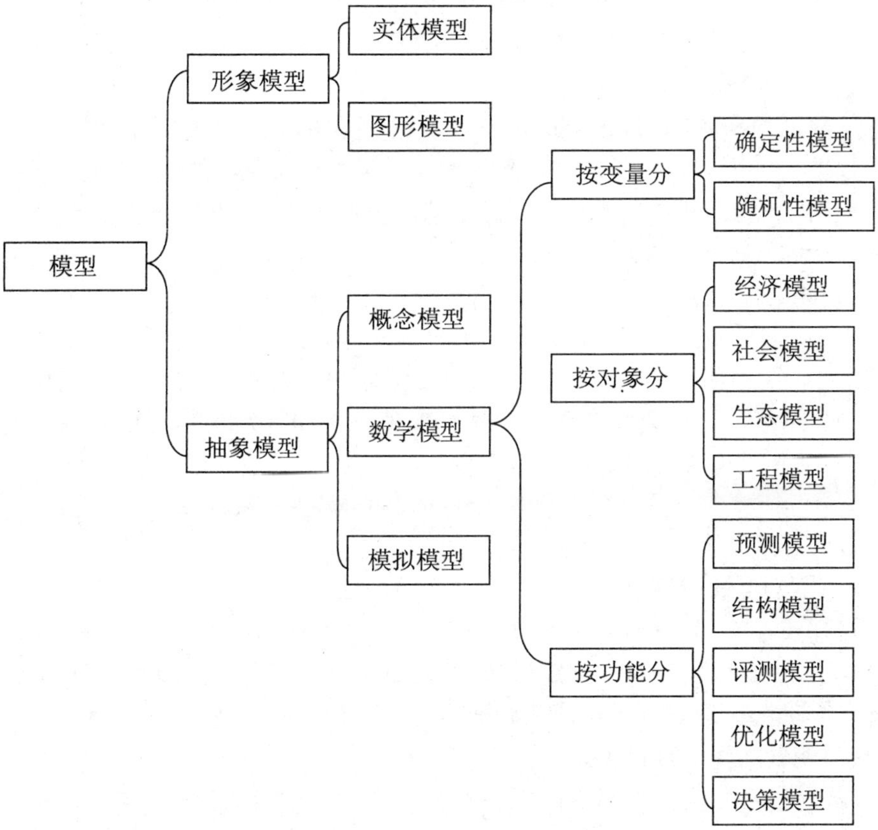

图 6—2　模型的分类

6.2　建构模型的方法选择原则和注意事项

6.2.1　选择原则

(1)匹配方法的适用条件

现在数学方法、统计处理技术经过较长时间的发展，已经发展到较为复杂的模型和处理分析。在一定意义上来说，多种分析方法都是一些数学模型，这些模型对于变量的界定、度量和相互关系都有一定的假设条件，超越这些条件，模型是无法成立的，更不可能运用模型的参数进行统计检验从而得到一个量化的最优数学模型。因此，一定要选择适用的数学模型，才能得到合理的结果。衡量一个模型的优劣全在于它的应用效果，而不是采用了多么高深的数学方法。方法之间没有优劣之分，关键在于找到能够接近问题的方法，能够用简单方法处理的，就无须复杂的统计分析方法。

(2)匹配数据的分布特点

从数据的来源和特点来看，可以将数据简单分为：实验数据、调查数据、横截面数据、纵贯数据，或者是横截面数据与纵贯数据相结合的面板数据，这些数据有不同的分布特点。另外，从数据服从的分布上看，也必须选择适合数据的建模方法和统计分析技术。

(3)匹配样本量

对于方法的选择，样本量的大小影响了统计分析方法的选择。这是因为样本量太小，会影响结果的稳定性，并不是变量之间结果的真实反应，从该样本中得到的变量系数估计值不能作为变量真实值。例如，做实验研究中，因为样本量太小，就不太适合选用结构方程模型。

6.2.2 注意事项

(1)模型与管理价值

在现实经济问题中，对两个变量做回归，即使两个变量间没有任何的实际联系，也往往会得到较高的判定系数，尤其对于具有相同变化趋势(同时上升或下降)的变量，更是如此。这种现象被称为“伪回归”或“虚假回归”。

(2)变量之间的真正关系

线性模型中，变量之间的关系呈线性关系。非线性模型中，变量之间的关系呈非线性关系。

回归分析中虽然有自变量和因变量的称呼，但是作为回归分析结果，并不能证明它们之间存在因果关系。回归分析只是检验了一个显著的定量关系是否存在。

(3)由观察数据预测估计因果效应

通过在现实世界中观测实验之外的实际行为所得到的数据，称为观测数据。而由观测数据来预测与估计因果效应会存在一些问题。因为很难将其他因素的影响分离开来。

6.3　提炼概念模型的步骤

如何提炼概念模型是这章要重点解决的问题。目前，根据聚焦点的不同，学术界主要有案例研究与探索性研究两种不同的概念模型提炼方式。

案例研究聚焦于一系列案例，目的是探究其“如何发生”以及“为什么发生”，重点在于特定背景下的特定案例研究。Eisenhardt 提出案例研究应分为八个阶段(见表 6－1)：启动、选取案例、建立工具或共同概念和语言、进入现场、分析数据、建立假设、文献比较和得出结论。

表 6－1　案例研究流程

顺序	步骤	内容
1	启动	确定研究问题，防止信息泛化
2	选取案例	确定样本池、理论抽样
3	建立工具或共同的概念和语言	多种数据收集方式、质化和量化数据以及多个调研者
4	进入现场	重叠数据搜集和分析，包括田野笔记、灵活机动的数据收集方法
5	分析数据	单一个案分析，使用不同方法的跨案例分析
6	建立假设	为每个概念建立证据表，复制跨案例逻辑，对“为什么”的问题寻找证据
7	文献比较	对相似的和不同的文献进行比较
8	得出结论	在尽可能改进的情况下得出结论

探索性研究是学术界应用较为广泛的一种方式，这种研究方法聚焦于量表的开发，在仅有部分模糊事实表述以及缺乏丰富案例资料支撑背景下可以采用，因此本章将重点介绍探索性研究。参照 Muthen 的建议，通过“五阶段”研究法开展探索性研究。

6.3.1　操作化定义界定

概念模型提炼的根本目的在于开发出适合的量表，而 Churchill，Narayanon 和 Swaminathan 认为，量表开发前“特别需要将理论定义转化为操作性定义”，因为“操作性定义是项目提炼和维度解释的基础”。

所谓操作性定义，即根据可观察、可测量、可操作的特征来界定变量的含义。它从具体的行为、特征、指标上对变量的操作进行描述，将抽象的概念转换成可观测、可检验的项目。从本质上说，下操作性定义就是详细描述研究变量的操作程序和测量指标。

一般来说，下操作性定义可以分为以下三个步骤。首先，对概念理论性定义进行回顾；其次，对以往概念进行归纳总结，提取操作性定义的基本维度；最后，得出操作化定义。

本章以《中国消费者品牌信任内涵及其量表开发研究》为例来介绍在学术研究中如何下操作性定义。首先，作者对理论性概念进行回顾。信任是个多学科范畴的概念，它主要涉及到社会学、心理学、经济学和营销学。社会学认为，信任的核心定义为一种预期或者人际态度，其产生的条件是风险和面临选择的多样性，内容通常是被信任方能够胜任角色，能履行其义务和责任；心理学认为，信任的核心定义为期望、信念和非理性的选择行为，其产生的条件是风险和不确定性，内容为其所作的承诺、善良以及能做所期望做的事；经济学认为，信任的核心定义为预期和风险性行动，产生条件是可以减少交易成本；营销学认为，信任的属概念为信念和意愿，产生的条件是风险，内容为对善意、诚实和能力的信任。其次，通过对信任理论定义的回顾可以发现，先前的研究将信任的定义主要集中在三个维度上，即核心定义/属概念，产生条件，内容；最后，文章得出符合研究内容的操作化定义。从第二步骤归纳的三个维度入手，作者界定了品牌信任的操作性定义：(1)该种信任是“在众多品牌中”即消费者面临多样选择的情况下产生的；(2)态度是其属概念；(3)主要内容包括品牌的诚实善良、能力表现和总体性信任。在此项研究中，作者着重研究品牌信任的内容。

6.3.2 概念测项收集与甄选

对概念进行操作化定义后，可结合文献法通过关键事件法进行概念测项收集与甄选。关键事件法是人力资源管理中常用的一种方法，是一种通过研究者向工作者询问一些问题以了解其对于解决关键事件所需能力和素质，还可以让工作者进行重要性评价的一种收集职务信息的方法。将关键事件法引入概念模型的提炼中，主要分为深度访谈与焦点小组讨论两个步骤进行。深度访谈用于测项收集，焦点小组讨论则进行测项的甄选。在样本的选取上，要求每个被试必须同时参加深度访谈与焦点小组讨论。相对测项甄选，概念测项收集的方法有如下两种。

概念测项收集主要有两种方法：文献法与深度访谈法。文献法是指利用已有量表进行测项收集。这种方法收集到的测项经过学者的验证，量表本身具有较高的信效度，不过这种方法在跨文化研究中会存在偏差。同时，很多概念模型的构建并没有现成的文献可供参考，这就需要我们采用深度访谈法来进行测项收集。深度访谈法是指直接根据访谈资料收集测项的方法。这种方法避免了文献法所导致的跨文化差异，能提供最直接的一手证据。在实际研究中，二者可综合使用。

在前面提到的品牌信任例子中，作者采用了文献法与深度访谈法相结合的方法进行测项收集，主要运用关键事件法。第一步，进行深度访谈。访谈开始前，受访者均获得一张介绍品牌信任操作化定义及注解的打印稿，同时给予被试五至十分钟关于该操作化定义的质询时间；然后要求受访者回忆最近三个月内发生与品牌信任相关的关键行为事件。在进行资料整理后，结合文献资料，形成品牌信任的测量题项 33 项：诚实善良 14 项，其中 8 项来自文献，6 项来自消费者；能力表现有 10 项，7 项来自文献，3 项来自消费者；总体信任 9 项，8 项来自文献，1 项来自消费者。作者删掉了其中 3 项意思非常接近的问项，最后得到 30 个题项。第二步，进行焦点小组座谈。座谈时每人均会得到一张整理好的关于品牌信任测量项目的打印稿。被试首先被要求完成手上的量表填写，然后，要求被试对照量表中的测项，观察量表是否能有效测量其先前陈述的关键品牌信任事件，最后，要求被试阐述量表存在的问题以及量表测项尚未涉及的具体内容。该过程共删掉 15 个题项，保留 15 个题项进入大规模数据收集：其中能力表现信任 4 项，诚实善良信任 5 项，总体信任 6 项。此轮焦点座谈后，测项确定。

6.3.3　概念测项净化

概念测项净化相当于正式测试前的预测试，通过第二步形成的量表在小范围内进行测试获得数据。将获得的数据进行分析以实现测项净化的目标，为最后的正式测试奠定基础。

测项纯化标准是：(1)测项与总体的相关系数(item-total correlation)小于 0.4，且删除测项后 Cronbach a 值会增加，该测项应予删除(Yoo 和 Donthu，2001；Aaker、Fournier 和 18rasel，2001；McAlexmder，Schouten 和 K oenig，2002)；(2)旋转后因子负荷值小于 0.4 或者同时在两个因子上的负荷值都大于 0.4 的测项也应予以删除(Nunnally，1978)；(3)如果一个测项同时在因子 A 和因子 B 上的负荷值都高于临界点，则应考虑删除(张绍勋，2001)，但如果删除该测项后，因子 A 和因子 B 又合并了，则不应该删除该测项。

6.3.4 因子命名与维度分析

如果说操作性定义是概念模型提炼的理论基础，测项收集、甄选与收集是概念模型提炼的测量基础，那么因子命名与维度分析则是概念模型提炼的模型基础，是整个概念模型提炼的关键步骤。因子命名与维度分析分主要分为四个步骤，以下将通过品牌信任的例子来对四个步骤进行介绍。

首先，采用测项净化后形成的量表，进行大范围的测试，获得数据。采用前面步骤所得到的问卷，将问卷在一家网上调研公司(EDataPower 公司)的样本库中随机发布 1700 份，回收有效问卷 1470 份。根据一般因子分析的要求，回收的样本被随机分为两部分，一部分用于探索性因子分析提炼概念模型，另一部分用于验证性因子分析检验概念模型的稳定性。

其次，对数据进行探索性因子分析，提取主因子。对品牌信任进行探索性因子分析(EFA)，采用主成分分析方法，以特征值大于 1 进行因子提取，分析结果显示提取三个主因子，共解释了 76.2%的总变差。

再次，针对数据分析结果，进行因子命名。通过最大方差正交旋转法，得出各个测项的旋转成分矩阵。根据归属在各主成分因子下的各测项的共同特征对各因子进行命名，这些被命名的因子即形成中国消费者品牌信任的 3 个核心维度：诚实善良，能力表现，总体信任。

最后，对各个维度进行分析。探索性因子分析的结果可以看出，本次研究对品牌信任的定义及其构成的划分不仅能够从理论上进行论证，而且实际的数据也能够很好地区分品牌信任的三个维度。

6.3.5 信效度检验与概念模型确定

探索性因子分析得到确定的概念模型后，通过验证性因子分析获得信效度检验的相关数据，以检验概念模型的稳定性，进一步支持所提取概念模型的科学性。

在品牌信任的例子中，采用验证性因子分析对测项净化后的量表进行了信效度检验。结果表明，诚实善良、能力表现及总体信任三个维度的 Cronbach`sα 值分别为 0.92(诚实善良)，0.89(能力表现)和 0.92(总体信任)，均大于 0.7，说明该测量量表具有可靠性；维度间相关系数均小于各自可靠性系数，说明区别效度通过检验；各个维度下的因子负载值均显著大于 0.5，说明收敛效应通过检验。综上所述，该量表通过信效度检验。

验证性因子分析结果表明，量表各题项在其所在维度上有较高的负载，均在 0.87 以上，且有统计意义，模型的各拟合参数值均达到要求，概念模型最终确定。

6.4 探索性因子分析与验证性因子分析的比较

在概念模型提炼的过程中，有两种关键的分析方法，即探索性因子分析与验证性因子分析。尽管这两种因子分析共同服务于概念模型的提炼，但是它们之间存在许多不同之处。本节将通过对两种因子分析进行比较让读者对这两种方法有更清晰的了解。

6.4.1 两种因子分析的目标不同

回到我们开篇所说的例子，我们要界定一个女孩子是不是“好”，可以首先搜集关于这个女孩子的所有信息，如身高、体重、年龄、学历、长相、性格、爱好等。也许对于哪些信息是衡量“好”的关键因素我们一无所知，不过探索性因子分析会为我们解决这个问题，它能提取影响这个女孩子是否为“好”的主要因子。在知道这些因子可能是代表这个女孩子是否为“好”的关键因子后，我们又对它是否能起到准确衡量的作用产生疑惑，此时验证性因子分析会为我们提供这些因子是否能准确衡量这个女孩为“好”的证据。

经过对上述例子的简单分析，我们就可以明显看出，探索性因子分析主要是在事先不知道影响因素的基础上，完全依据资料数据，利用统计软件以一定的原则进行因子分析，最后得到因子的过程；而验证性因子分析充分利用了先验信息，是在已知因子结构的情况下检验所搜集的数据资料是否按事先预定的结构方式产生作用。因此，探索性因子分析主要是为了找出影响观测变量的因子个数，以及各个因子和各个观测变量之间的相关程度；而验证性因子分析的主要目的是检验事先定义因子的模型拟合实际数据的能力(Child，1990)。

6.4.2 两种因子分析的应用前提不同

在对两种因子分析的目标差异探讨中，我们提到了两种因子分析的基本分析思想，可以看出两种因子分析在应用前提上存在差异：探索性因子分析没有先验信息，而验证性因子分析有先验信息。

进行探索性因子分析时，不清楚变量的主要影响因素，完全根据资料数据通过统计分析得出最后的因子模型。也就是说，在进行探索性因子分析之前，不必知道要用几个因子，以及各因子和观测变量之间的关系。由于没有先验理论，在进行探索性因子分析时，只能通过因子载荷推断数据的因子结构。管理研究中，如仅仅从数据出发，很难得到科学的结果，甚至可能与已有的理论或经验相悖。因此，探索性因子分析更适合于在没有理论支持的情况下对数据的试探性分析。

与探索性因子分析相反，进行验证性因子分析时，研究者已经清楚因子模型，是基于先验信息的一种研究。验证性因子分析在预先建立的理论基础上，要求事先假设因子结构，其先验假设是每个因子都与一个具体的指示变量子集对应，通过数据拟合，检验这种结构是否与观测数据一致。也就是说，验证性因子分析充分利用了先验信息来判断因子之间的结构。

6.4.3 两种因子分析的理论假设不同

探索性因子分析的假设主要包括：①所有的公共因子都相关（或都不相关）；②所有的公共因子都直接影响所有的观测变量；③特殊（唯一性）因子之间相互独立；④所有观测变量只受一个特殊（唯一性）因子的影响；⑤公共因子与特殊因子（唯一性）相互独立

验证性因子分析克服了探索性因子分析假设条件约束太强的缺陷，其假设主要包括：①公共因子之间可以相关，也可以无关；②观测变量可以只受一个或几个公共因子的影响，而不必受所有公共因子的影响；③特殊因子之间可以相关，还可以出现不存在误差因素的观测变量；④公共因子与特殊因子之间相互独立。

6.4.4 两种因子分析对数据样本要求不同

探索性因子分析中，通常要求样本数至少是变量数的4—5倍，一般要求样本容量至少为100—200，当变量的公共方差较大时，则一定数目的小样本也能确保因子负载的稳定性。验证性因子分析与结构方程模型（structure equation modeling，SEM）有着紧密的联系，验证性因子分析比探索性因子分析要求更大容量的样本，主要是因为验证性因子分析要处理推论统计量。精确的样本量要随着观测值和模型的因子数变化而变化，但一个标准模型至少需要200个样本。

6.4.5 两种因子分析的评价指标不同

由于探索性因子分析与验证性因子分析的目标不同，两者的评价指标也存在差异。在进行探索性因子分析前，一般需要对其相关性进行检验，只有因子相关，才适合进行探索性因子分析。在研究过程中，我们一般用Bartlett氏球体检验和KMO值来检测变量之间的相关性，判断样本是否适合进行探索性因子分析。一般来说，要求Bartlett氏球体检验的显著概率小于0.05，KMO值大于 0.05。在进行验证性因子分析时,对样本数据的评价没有明确的指标要求,但是根据验证性因子分析的假设前提,进行分析前必须有确定的因子结构。

探索性因子分析的一个基本假设前提是某些观测到的变量之间的相关性可以归结于某些公因子,因此可以根据变量与因子之间相关系数的估计值估算或重构变量之间的相关系数。可以计算相关系数的观察值与观察值之间的差,作为判断模型拟合情况的依据,上述差值称之为残差。很多大残差表示模型不能很好的拟合数据。

验证性因子分析主要用于评价因子模型拟合数据的能力,因此其评价指标主要是模型的拟合指标。比较常见的拟合指标有:卡方拟合指数(χ^2)、比较拟合指数(CFI)、拟合优度指数(GFI)和估计误差均方根(RMSEA)。根据 Bentler(1990)的建议标准,χ^2/ DF $\leqslant$3.0、CFI $\geqslant$0.90、GFI $\geqslant$0.85、RMSE $\leqslant$0.05,则表明该模型的拟合程度是可接受的。

6.5 探索性因子分析与验证性因子分析的分析过程

上一节介绍了探索性因子分析与验证性因子分析的比较,本节将重点介绍两种因子分析方法的分析过程,让读者对两种因子分析的操作方法有所了解。

6.5.1 探索性因子分析的分析过程

前文提到,探索性因子分析的最终目标是得到因子模型(包括影响变量的因子个数、各个因子和各个观测变量之间的相关程度),因此,一般来说,探索性因子分析包括以下七个步骤(Naresh K. Malhotro 等,见图 6－3),探索性因子分析的主要工具是 SPSS。

第一步,定义问题。定义问题是主要涉及进行探索性因子分析的基础性工作,包括变量选择、变量的测量方式及样本容量等的设计。一般来说,变量的选择是在明确因子分析的目的基础上,根据以往的研究结论等进行选择;变量一般采取定距或者定比的方式进行测量;样本量不低于变量数的 4－5 倍。

譬如说我们要测量在企业环境绩效的内部驱动因素时,根据已有文献研究并结合中国企业的本土特色,我们选取以下问题采用 5 级量表进行测量(1 表示非常同意,5 表示非常不同意),样本数为 211。

V1:公司关注社会责任

V2:公司重视员工的健康和安全

V3:公司认为环境管理是公司应尽的责任

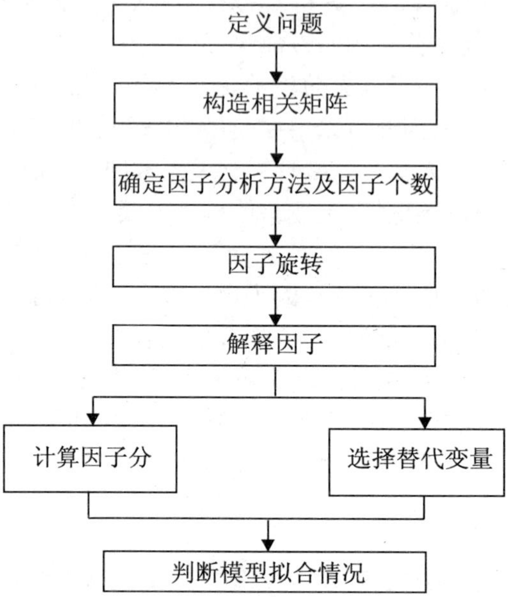

图 6—3 探索性因子分析过程

V4:公司有长期发展目标

V5:公司在行业竞争中实行差异化战略

V6:公司关注国际化战略

V7:公司重视企业的公众形象

V8:公司的环境管理有很大的改善空间

V9:公司员工有强烈的环境改善愿望和要求

V10:公司高管认同企业是改善环境质量的主要力量

V11:公司高管认为环保投入可以有效的降低环境污染事件对企业的不利影响

V12:公司高管认为环保投资能够带来良好的经济效益

V13:公司高管认为环保投入有助于提升企业的竞争力

V14:公司资金充裕

V15:公司融资能力强

V16:公司的技术与研发能力强

V17:公司掌握环境管理发展动态和技术信息

V18:公司的技术引进、消化和吸收能力强

第二步,构造相关矩阵。前面的理论假设中我们提到,探索性因子分析要

求所有因子都相关，因此，相关矩阵的构造是进行探索性因子分析的基础。只有变量间相关，才适合进行探索性因子分析。在研究中，一般选择 Bartlett 氏球体检验及 KMO 值来判断其相关性。通常要求 Bartlett 氏球体检验 p 值小于 0.05，KMO 值大于 0.05。通过 SPSS 操作软件对上述影响环境行为的内部驱动因素进行相关性分析，分析结果见表 6—2。

表 6—2 KMO 及 Bartlett 氏球体检验结果

KMO and Bartlett's Test

Kaiser-Meyer-Olkin Measure of Sampling Adequacy.		.919
Bartlett's Test of Sphericity	Approx. Chi-Square	2261.003
	df	153
	Sig.	.000

Bartlett 氏球体检验相应的卡方值为 2261.003，自由度为 153，在 0.05 的水平上显著，即通过检验；KMO 值为 0.919 也较大。因此，可以认为数据适合进行因子分析。

第三步，确定因子分析方法及因子个数。因子分析方法主要有两个，主成分分析与公因子分析。当主要目的是用尽可能少的变量解释尽可能多的方差时，建议采用主成分分析；当主要目的是识别有关公因子的主要维度时，则建议使用公因子分析法。在 SPSS 里，因子分析方法默认为主成分分析法。

因子个数的确定有很多种，包括事先确定，根据特征值，根据碎石图，根据解释方差比例等。一般来说，进行因子分析采取根据特征值确定因子个数的方法，及抽取特征值大于 1 的所有公因子。根据特征值确定因子个数是 SPSS 里默认的因子抽取方法。

对环境绩效内部驱动因素采用主成分分析法，根据特征值大于 1 提取公因子，所得到的分析结果见表 6—3。结果显示，共提取了三个公因子，解释了总方差的 66.513%。

表 6—3 公因子提取分析结果

Total Variance Explained

Component	Initial Eigenvalues			Extraction Sums of Squared Loadings		
	Total	% of Variance	Cumulative %	Total	% of Variance	Cumulative %
1	9.135	50.749	50.749	9.135	50.749	50.749

续表

Component	Initial Eigenvalues			Extraction Sums of Squared Loadings		
	Total	% of Variance	Cumulative %	Total	% of Variance	Cumulative %
2	1.480	8.221	58.970	1.480	8.221	58.970
3	1.358	7.543	66.513	1.358	7.543	66.513
4	.961	5.341	71.853			
5	.761	4.228	76.081			
6	.643	3.573	79.654			
7	.581	3.229	82.883			
8	.501	2.785	85.668			
9	.426	2.364	88.032			
10	.406	2.258	90.290			
11	.340	1.891	92.181			
12	.308	1.710	93.891			
13	.238	1.320	95.210			
14	.197	1.097	96.307			
15	.187	1.040	97.346			
16	.183	1.018	98.364			
17	.164	.909	99.273			
18	.131	.727	100.000			

Extraction Method：Principal Component Analysis.

第四步，因子旋转。由于初始因子综合性太强，难以找出实际意义，因此一般都需要对因子进行旋转，以便于对因子结构进行合理解释（De Vellis，1991）。旋转的方法很多，如正交旋转、斜交旋转等，最大方差正交旋转法在进行因子旋转中最为常用，但如果考虑到变量之间可能相关，则需要使用斜交旋转的方法。

环境绩效内部驱动因素未经旋转的因子载荷表分析结果见表 6—4，以最大方差法进行旋转后的分析结果见表 6—5。比较两个因子矩阵可以很明显的看出，未经旋转前，环境意识 5(V12)同时与因子 1 和因子 3 相关，但经过旋转后，环境意识 5 只与一个因子相关。由此可见，旋转后的因子矩阵是解读因子的基础。

表 6—4　未经旋转的因子载荷表

	Component		
	1	2	3
v1	.760	—.171	—.345
v2	.804	—.135	—.279
v3	.503	—.398	—.121
v4	.785	—.206	—.321
v5	.736	—.062	—.241
v6	.714	—.136	—.237
v7	.793	—.163	—.295
v8.	.592	—.126	.417
v9	.674	—.030	.164
v10	.703	—.119	.277
v11	.678	—.219	.280
v12	.669	—.110	.521
v13	.710	—.187	.438
v14	.552	.683	—.040
v15	.676	.595	—.029
v16	.777	.389	.085
v17	.823	.161	—.100
v18	.788	.242	.050

表 6—5　旋转因子载荷表

	Component		
	1	2	3
v1	.792	.206	.239
v2	.765	.272	.288

续表

	Component		
	1	2	3
v3	.573	.298	−.094
v4	.808	.248	.219
v5	.667	.243	.317
v6	.680	.254	.242
v7	.779	.261	.260
v8	.179	.687	.157
v9	.358	.516	.296
v10	.344	.644	.229
v11	.366	.660	.129
v12	.165	.813	.209
v13	.276	.792	.165
v14	.114	.090	.867
v15	.227	.193	.851
v16	.306	.395	.716
v17	.545	.340	.547
v18	.395	.415	.595

第五步，解释因子结构。第五步所得到的旋转因子载荷表中显示的各个测项一般只在一个因子上载荷较高，在其他因子上载荷较低(最多中等大小)。这样，我们就能知道研究的这些测项到底是由哪些潜在变量(公共因子)影响的，哪些因素是起主要作用的，而哪些因素的作用较小甚至可以不用考虑。

对环境绩效的内部驱动因素的旋转因子载荷表进行分析(见表6—6)，我们可以发现，与因子1高度相关的V1至V7问项都涉及公司战略层面的因素，可以认为这个因子主要与公司战略相关；与因子2高度相关的V8至V13问项都涉及公司的环境意识、预期等，可以认为这个因子主要与环境意识相关；与因子3高度相关的V14至V18问项都涉及公司的资金、技术等，可以认为这个因子主要与资金技术相关。因此，我们将环境绩效的内部驱动因素概括为：公司战略、环境意识及资金与技术。

表 6—6 旋转因子载荷分析

	Component		
	1	2	3
v1	.792	.206	.239
v2	.765	.272	.288
v3	.573	.298	—.094
v4	.808	.248	.219
v5	.667	.243	.317
v6	.680	.254	.242
v7	.779	.261	.260
v8	.179	.687	.157
v9	.358	.516	.296
v10	.344	.644	.229
v11	.366	.660	.129
v12	.165	.813	.209
v13	.276	.792	.165
v14	.144	.090	.867
v15	.227	.193	.851
v16	.306	.395	.716
v17	.545	.340	.547
v18	.395	.415	.595

第六步，计算因子得分或选择替代变量。

由于提取的公共因子相对于原始测项能更科学的反应变量之间的关系，因此，研究往往需要将公共因子表示为变量的线性组合，即因子得分。利用公共因子，研究者可以进行进一步研究，如聚类分析、评价等。

因子得分可以在 SPSS 里直接得到(见表 6—7)。表 6—7 显示因子得分的系数矩阵，也就是说因子 1 可以直观的表示为 $F1=0.261\times V1+0.224\times V2+0.202\times V3+\cdots-0.032\times V18$。

有的时候我们进行研究并不是计算因子得分，而是选择替代变量。选择替代变量就是将一些原始变量挑出来，用于进一步的分析。通过阅读因子矩阵，可以将每个因子上负载最大的变量挑出来，作为相关因子的替代变量。当然，如果 2 个或 2 个以上的变量在同一个因子上载荷相近，替代变量的挑选就不那么容易了，此时可以考虑根据理论和测量来选择替代变量。

表 6—7　因子得分系数矩阵

	Component		
	1	2	3
v1	.261	-.119	.048
v2	.224	-.085	-.027
v3	.202	.035	-.203
v4	.262	-.096	-.069
v5	.182	-.082	.011
v6	.199	-.067	-.034
v7	.238	-.090	-.044
v8	-.115	.299	-.057
v9	-.108	.142	.013
v10	-.044	.225	-.041
v11	-.019	.244	-.102
v12	-.161	.361	-.046
v13	-.098	.330	-.086
v14	-.129	-.177	.433
v15	-.101	-.086	.387
v16	-.089	.024	.268
v17	.062	-.037	.142
v18	-.032	.032	.183

第七步，判断模型的拟合情况。模型的拟合情况一般由残差值的大小来判断，残差越小表示模型拟合的越好，如果同时存在很多大的残差，则表明模型不能很好拟合数据，要重新考虑。残差可以通过与再生矩阵的比较获得，结果（见表 6—8）显示，没有很多大残差（大于 0.05），可以认为模型能较好的拟合数据。

表 6—8 因子分析再生矩阵及残差表

		V1	V2	V3	V4	V5	V6	V7	V8	V9	V10	V11	V12	V13	V14	V15	V16	V17	V18
再生相关矩阵	V1	.726[a]	.730	.492	.743	.654	.648	.733	.320	.460	.459	.456	.348	.421	.317	.423	.495	.632	.541
	V2	.730	.742[a]	.492	.748	.667	.658	.742	.368	.499	.504	.496	.407	.474	.362	.471	.548	.667	.587
	V3	.492	.492	.426[a]	.516	.424	.442	.499	.292	.331	.367	.394	.317	.378	.010	.107	.225	.362	.294
	V4	.743	.748	.516	.762[a]	.668	.665	.751	.349	.482	.488	.487	.381	.455	.305	.418	.502	.645	.553
	V5	.654	.667	.424	.668	.604[a]	.591	.665	.335	.458	.458	.445	.374	.429	.373	.468	.527	.620	.553
	V6	.648	.658	.442	.665	.591	.585[a]	.659	.334	.446	.453	.447	.369	.429	.310	.409	.481	.589	.518
	V7	.733	.742	.499	.751	.665	.659	.743[a]	.359	.490	.495	.491	.395	.464	.338	.448	.528	.656	.571
	V8	.320	.368	.292	.349	.335	.334	.359	.528[a]	.464	.540	.539	.620	.619	.218	.306	.438	.417	.449
	V9	.460	.499	.331	.482	.458	.446	.490	.464	.482[a]	.523	.510	.540	.556	.344	.433	.525	.533	.532
	V10	.459	.504	.367	.488	.458	.453	.495	.540	.523	.586[a]	.580	.628	.643	.296	.397	.524	.532	.540
	V11	.456	.496	.394	.487	.445	.447	.491	.539	.510	.580	.586[a]	.624	.645	.213	.320	.465	.495	.496
	V12	.348	.407	.317	.381	.374	.369	.395	.620	.540	.628	.624	.732[a]	.724	.273	.372	.521	.481	.527
	V13	.421	.474	.378	.455	.429	.429	.464	.619	.556	.643	.645	.724	.731[a]	.246	.356	.516	.510	.536
	V14	.317	.362	.010	.305	.373	.310	.338	.218	.344	.296	.213	.273	.246	.773[a]	.781	.691	.568	.598
	V15	.423	.471	.107	.418	.468	.409	.448	.306	.433	.397	.320	.372	.356	.781	.812[a]	.754	.655	.676
	V16	.495	.548	.225	.502	.527	.481	.528	.438	.525	.524	.465	.521	.516	.691	.754	.762[a]	.693	.711
	V17	.632	.667	.362	.645	.620	.589	.656	.417	.533	.532	.495	.481	.510	.568	.655	.693	.713[a]	.682
	V18	.541	.587	.294	.553	.553	.518	.571	.449	.532	.540	.496	.527	.536	.598	.676	.711	.682	.683[a]
残差	V1		-.037	-.075	.073	-.056	-.132	-.066	.052	.047	.017	-.024	-.004	.023	.035	.016	-.005	-.050	-.085
	V2	-.037		-.004	-.056	-.095	-.109	.026	.010	.030	-.027	-.018	.012	.002	.015	-.013	-.017	.017	-.014
	V3	-.075	-.004		-.044	-.104	-.094	-.105	-.021	-.082	-.090	-.002	-.022	.035	.128	.100	.032	-.002	-.009
	V4	.073	-.056	-.044		-.096	-.078	-.060	-.011	-.033	-.012	.039	.018	.035	.031	.034	-.007	-.043	-.035
	V5	-.056	-.095	-.104	-.096		.099	-.042	.021	-.009	.010	-.002	.023	-.030	-.043	-.026	.007	-.065	.002
	V6	-.132	-.109	-.094	-.078	.099		.001	.009	-.052	-.011	-.031	.035	.001	-.038	-.012	-.008	-.045	.042
	V7	-.066	.026	-.105	-.060	-.042	.001		.009	-.051	-.029	.000	.058	.019	.012	.002	-.053	.009	-.028
	V8	.052	.010	-.021	-.011	.021	.009	.009		.031	-.032	-.117	-.126	-.140	.011	.038	-.037	-.004	-.084
	V9	.047	.030	-.082	-.033	-.009	-.052	-.051	.031		.110	-.111	-.099	-.169	-.075	-.021	-.024	-.014	-.007
	V10	.017	-.027	-.090	-.012	.010	-.011	-.029	-.032	.110		-.085	-.133	-.135	-.067	-.046	.023	.009	.033
	V11	-.024	-.018	-.002	.039	-.002	-.031	.000	-.117	-.111	-.085		-.064	.005	.079	.033	-.009	-.040	-.047
	V12	-.004	.012	-.022	.018	.023	.035	.058	-.126	-.099	-.133	-.064		.060	.038	.009	-.047	-.012	-.030
	V13	.023	.002	.035	.035	-.030	.001	.019	-.140	-.169	-.135	.005	.060		.067	.034	-.024	-.026	-.028
	V14	.035	.015	.128	.031	-.043	-.038	.012	.011	-.075	-.067	.079	.038	.067		.031	-.108	-.077	-.144
	V15	.016	-.013	.100	.034	-.026	-.012	.002	.038	-.021	-.046	.033	.009	.034	.031		-.087	-.084	-.112
	V16	-.005	-.017	.032	-.007	.007	-.008	-.053	-.037	-.024	.023	-.009	-.047	-.024	-.108	-.087		.005	.069
	V17	-.050	.017	-.002	-.043	-.065	-.045	.009	-.004	-.014	.009	-.040	-.012	-.026	-.077	-.084	.005		.062
	V18	-.085	-.014	-.009	-.035	.002	.042	-.028	-.084	-.007	.033	-.047	-.030	-.028	-.144	-.112	.069	.062	

Extraction Method: Principal Component Analysis.

a. Reproduced communalities

b. Residuals are computed between observed and reproduced correlations. There are 51 (33.0%) nonredundant residuals with absolute values greater than 0.05.

6.5.2 验证性因子分析的分析过程

通过前文可知，进行验证性因子分析必须有先验信息，也即确定的因子模型。因此，一般来说验证性因子分析是在探索性因子分析的基础上进行的。验证性因子分析与结构方程模型(Structural Equation Modeling，SEM)有着非常深的关系，进行验证性因子分析的工具与进行结构方程模型分析的相同，常用的有 LISEREL 与 AMOS，本书主要介绍利用 AMOS 软件进行验证性因子分析的过程。

一般来说，验证性因子分析包括六个步骤(见图 6—4)。借助 AMOS，验证性因子分析的某些步骤由软件处理，并不需要人为逐步操作，但是每一个步骤的数据结果对验证性因子分析来说都是必不可少的。

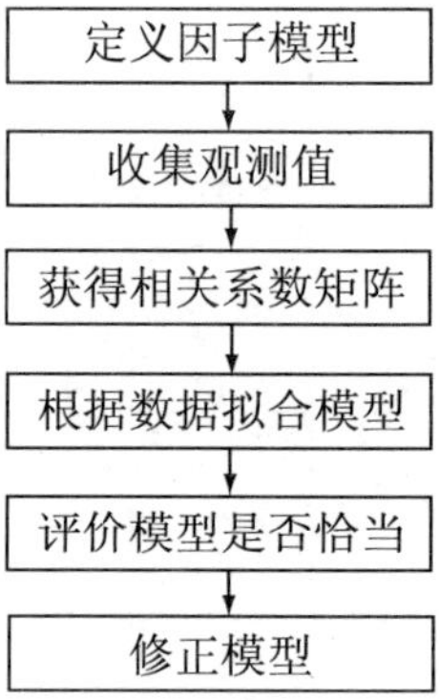

图 6—4 验证性因子分析流程

第一步，定义因子模型。因子模型包括选择因子个数与定义因子载荷。因子载荷可以事先确定为 1 或者其他自由变化的常数，或者在一定的约束条件下变化的数(如与另一因子载荷相等)。图 6—5 就是一个标准的因子模型。

第二步，收集观测值。有了清晰的因子模型后，进行观测值的收集。在实际操作过程中，验证性因子分析往往与探索性因子分析同时运用，在数据收集方面，两种因子分析的数据收集往往是同时进行。通过收集得到的数据前半部分用于探索性因子分析得到确定的因子模型，后半部分用于验证性因子分析检验因子模型的科学性。

第三步，获得相关系数矩阵。根据原始数据资料获得相关系数矩阵。相关系数矩阵是进行后续分析的基础。一般来说，验证性因子分析的相关系数矩阵要求同一个因子下的各个变量相关性较高，而不同因子下的变量间相关性较低。

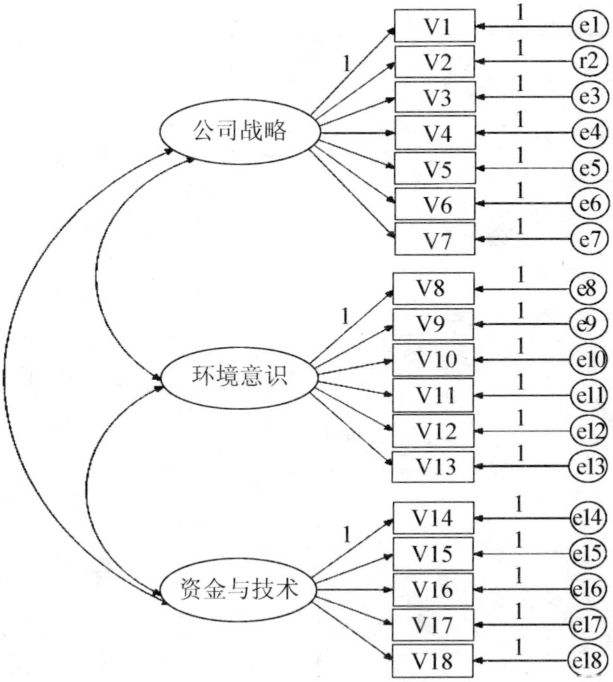

图 6—5 因子模型图

第四步，根据数据拟合模型。这一步的核心思想是根据数据来估计自由变动的因子载荷，可以通过最大似然估计或渐进分布自由估计等方法来实现。在研究中，较为常用的方法是最大似然估计。

在 AMOS 里，默认的估计方法是极大似然估计。标准化后因子载荷见表 6—9。

第五步，评价模型是否恰当。验证性因子分析的目标是检验事先定义的因子模型拟合实际数据的能力，因此模型评价是验证性因子分析的核心。当因子模型能够拟合数据时，因子载荷的选择要使模型暗含的相关矩阵与实际观测矩阵之间的差异最小。最常用的模型适应性检验是卡方拟合优度检验（Hu &Bentler，1999）。

表 6—9 数据拟合结果（标准化因子载荷）

	Estimate
V1 ←公司战略	0.873
V2 ←公司战略	0.875

续表

	Estimate
V3 ←公司战略	0.545
V4 ←公司战略	0.884
V5 ←公司战略	0.767
V6 ←公司战略	0.754
V7 ←公司战略	0.871
V8 ←环境意识	0.633
V9 ←环境意识	0.630
V10 ←环境意识	0.671
V11 ←环境意识	0.681
V12 ←环境意识	0.813
V13 ←环境意识	0.844
V14 ←资金与技术	0.674
V15 ←资金与技术	0.775
V16 ←资金与技术	0.887
V17 ←资金与技术	0.814
V18 ←资金与技术	0.865

通过 AMOS 能得到很多数据拟合指标数据，表 6—10 是 AMOS 拟合指标的一览表。由于部分指标并非模型拟合效果评价指标，因此，最后一列并没有对应的评价标准。从模型拟合效果指标中，绝大多数指标没有达到可接受的范围，因此，可以认为，该模型拟合效果较差，应考虑对模型进行修正。

表 6—10　拟合指标一览表

Macro	Default model（总体样本）	Saturated（校对样本）	Independence（效度样本）	评价标准
CMIN	479.632	0.000	2916.307	
DF	132	0	171	
P	0.000		0.000	>0.05
NPAR	57	189	18	
CMINDF	3.634		17.054	<2

续表

Macro	Default model（总体样本）	Saturated（校对样本）	Independence（效度样本）	评价标准
NFI	0.836	1.000	0.000	>0.90
RFI	0.787		0.000	>0.90
IFI	0.875	1.000	0.000	>0.90
TLI	0.836		0.000	>0.90
CFI	0.873	1.000	0.000	>0.90
PRATIO	0.772	0.000	1.000	
PNFI	0.645	0.000	0.000	>0.50
PCFI	0.674	0.000	0.000	>0.50
NCP	347.632	0.000	2745.307	越小越好
NCPLO	284.477	0.000	2573.891	
NCPHI	418.369	0.000	2924.068	
FMIN	2.284	0.000	13.887	
F0	1.655	0.000	13.073	越小越好
F0HI	1.992	0.000	13.924	
RMSEA	0.112	0.276		越小越好
RMSEALO	0.101	0.268		
RMSEAHI	0.123	0.285		
PCLOSE	0.000	0.000		越小越好
AIC	593.632	378.000	2952.307	越小越好
BCC	604.972	415.602	2955.888	越小越好
BIC				越小越好
CAIC				越小越好
ECVI	2.827	1.800	14.059	越小越好
ECVILO	2.526	1.800	13.242	
ECVIHI	3.164	1.800	14.910	
MECVI	2.881	1.979	14.076	越小越好

第六步，修正模型。如果模型拟合效果不佳，应根据理论分析修正或重新限定约束关系，对模型进行修正，以得到最优模型。这里会涉及到两个或以上模型的比较，一般来说从卡方统计量的值检验各个模型之间的差异，从而优中选优，得到最优模型。

6.6 概念模型提炼中的问题讨论

在概念模型提炼的过程中，研究者会遇到很多困惑，有的困惑来自研究者研究的理论范畴，有的困惑则直接来自于概念模型提炼的方法，也有一些是方法与理论的冲突。因此，我们将罗列一些常见的问题，和大家共同探讨。

6.6.1 提炼概念模型的方法使用中可能出现的问题

前面介绍了概念模型提炼过程中常用的两种因子分析方法，以下我们将讨论这两种因子分析在使用过程中可能存在的问题。

在探索性因子分析使用的过程中，主要有以下三个问题：

第一，因子提取方法的选择。主成分分析法和主轴因子法是探索性因子分析中最常用的因子提取方法。主成分分析法得到的因子结构能用最少的因子最大程度解释原始数据的方差，主轴因子法的主要目的是确定数据结构。研究者大多认为这两种方法所提取的结果差别不大，不过 Widman(1993)提出，主轴因子法使用复相关系数的平方作为公共方差的初始估计值，通过不断重复，最后得到确定的公共方差值，所以，这一过程比起主成分分析法因子负载就更准确。因此，他建议研究者最好使用主轴因子法而不是主成分分析法。但实际研究中，研究者大量使用的是主成分分析法，这一现象的最直接原因就是 SPSS 软件的缺省设置即为主成分分析法。尽管大多数研究都选择主成分分析法进行探索性因子分析，不过基于 Widman 及提取目的的考虑，在进行因子分析的过程中，有必要对因子提取方法进行深入的思考。

第二，因子数目的确定标准。前面我们介绍到因子数目的确定有多种方法，但绝大多数的研究采用特征值大于等于 1 的标准来确定因子数目，不过这一标准仅仅适合主成分分析法。Fabrigar 等人(1999)提出，特征值≥1.0 的标准通常会导致提取过多的因子。当因子提取过多时，因子的重要性就值得怀疑了。例如，假设有这样的案例，分别从 5 个变量和 10 个变量中提取因子，在 5 个变量的情况下，特征值为 1.0 的因子将解释变量总方差的 20%(1/5)，每个变量的方差估计为 1，总方差即为 5；相应地，在 10 个变量的情况下，同样特征值为 1.0 的因子只能解释总体方差的 10%(1/10)。显然，当从大量变量中提取因子时，使用这样的标准将导致所提取的因子只能解释总方差很小的一部分。而碎石检验准则的主观性太强，并且在有些情况下，因子的特征值并没有临界点，因为因子特征值是以一种线性的方式逐渐下降的，所以这种情况是可能存在的，例如双重负荷现象。因此，这种方法并没有太强的使用价值。一般推荐使用 Reise 等人(2000)的平行分析方法来确定因子的数目。这种标准比起碎石检验标准来说减少了研究者主观因素的影响，结果也更客观、真实、有效。

第三，因子值缺乏重复验证性。进行探索性因子分析时，大多数研究者都是利用 SPSS 软件进行，但是这个软件所提供的求解因子值的方法是以一种加权的方法获得的，也就是说这使得这些因子值只适用于特定的样本，缺乏重复验证性。

在验证性因子分析的过程中，主要有以下几个问题：

第一，数据样本量不够。在验证性因子分析中，每个潜变量至少要有多少个指标？(如“品牌信任”最小要用多少个题目来测量?)样本容量不够大的时候怎么办？这些是进行研究的人经常遇到的问题，一般来说，大多数模型需要至少 100—200 个样本，样本量越大越好，每个因子应至少有 3 个指标。当样本量不够大的时候，不要担心每个因子的题目过多，而应该尝试以更多的题目去测量每个因子。

第二，因子载荷大于 1。这种情况在进行验证性因子分析时通常会遇到。遇到这种情况有两个可能性，第一，没有将因子载荷进行标准化处理；第二，测项之间高度共线性。

第三，结果的不可重复验证性。和探索性因子分析类似，进行验证性因子分析所得到的结果也一般不能被重复验证。

6.6.2 数据是否能完全证明模型正确

根据本章介绍的内容，进行概念模型构建，通常先通过理论确定维度或模型，再通过数据来进行验证，也就是说，在模型的构建过程中，数据是对理论的验证。

不少研究检查因子模型与数据的拟合指数，若拟合指数高，则说明数据证明理论模型正确，反之亦然。其实这种说法并不完全准确。从数学与统计学的意义上来说，当拟合指数反映模型拟合的不好时，表示理论模型不符合数据所隐含的变量间的原有关系，即数据否定了理论模型；反之则说明数据不排斥理论模型。因此，数据与模型拟合只能说明数据不排斥模型，而不能说数据可以确认模型，更不能证明某一理论。

6.6.3 数据分析与理论之间的冲突

上文讲述了数据不能完全证明模型是正确的，但在实际的研究中大多数进行研究的学者都会遇到数据得到的结果不能支撑理论的问题。譬如说，进行探索性因子分析时，所提取的因子维度与理论逻辑矛盾。那么这种情况下，到底该如何取舍？

数据分析与理论之间的冲突的本质源于看待同一个问题时的角度不同，数据分析从数学角度出发，而理论分析从管理角度出发。当然这种冲突也可以通过一定的数据处理达到一定的调和，譬如说删除无关的变量等。总之当出现这种情况的时候，我们所遵循的原则是选择对现实解释力度最大的观点。

思考题

1. 结合具体的例子思考一下，自然科学中的模型和人文社会科学中的模型有哪些相同和不同之处？

2. 探索性因子分析和验证性因子分析有哪些不同？分别在什么情况下运用比较合适？

3. 提炼概念模型的过程中可能会遇到哪些问题？如何解决？

4. 如何理解数据和理论之间的关系？

参考文献

[1]Child, D. The Essentials of Factor Analysis (M). London Cassel Educational Limited, 1990.

[2]Churchill, G. A., Jr. AParadigm for DevelopingBetterMeasures of Marketing Constructs[J]. Journal of Marketing Research, 1979(16): 64—73.

[3]De Vellis, R. F. Scale Development : Theory and Applications[M]. Newbury Park, California : Sage Publications. 1991.

[4]Eisenhardt, K. Building Theories from Case Study Research[J]. Academy of Management Review, 1989, 14(4): 532—550.

[5]Hu, L., Bentler, P. M. Cut off criteria for fit indices in covariance structure analysis: Conventional criteria versus new alternatives[M]. Structural Equation Modeling, 1999, 6(1): 1—55.

[6]Leandre R. Fabrigar, Duane T. Wegener. Evaluating the Use of Explo-

ratory Factor Analysis in Psychological Research[J] Original Research Article :Psychological Methods, Volume 4, Issue 3, September 1999: 272—299.

[7]Muthen, B. , L. K. Muthen. Integrating Person-Centered and Variable-Centered Analysis: Growth Mixture Modeling With Latent Trajectory Classes [J]. Alcoholism, Clinical and Experimental Research, 2000, 24 (4): 882—891.

[8]侯杰泰. 结构方程模型及其应用[M]. 北京:教育科学出版社,2004:25—190.

[9]金玉芳,董大海. 中国消费者品牌信任内涵及其量表开发研究[J]. 预测, 2010. 29(5):9—15.

[10]林嵩. 结构方程模型原理及 AMOS 应用[M]. 华中师范大学出版社 2008 (10):42—51.

[11]刘军. 管理研究方法:原理与应用[M]. 中国人民大学出版社,2008. 4.

[12](美)马尔霍特拉(著),涂平(译). 市场营销研究:应用导向(第 5 版)[M]. 电子工业出版社,2009. 6.

第七章

两种常用管理模型的建构

“提供了一个可识别的‘因果关系’即是构建好理论的重要标准。”

——De Montfort Univetsity 社会学博士 Martyn Denscombe

通过上一章内容，我们知道在科学研究中有很多种模型构建的方法，并了解了如何通过因子分析的方法进行概念的测量，从而提供了一种将抽象概念进行量化的有效方法。我们将那些不能被直接测量的抽象概念叫做潜变量或构念，在管理学研究中，一个有价值的管理模型不仅要实现构念的测量，还要在有效测量构念的基础上探讨构念之间的相关关系或因果关系。在本章中，我们将重点介绍两种常用的建构管理模型的方法来验证构念之间的关系，即回归分析和结构方程模型。

7.1 回归分析与管理模型的建构

7.1.1 利用回归分析建立模型的要点

(1)变量间的关系

经济变量之间的关系，大体可分为两类：

①确定性关系或函数关系，主要是研究确定现象非随机变量间的关系。

② 统计依赖或相关关系，主要是研究非确定现象随机变量间的关系。

例如，对于函数关系，长方形面积＝长 * 宽。统计依赖关系/统计相关关系，主要基于统计数据分析而来的一种关系。对变量间统计依赖关系的考察主要是通过相关分析(correlation analysis)或回归分析(regression analysis)来完成的。值得注意的是：

①不线性相关并不意味着不相关。

②有相关关系并不意味着一定有因果关系。

③回归分析/相关分析研究一个变量对另一个(些)变量的统计依赖关系，但它们并不意味着一定有因果关系。

④ 相关分析对称地对待任何(两个)变量,两个变量都被看作是随机的。而回归分析对变量的处理方法存在不对称性,因变量是随机变量,而自变量不是随机变量。

(2)线性与非线性的变换

在实际经济活动中,经济变量的关系是复杂的,直接表现为线性关系的情况并不多见。如著名的恩格尔曲线(Engle curves)表现为幂函数曲线形式、宏观经济学中的菲利普斯曲线(Pillips cuves)表现为双曲线形式等。但是,大部分非线性关系又可以通过一些简单的数学处理,使之化为数学上的线性关系,从而可以运用线性回归的方法进行计量经济学方面的处理。

(3)回归分析的实质

回归分析是处理两个及两个以上变量间线性依存关系的统计方法。对于变量间的相关关系,我们可以根据大量的统计资料,找出它们在数量变化方面的规律(即"平均"的规律),根据样本观察值对经济计量模型参数进行估计,求得回归方程;这种统计规律所揭示的关系就是回归关系(regressive relationship)。所表示的数学方程就是回归方程(regression equation)或回归模型(regression model)。

回归分析中所估计的参数并不是真实参数,因为增加或者降低样本量,或者换成另外一个样本,所估计的参数都会不同,回归分析只是通过样本所估计的参数来代替总体的真实参数,或者说是用样本回归线代替总体回归线,因此,在回归分析中,需要借助一些方法和手段使得通过样本回归函数(模型)尽可能准确地估计总体回归函数(模型)。

估计方法有多种,其种最广泛使用的是普通最小二乘法(ordinary least squares,OLS)。为保证参数估计量具有良好的性质,通常对模型提出若干基本假设,实际这些假设与所采用的估计方法紧密相关。

在回归分析,需要强调的几个重要概念:

①总体(the population)和样本(the sample)。总体是指待研究变量的所有数据集合,可以是有限的,也可以是无限的;而样本是总体的一个子集。

②总体回归方程(the population regression function,简记 PRF),样本回归方程(the sample regression function,简记 SRF)。总体回归方程(PRF)表示变量之间的真实关系。

③估计量(estimator)和估计值(estimate)。估计量是指计算系数的方程;

而估计值是指估计出来的系数的数值。

④自由度。自由度 Df=观测样本个数(N) − 待估计系数(包括截距)的个数(k+1)。估计值依赖于选择的样本，不同的样本，产生不同的估计值，这些估计值有一个均值和方差。

(4)回归分析的基本步骤

回归分析的基本步骤主要包括以下几点：

①确定自变量和因变量。

明确预测的具体目标，也就确定了因变量。如预测的具体目标是下一季度的销售额，那么销售额 Y 就是因变量。通过市场调查等信息收集，寻找与预测目标的相关影响因素，即自变量。

②从样本数据出发确定变量之间的数学关系式，并对回归方程的各个参数进行估计。

依据自变量和因变量的历史统计资料进行计算，在此基础上建立回归分析方程，即回归分析预测模型。

③对回归方程进行各种统计检验。

回归预测模型是否可用于实际，取决于对回归预测模型的检验和对预测误差的计算。回归方程只有通过各种检验，且预测误差较小，才能将回归方程作为预测模型进行预测。

④利用回归方程进行预测。

利用回归预测模型计算预测值，并对预测值进行综合分析，确定最后的预测值。

7.1.2 回归分析的统计检验

尽管从统计性质上已知，如果有足够多的重复抽样，参数的估计值的期望(均值)就等于其总体的参数真值，但在一次抽样中，估计值不一定就等于该真值。那么，在一次抽样中，参数的估计值与真值的差异有多大，是否显著，这就需要进一步进行统计检验。主要包括拟合优度检验、变量的显著性检验及参数的区间估计。此外，在多元回归分析中，还要进行多重共线性检验和误差独立性检验。下面我们就以上检验分别进行说明。

(1)考察总体的估计量

当模型参数估计出后，需考虑参数估计值的精度，即是否能代表总体参数的真值，或者说需考察参数估计量的统计性质。

一个用于考察总体的估计量，可从如下几个方面考察其优劣性：

①线性性，即它是否是另一随机变量的线性函数；

②无偏性，即它的均值或期望值是否等于总体的真实值；

③有效性，即它是否在所有线性无偏估计量中具有最小方差。

这三个准则也称作估计量的小样本性质。拥有这类性质的估计量称为最佳线性无偏估计量(best liner unbiased estimator，BLUE)。

当不满足小样本性质时，需进一步考察估计量的大样本或渐近性质：

④渐近无偏性，即样本容量趋于无穷大时，是否它的均值序列趋于总体真值；

⑤一致性，即样本容量趋于无穷大时，它是否依概率收敛于总体的真值；

⑥渐近有效性，即样本容量趋于无穷大时，是否它在所有的一致估计量中具有最小的渐近方差。

(2)拟合优度检验

一个简单的线性回归方程：

$\hat{Y}_i = \hat{\beta}_0 + \hat{\beta}_1 X_i$

$y_i = Y_i - \bar{Y} = (Y_i - \hat{Y}_i) + (\hat{Y}_i - \bar{Y}) = e_i + \hat{y}_i$

e_t 是实际观察值与回归拟合值之差，是回归模型所不能解释的部分。$\hat{y}_t$ 是样本回归拟合值与观察值的平均值之差，是由回归模型所解释的部分。

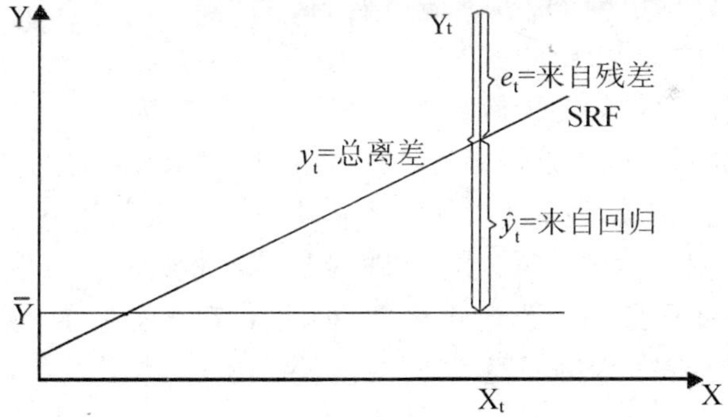

在判定一个线性回归直线的拟合优度时，判定系数 R^2 是一个重要的判别指标。

$$R^2 = \frac{ESS}{TSS} = 1 - \frac{RSS}{TSS}$$

判定系数 R^2 等于回归平方和在总平方和中所占的比率，即 R^2 体现了回归模型所能引起的因变量变化的百分比。判定系数的取值范围为[0,1]。R^2 越接近 1，说明实际观测点离样本线越近，拟合优度越高。R^2 越大，说明回归线拟合程度越好；R^2 越小，说明回归线拟合程度越差。由上可知，通过考察 R^2

的大小，我们就能粗略地看出回归线的优劣。

但是，R^2 作为拟合优度的一个衡量标准也存在一些问题：

①如果模型被重新组合，被解释变量发生了变化，那么 R^2 也将随之改变，因此具有不同被解释变量的模型之间无法来比较 R^2 的大小。

②增加了一个解释变量以后，R^2 只会增大而不会减小，除非增加的那个解释变量之前的系数为零，但在通常情况下该系数是不为零的，因此只要增加解释变量，R^2 就会不断的增大，这样我们就无法判断出这些解释变量是否应该包含在模型中。

③R^2 的值经常会很高，达到 0.9 或更高，所以我们无法判断模型之间到底孰优孰劣。为了解决上面第二个问题，我们通常用调整过的 R^2 来代替未调整过的 R^2。对 R^2 进行调整主要是考虑到在引进一个解释变量时，会失去相应的自由度。

(3)假设检验

假设检验的基本任务是根据样本所提供的信息，对未知总体分布某些方面的假设做出合理的解释。假设检验的程序是，先根据实际问题的要求提出一个论断，称为零假设(null hypothesis)或原假设，记为 H_0(一般并列的有一个备择假设(alternative hypothesis)，记为 H_1)。然后根据样本的有关信息，对 H_0 的真伪进行判断，做出拒绝 H_0 或不能拒绝 H_0 的决策。

在回归分析中，T 检验的目的在于判定回归系数是否为 0。F 是检验虚拟假设包含多个假设，目的在于检验多个系数是否同时为 0。

假设检验的基本思想是概率性质的反证法。概率性质的反证法的根据是小概率事件原理。该原理认为“小概率事件在一次实验中几乎是不可能发生的”。在原假设 H_0 下构造一个事件(即检验统计量)，这个事件在“原假设 H_0 是正确的”的条件下是一个小概率事件，如果该事件发生了，说明“原假设 H_0 是正确的”是错误的，因为不应该出现的小概率事件出现了，应该拒绝原假设 H_0。

第一类错误和第二类错误。如果有一个零假设在 5%的显著性水平下被拒绝了，有可能这个拒绝是不正确的，这种错误被称为第一类错误，它发生的概率为 5%。另外一种情况是，我们得到 95%的一个置信区间，落在这个区间的零假设我们都不能拒绝，当我们接受一个零假设的时候也可能犯错误，因为回归系数的真实值可能是该区间内的另外一个值，这一错误被称为第二类错误。在选择显著性水平时人们面临抉择：降低犯第一类错误的概率就会增加犯第二类错误的概率。

P 值是计量经济结果对应的精确的显著性水平。P 值度量的是犯第一类错误的概率,即拒绝正确的零假设的概率。P 值越大,错误地拒绝零假设的可能性就越大;P 值越小,拒绝零假设时就越放心。

(4)多重共线性检验

与一元回归分析相比,多元回归分析中因为有两个或者以上的自变量,这些自变量之间可能具有一定的相关性。如果相关程度较高,例如相关系数达到 0.8 以上,可能会出现严重的多重共线性。

①多重共线性的后果

多重共线性会产生一些后果,可以归纳如下:

A. 估计量仍然将保持无偏性。

B. 估计量的方差和标准误将会增大。

C. 所计算的 t 值将变小。

D. 估计量对模型设定的变化非常敏感。

E. 方程的整体拟合程度和非多重共线的变量的系数估计几乎不受影响。

②多重共线性的补救

对于多重共线性,主要的措施有以下几点:

A. 什么也不做(对 t 值的影响并不重要、剔除一个变量危险、理论上的需要)。

B. 剔除多余的变量。

C. 变换多重共线性变量。

D. 增加样本量。

③多重共线性的检验

多重共线性普遍存在于各种数据中,因此对多重共线性的检验并不是要确定其是否存在,而是要确定多重共线性的程度。

由于多重共线性是对被假定为非随机变量的解释变量的情况而言的,所以它是一种样本而非总体特征,这决定了我们只能以某些经验法则(rules of thumb)来检验模型的多重共线性。

对多重共线性的检验主要包括以下内容:

A. 检验多重共线性问题是否严重。

B. 多重共线性的存在范围,即确定多重共线性是由哪些主要变量引起的。

C. 多重共线性的表现形式,即找出与主要变量有共线性的解释变量。

对于共线性,可以采用一定的指标进行诊断,并根据共线性的严重程度,进行一定的补救。

在常用的检验指标上,主要是通过检验容许度和方差膨胀因子。

A. 自变量的容许度(tolerance)。容许度=$(1-R^2)$,容许度越接近于 1,表明共线性越小。

B. 方差膨胀因子 VIF。VIF $=1/(1-R^2)$。VIF 越小，共线性越小。一般认为，如果最大的(VIF)超过 10，常常表示多重相关性比较严重。

(5)误差独立项检验

在对回归模型的检验中，重要的还有回归模型误差项的独立性检验，因为采用最小二乘法进行回归的条件是误差项独立。如果误差项不独立，回归模型就不适合采用最小二乘法估计，由此得出的回归模型的任何估计与假设都是不准确的。为了检验误差项是否独立，一般采用 Durbin-Watson 进行检验，其参数是 D，一般来说，D 的范围是 $0<D<4$，具体参考值：

①完全正序列相关，也即相邻两点的残差为正相关时：$d<2$。

②完全负序列相关，也即相邻两点的残差为负相关时：$d>2$。

③无序列相关，也即残差与自变量互为独立时：$d\approx 2$。

当误差项有序列相关时，进行回归分析时，一般采用广义最小二乘法(generalized least square，GLS)；当有异方差时，采用加权最小二乘法(weighted least squares，WLS)；在逻辑回归时采用最大似然法。

7.1.3 利用一元回归分析建构管理模型

(1)回归方程

典型的一元线性方程如下：

$$y=\beta_0+\beta_1 x+\mu$$

其中，y 为被解释变量，x 为解释变量，β_0 与 β_1 为待估参数，μ 为随机干扰项。回归分析是要判断解释变量 x 是否是被解释变量 y 的一个显著性的影响因素。在一元回归分析中，主要是针对变量的参数真值是否为零来进行显著性检验的。

(2)应用实例

某啤酒厂商希望了解投放的广告费用对啤酒销售的影响，因此收集了 7 大品牌啤酒的广告支出(百万美元)与箱销售量(百万)的数据(如表 7—1 所示)。

表 7—1 广告支出与箱销售量

品牌	广告支出(百万美元)	箱销售量
青岛	131.1	1929.2
百威	92.4	1384.6
燕京	60.4	811.4

续表

品牌	广告支出(百万美元)	箱销售量
蓝带	55.7	541.5
珠江	40.2	536.9
山城	29	535.6
喜力	11.6	219.5

现在厂商要研究广告支出与销量之间的关系，则可以通过建立回归模型来探讨二者之间的关系，即箱销售量＝f（广告支出），以箱销售量为因变量，以广告支出为自变量，得到回归模型。表7—2列出了本实例进行的回归模型常数项、回归系数的估计值和检验的结果，以及对方程拟合情况。

t检验对各个参数进行了显著性检验，对常数项的检验在回归分析中一般没有实际意义，因此不加以关心，自变量的回归系数的t检验说明具有显著意义，且判定系数R^2等于0.957，模型拟合效果较好。可得回归方程：箱销售量＝－15.420＋14.424＊广告支出。回归方程的结果表明：广告支出每增加1百万美元，箱销售量平均增加14.424箱，说明广告支出对提升销量的有效性。

表7—2　销售量的回归分析

模型	因变量:箱销售量				
	非标准化系数	标准化系数	t值	P值	R^2
常数	－15.420		－0.159	0.880	0.957
广告支出	14.424	0.978	10.508	0.000	

案例来源：王璐. spss统计分析基础、应用与实践. 化学工业出版社，2010:196.

7.1.4　利用多元回归分析建构管理模型

(1)应用实例一

某电影院老板想了解影院投放的网络广告支出与报纸广告支出对影院收入的影响，因此收集了最近8周的样本数据，如表7—3所示。

表7—3　支出与收入(单位:千美元)

周营业收入	96	90	95	92	95	94	94	94
网络广告支出	5	2	4	2.5	3	3.5	2.5	3
报纸广告支出	1.5	2	1.5	2.5	3.3	2.3	4.2	2.5

要分析网络广告与报纸广告对公司收入的影响，则可以建立二元回归模型来探讨它们之间的关系，即每周营业收入＝f（网络广告支出，报纸广告支出）。以每周营业收入为因变量，以网络广告支出与报纸广告支出为自变量做回归分析，得到回归方程，具体指标如表 7—4 所示。

表 7—4 周营业收入的回归分析

模型	因变量：周营业收入				
	非标准化系数	标准化系数	t 值	P 值	R^2
常数项	83.230		52.882	0.000	0.919
网络广告支出	2.290	1.153	7.532	0.001	
报纸广告支出	1.301	0.621	4.057	0.010	

案例来源：王璐. spss 统计分析基础、应用与实践. 化学工业出版社，2010：199.

表 7—4 列出了本实例进行的回归模型常数项、回归系数的估计值和检验的结果，以及对方程拟合情况的描述。t 检验对各个参数进行了显著性检验，t 值分别为 7.532 和 4.057；概率 P 值都小于显著性水平 0.05，认为偏相关系数显著不等于 0；判定系数 R^2 等于 0.919，模型拟合效果较好。根据非标准化回归系数，我们可以得到非标准化回归方程如下：周营业收入＝ 83.230 ＋2.290 ＊网络广告支出＋1.301＊报纸广告支出。根据标准化回归系数，我们可以得到标准化回归方程如下：周营业收入＝1.153＊网络广告支出＋0.621＊报纸广告支出。非标准化回归方程和标准化回归方程的区别是后者去掉了不同变量的影响。比如：根据非标准化回归方程我们得到的结果是：网络广告支出增加 1 千美元，影院收入就增加 2.290 千美元，报纸广告支出增加 1 千美元，影院收入就增加 1.301 千美元；而根据标准化回归方程我们得到的结果是：网络广告支出增加 1 个单位，影院收入就增加 1.153 个单位，报纸广告支出增加 1 个单位，影院收入就增加 0.621 个单位。因此，我们通常根据标准化回归方程中的标准化回归系数来判断各个自变量对因变量的影响大小。比较网络广告支出与报纸广告支出的系数可以发现，网络广告对影院的收入影响要大于报纸广告的影响。其中，常数项表示当自变量取值均为 0 时，因变量的取值大小，即没有这两种广告投入时影院的营业收入。

(2)应用实例二

在零售商自有品牌的研究中，我们简单地将消费者的自有品牌感知价值分成两个维度，以感知价值为因变量，以金钱节省价值和质量价值为自变量做回归分析，得到回归方程，具体指标如表 7—5 所示。自变量的容许度都接近于

1,不是太小;VIF 也都在 1 附近,小于 10,所以自变量不共线;T 值都大于 2.00,具有显著意义。感知价值=1.852+0.386 * 金钱节省价值+0.112 * 质量价值。相对而言,消费者比较看重自有品牌的金钱节省价值,而非质量价值。

表 7—5　感知价值的回归分析(因变量:感知价值)

	因变量:感知价值					
	非标准化系数	标准化系数	T 值	容许度 tolerance	方差膨胀因子 VIF	R^2
常数项	1.852		14.693			0.362
金钱节省价值	0.386	0.537	10.169	0.865	1.156	
质量价值	0.112	0.138	2.620	0.865	1.156	

7.2　结构方程模型与管理模型的建构

7.2.1　结构方程模型的运用和特点

(1)为什么采用结构方程模型

结构方程模型(Structural Equation Modeling),一种基于统计分析技术,根据变量的协方差矩阵来分析变量之间的关系的方法,用以处理复杂的多变量数据分析。结构方程模型有效整合了统计学中“因素分析”和“路径分析”这两大主流技术,广泛应用于经济学、心理学、社会学、管理学等领域的研究。目前比较流行的结构方程软件包括 LISREL,AMOS,EQS 等。

关于为何要选择结构方程模型的原因,侯杰泰等人(2004)认为,在社会科学的研究中,很多变量都不能够准确地、直观地进行测量,人们常常将它们称为潜变量(latent variable),例如,自我认同、幸福感、社会地位、品牌忠诚、品牌依恋等变量,就是典型的潜变量。因此,只能采用可观察指标(observable indicators)来间接度量潜变量。例如,我们可以以“是否愿意付出更高的价格来购买某一个品牌”、“是否愿意继续购买某一个品牌”、“是否愿意花费更高的精力来购买某一个品牌”等行为表现方面的忠诚,以及“是否对这个品牌有正面的评价”、“是否愿意将这个品牌推荐给别人”等态度表现方面的忠诚来共同度量品牌忠诚。结构方程模型可以处理更为复杂的变量关系。结构方程模型可以允许自变量和因变量都存在误差。

(2)结构方程模型的优点

结构方程模型的优点主要有以下几点(侯杰泰等人,2004):

①结构方程模型能够同时处理多个因变量

在回归分析和路径分析中,虽然也可以通过图表展示多个因变量,但是,在分析对某一个因变量的影响关系时,忽略了其他因变量的存在。而回归分析中,只能处理一个因变量,如果有多个因变量需要处理,则需分别计算,这样在计算一个因变量时,就忽略了其他因变量的存在及影响。而结构方程模型中,则是同时考虑了多个因变量的存在,即在计算对某一个因变量的影响关系时,也考虑了其他因变量的存在,建构的模型中的影响关系更加全面。

②允许自变量和因变量含有测量误差

用观察指标来度量潜变量,可能会存在一定的误差,因为观察指标并不能百分百全面和精确的代表潜变量。在回归分析中,用观察指标的均值作为潜变量的值,就包含了误差。而结构方程模型中可以允许误差的存在,因此,也就排除了潜变量度量中所出现的误差问题。

从测量方程中可看到,潜变量的观察标识包含了大量的测量误差。而回归分析只允许因变量存在测量误差,假定自变量没有误差。

③同时估计因子结构和因子之间的路径关系

结构方程模型的一个突出特点在于将因子分析的测量模型和用于路径分析的结构模型结合起来,将两个分别处理的模型连结成一个连续的过程。

④结构方程模型可采用比传统方法更有弹性的测量模式

可以处理有比较复杂从属关系的模型。有些观察指标可以同时度量多个潜变量,因子分析中存在较为复杂的关系。如某个观测指标在结构方程模型内可从属于两个潜变量,但在传统方法中,一个观测指标大多数只能依附于某一个变量。

⑤结构方程模型用多个观测指标度量潜变量

容许评估和纠正观测指标的度量误差,并可同时估计各观测指标的效度。

⑥估计整个模型的拟合状况

结构方程模型除了估计具体路径的参数外,还可以计算整个模型对数据的拟合状况,从而可以比较不同模型在同一数据的拟合指标,并可以从这些模型的比较中,选择既符合理论,又拟合数据最好的模型。

⑦研究者可设计出潜变量的关系,并估计整个模式与数据的拟合程度。

7.2.2 测量模型和结构模型

(1)基本结构

一个完整的结构方程模型包括两个模型,测量模型(measurement model)

和结构模型(structural model)。测量模型主要是界定指标变量对潜变量的测量;结构模型是描述潜变量之间关系的模型(吴明隆,2010)。

图 7—1 是结构方程模型的一个示例,其中,结构变量用椭圆形表示;观测变量用矩形表示;变量之间的关系用实线箭头表示,箭头方向是由原因变量指向结果变量;残差的影响用虚线箭头表示,箭头方向指向变量。没有被任何实线箭头指向的结构变量叫作外生结构变量(exogenous structural variable),至少被一个实线箭头指向的结构变量叫作内生结构变量(endogenous structuralvariable)。

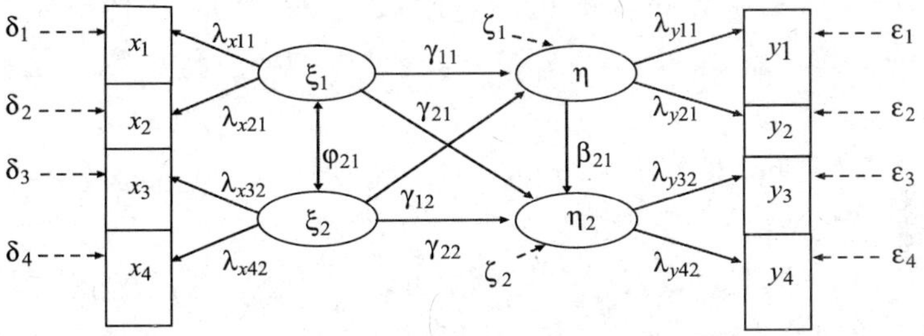

图 7—1　结构方程模型示意图

图 7—1 中的 η 和 y 分别代表内生结构变量及其观测变量,ζ 和 x 分别代表外生结构变量及其观测变量,ξ 代表内生结构变量的解释残差,ε 和 δ 分别代表观测变量 y 和 x 的测量误差。

图 7—1 中所示的结构方程模型的外部关系(测量方程)为:

$$y = \Lambda_y \eta + \varepsilon$$

$$x = \Lambda_x \eta + \delta$$

也可以表示为:

$$\begin{pmatrix} y_1 \\ y_2 \\ y_3 \\ y_4 \end{pmatrix} = \begin{pmatrix} \lambda_{y11} & 0 \\ \lambda_{y21} & 0 \\ 0 & \lambda_{y32} \\ 0 & \lambda_{y42} \end{pmatrix} \begin{pmatrix} \eta_1 \\ \eta_2 \end{pmatrix} + \begin{pmatrix} \varepsilon_1 \\ \varepsilon_2 \\ \varepsilon_3 \\ \varepsilon_4 \end{pmatrix} \qquad \begin{pmatrix} x_1 \\ x_2 \\ x_3 \\ x_4 \end{pmatrix} = \begin{pmatrix} \lambda_{x11} & 0 \\ \lambda_{x21} & 0 \\ 0 & \lambda_{x32} \\ 0 & \lambda_{x42} \end{pmatrix} \begin{pmatrix} \xi_1 \\ \xi_2 \end{pmatrix} + \begin{pmatrix} \delta_1 \\ \delta_2 \\ \delta_3 \\ \delta_4 \end{pmatrix}$$

内部关系(结构方程)为:

$$\eta = \mathrm{B}\eta + \Gamma\xi + \zeta$$

也可以表示为:

$$\begin{pmatrix} \eta_1 \\ \eta_2 \end{pmatrix} = \begin{pmatrix} 0 & 0 \\ \beta_{21} & 0 \end{pmatrix} + \begin{pmatrix} \gamma_{11} & \gamma_{12} \\ \gamma_{21} & \gamma_{22} \end{pmatrix} \begin{pmatrix} \xi_1 \\ \xi_2 \end{pmatrix} + \begin{pmatrix} \zeta_1 \\ \zeta_2 \end{pmatrix}$$

(2)结构方程模型的基本假设

结构方程模型的基本假设为:

①测量误差 ε 和 δ 的均值为零；

②解释残差 ζ 的均值为零；

③测量误差 ε、δ 与结构变量 η、ξ 之间不相关，ε 与 δ 之间不相关；

④解释残差 ζ 与外生结构变量 ξ 以及测量误差 ε、δ 之间不相关。

一般说来，一个完整的结构方程模型共包含 8 个参数矩阵：Λ_y、Λ_x、B、Γ、Ψ、Φ、Θ_ε 和 Θ_δ。Λ_y 为观测变量 y 在内生结构变量 η 上的负载矩阵，Λ_x 为观测变量 x 在外生结构变量 ξ 上的负载矩阵，B 为内生结构变量 η 之间的路径系数矩阵，Γ 为内生结构变量 η 与外生结构变量 ξ 之间的路径系数矩阵，Ψ 为内生结构变量的解释残差 ζ 的协方差矩阵，Φ 为外生结构变量 ξ 的协方差矩阵，Θ_ε 和 Θ_δ 分别是观测变量 y 和 x 的测量误差 ε 和 δ 的协方差矩阵。

结构方程模型的建立需要有强的理论基础提供支持，它是建立在一定理论基础上的变量关系框架，模型中包含变量的多少以及变量之间的关系与路径都是具有理论根据的(吴明隆，2010)。更为重要的是，结构方程模型的修正，也必须依据相关的理论进行修正，并不是仅仅依靠数据。

7.2.3 结构方程模型的模型检验和修正

(1)模型检验

结构方程模型的检验主要分为整体模型检验、测量模型检验和结构模型的检验三个步骤。对于整体模型的检验，可以将拟合指标作为评价依据。对于测量模型的检验，一是要分析各观测变量对相应结构变量负载的显著性，二是要分析各结构变量的信度和析出方差。对于结构模型的检验，主要是考察各结构变量之间路径系数的显著性。

在分析中，如果仅仅考察变量(因子)间的相关状况，而不考虑变量直接的因果关系，这类模型就是验证性因子分析。

结构方程模型研究方法可以同时考虑多个因变量，能够从整体上评价模型和样本数据的匹配程度。通过对模型参数的分析，确定模型中各个变量之间的相互关系。

(2)检验指标

整体模型的拟合指标、各观测变量对相应结构变量负载的显著性以及结构变量之间路径系数的显著性等均可以通过结构方程软件程序运行结果直接得出。表 7—6 列出了相关文献中使用较为普遍的一些结构方程模型拟合指标及其判断值，GFI 和 CFI 指标判断值的公认度已比较高，但学术界对于指标 RMSEA 和 x^2/df 的判断值还存在不同意见。

表 7—6 结构方程模型拟合指标及其判断值

指标名称	符号	判断值
卡方自由度比	x^2/df	<3(Kline,1998)
近似均方根残差(Root Mean Square Error of Approximation)	RMSEA	<0.08 (McDonald and Ho,2002)
拟合优度指数(Goodness of Fit Index)	GFI	>0.9 (Bentler,1990)
比较拟合指数(Comparative Fit Index)	CFI	>0.9 (Bentler,1990)

指标 RMSEA 由 Steiger 和 Lind(1980)首次提出,RMSEA 用来反映理论模型(theoretical model)与饱和模型(saturated model)的差距程度,其数值越小表明模型拟合程度越理想。指标 RMSEA 受样本数和模型复杂度的影响比较小,近年来得到研究人员的高度重视和普遍使用。Steiger(1990)认为 RMSEA 小于 0.10 就可以认为模型拟合良好,RMSEA 小于 0.050 表示模型拟合程度非常好。而 Hu 和 Benter(1999)认为,RMSEA 低于 0.060 表明模型拟合良好,RMSEA 大于 0.10 表明模型的拟合情况不够理想。McDonald 和 Ho(2002)则建议把 RMSEA 小于 0.050 作为模型拟合良好的判断值,把 RMSEA 小于 0.080 作为模型可以接受的判断值。综合考虑多数相关文献的做法,本研究中选定指标 RMSEA 小于 0.080 作为模型拟合良好的判断值。

卡方自由度比 x^2/df 反映单位自由度的卡方值,其数值越小表明模型拟合情况越好,但该值对样本量的大小十分敏感。Mclver 和 Carmines(1981)建议在 x^2/df 小于 2 时,可以认为模型具有理想的拟合优度。Kline(1998)则建议将 x^2/df 小于 3 作为判断模型拟合良好的标准。

7.2.4 通过结构方程模型建构管理模型

(1)结构方程模型建构的基本步骤

①模型建构(model specification)

观察指标与潜变量之间的从属关系。潜变量之间的相关或者因果关系。

②模型拟合(model fitting)

根据模型的构建,通过一定的样本数据,对模型中的参数进行估计。在结构方程模型中,主要是通过求模型的协方差矩阵与样本协方差矩阵的差距最小时所估计的参数。

③模型评价(model assessment)

结构方程模型的解是否适当,迭代估计是否收敛。二是通过一些指标来检查模型的质量，如 NNFI、CFI 等等。

④模型修正（model modification）

根据模型的结果，对模型本身进行修正，并根据结果检查 t 值、其他各种拟合指数的值，来确定结构方程模型。

结构方程模型常常被用于比较不同的模型。基于同一数据，可以构建不同的模型，但是哪个模型才是最有价值的模型，结构方程模型可以对不同模型进行比较，最后选择一个最优的模型。

为了考查消费者对自有品牌的研究，我们可以通过将自有品牌与制造商品牌相比，将自有品牌分为低价格的自有品牌和中间价格的自有品牌（价格的高低主要是在所有的品牌中，自有品牌的价格处于什么位置）。在自有品牌的购买行为中，我们关注自有品牌的感知质量、感知价值、自有品牌知识和自有品牌态度对自有品牌忠诚（自有品牌忠诚可以分为对个别自有品牌的忠诚和与制造商相比时对所有自有品牌的忠诚）的影响，概念模型如图 7—2 所示。

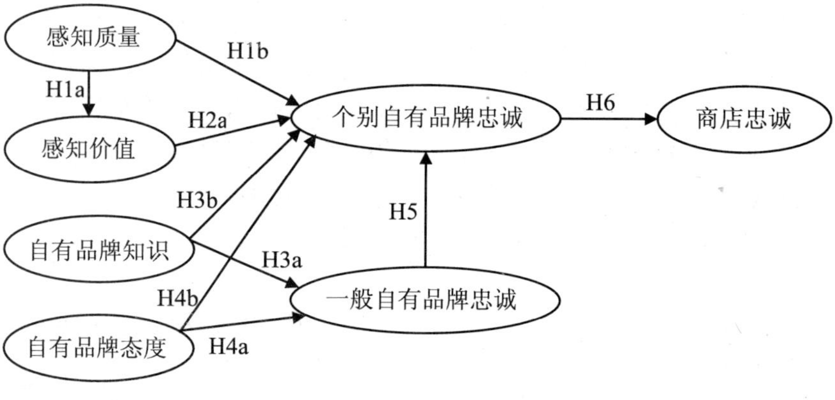

图 7—2 研究模型

通过调研，对两个梯队的自有品牌使用 LISREL8.7 进行模型分析。回归结果显示，在低价格梯队，$X^2=863.95$，df=287，RMSEA=0.085，NFI=0.95，NNFI=0.96，CFI=0.96，IFI=0.96，GFI=0.81。X^2/df 是 3.01，接近于 2；RMSEA 虽然没有小于 0.08，但是比较接近，可以接受；NFI、NNFI、IFI、CFI 都在 0.95 以上；只是 GFI 有点低，但是总体来看，低价梯队模型与数据的拟和还比较理想。在中间价格梯队，$X^2=704.11$，df=287，RMSEA=0.074，NFI=0.95，NNFI=0.97，CFI=0.97，IFI=0.97，GFI=0.83。X^2/df 是 2.45，接近于 2；RMSEA 小于 0.08；NFI、NNFI、IFI、CFI 都在 0.95 以上；GFI 还是有点低，只有 0.83，但是总体来看，中间价格梯队模型与数据的拟和也比较理想。

从表 7—7 可以看出，在低价格梯队和中间价格梯队中，除了自有品牌知识对一般自有品牌忠诚和个别自有品牌忠诚都没有影响，以及自有品牌态度对个别自有品牌忠诚没有影响外，其他都有显著的影响作用。因为感知质量对感知价值、个别自有品牌忠诚都是正面作用，而感知价值对个别自有品牌忠诚和个别自有品牌忠诚对商店忠诚都是正面作用，所以感知质量对商店忠诚也是正面作用。

表 7—7　模型拟和指标和假设验证

假设	T 值		标准化路径系数		结论	
	低价格梯队	中间价格梯队	低价格梯队	中间价格梯队	低价格梯队	中间价格梯队
H1a 感知质量→感知价值	6.51	6.26	0.56	0.49	支持	支持
H1b 感知质量→个别自有品牌忠诚	3.97	3.02	0.27	0.21	支持	支持
H2a 感知价值→个别自有品牌忠诚	4.85	6.23	0.32	0.44	支持	支持
H3a 自有品牌知识→一般自有品牌忠诚	0.80	−0.37	0.09	−0.05	不支持	不支持
H3b 自有品牌知识→个别自有品牌忠诚	−0.14	−0.68	−0.02	−0.10	不支持	不支持
H4a 自有品牌态度→一般自有品牌忠诚	7.06	6.46	0.82	0.95	支持	支持
H4b 自有品牌态度→个别自有品牌忠诚	0.17	0.44	0.03	0.11	不支持	不支持
H5 一般自有品牌忠诚→个别自有品牌忠诚	2.63	2.22	0.38	0.36	支持	支持
H6 个别自有品牌忠诚→商店忠诚	4.10	3.42	0.27	0.24	支持	支持

另外，为了检验一般自有品牌忠诚是否对商店忠诚有直接的影响作用，我们发展了一个竞争模型，在上面模型的基础上，增加了一般自有品牌忠诚对商店忠诚的直接影响。低价格梯队模型的拟和指标（$X^2=858.29$，df＝286，RMSEA＝0.085，NFI＝0.95，NNFI＝0.96，CFI＝0.97，IFI＝0.97，GFI＝0.81）和中间价格梯队的拟和指标（$X^2=696.22$，df＝286，RMSEA＝0.073，NFI＝0.95，NNFI＝0.97，CFI＝0.97，IFI＝0.97，GFI＝0.83）都比较理想。在低价格梯队中，一般自有品牌忠诚对商店忠诚路径系数的 T 值是 0.42（$p>0.05$），标准化路径系数是 0.12；在中间价格梯队中，该路径系数的 T 值是 0.52（$p>0.05$），标准化路径系数是 0.14，路径系数都不显著，所以一般自有品牌忠诚对商店忠诚的直接影响不显著。

（案例来源：根据 Yang，Defeng and Wang，Xinxin，The Effect of 2-tier Store Brands' Perceived Quality，Perceived Value，Brand Knowledge and Attitude on Store Loyalty, Frontiers of Business Research in China, 2010(1):1—28 进行改编与扩充而成)。

(2)应用实例

①研究问题的提出

人类在环境问题上所面临的挑战使得环境问题成为企业界和学术界密切关注的问题,企业活动对环境的影响以及环境管理与企业竞争优势的关系成为管理研究的热点。在利益相关者的诉求下,企业可以增加对环境问题的投资,如治理污染、开发绿色产品等,但是一个关键的问题是企业能否收回对环境问题的投资,环境问题将成为企业负担还是利润来源?

在已有环境管理与企业绩效关系的大量研究成果中(Etzion,2007),虽然学者们研究了实施积极的环境管理对组织能力(例如 Aragón-Correa and Sharma,2003; Hart,1995; Sharma and Vredenburg,1998 的研究)和企业绩效(例如 Judge and Douglas,1998; Klassen and McLaughlin,1996; Klassen and Whybark,1999; Russo and Fouts,1997; Wagner and Schaltegger,2004 的研究)的影响,但是却存在两个方面的问题。一是学者们主要将被解释变量集中在企业绩效上,而忽略了对中间过程变量(例如企业竞争优势)的实证研究。例外的是 Sharfman 和 Fernando (2008)探讨了环境风险管理对企业资本成本的影响。二是忽略环境管理对企业绩效影响过程的研究,即环境管理内部影响机制的研究,而内部影响过程的研究对于揭示变量的影响非常重要(Hult, Ketchen and Slater,2005; Zhou,Li,Zhou and Su,2008)。另外,也缺乏从管理战略层面探讨我国企业实施环境管理对企业绩效影响的实证研究(Chan,2005)。为此目的,本文将弥补这方面的空白,探讨环境管理对企业绩效影响的内部发生机制,研究实行积极的环境管理使企业获得的具体组织能力,以及这些组织能力对企业成本优势和差异化优势的作用。本文通过对上市公司总经理(CEO)的调研,发现企业实施较为积极的环境战略,能够从中产生组织能力,例如创新能力、组织学习能力、跨部门管理能力和利益相关者管理能力,进而以此获得成本优势和差异化优势。

②主要变量定义与描述

对于行业变量,制造业按两位代码分类,次类分类中一共包括 10 个行业,但木材家具和其他制造业都没有回收到样本,于是删除这两个行业,只剩下 8 个次类行业;另外两个行业按一位代码分类。因此在本研究中共设置 10 个行业变量,包括采掘业和电煤水两个行业,以及 8 个次类制造业。模型中主要变量的定义如表 7—8。其中,因变量“竞争优势”是一个多维构念,包括两个维度:成本优势和差异化优势;中介变量“组织能力”也是一个多维构念,包括四个维度:创新能力、组织学习能力、跨部门合作能力和整合利益相关者能力。

表 7—8 模型中主要变量定义

	变量	变量定义或说明
因变量	ComAd	竞争优势
	CoAd	成本优势
	DiAd	差异化优势
控制变量	Size	企业资产(自然对数)
	InCo	行业集中度
	Ind	行业变量是虚拟变量,当样本公司属于某个行业时,该样本为1,否则为0。
中介变量	OrCa	组织能力
	InCa	创新能力
	StCa	组织学习能力
	CoCa	跨部门合作能力
	StIn	整合利益相关者能力
自变量	EnMa	企业的环境战略

③变量度量

企业规模的度量采用企业总资产的自然对数,总资产是从万德数据库中得到的 2006 年总资产值。行业集中度通过 1 个指标"您的主营业务所在行业的行业集中度"度量,回答项有"较低、一般、较高"三个。行业变量是虚拟变量,当样本公司属于某个行业时,该样本为 1,否则为 0。

其他潜变量都是通过成熟量表进行度量,量表都采用 Likert 5 分制。

④模型设计

A 环境战略与组织能力

为了检验环境变量对组织能力的作用,即假设 H1a—H1d,建立(1)式的检验模型。

$$OrCa = \beta_0 + \beta_1 EnMa + \beta_2 Size + \beta_3 InCo + \beta_j \sum_{j=4}^{13} Ind_j + \varepsilon \qquad (1)$$

其中,因变量组织能力(OrCa)有创新能力(InCa)、组织学习能力(StCa)、跨部门合作(CoCa)和整合利益相关者能力(StIn)四个指标。

控制变量。中小企业在环境问题的态度比较消极,这些企业仅仅能够做到最低程度地满足环境法规要求，这可能是因为中小企业的资源有限、规模较小而导致其被关注的程度较低，企业规模是需要控制的一个变量（Dahlmann, Brammer and Millington, 2008； Sharma and Vredenburg, 1998）。行业集中度是影响企业竞争优势的重要因素（Capon, Farley and Hoenig, 1990），因此采用行业集中度作为控制变量。不同行业的环境规制差异较大，规制严格的行业，企业在环境管理上的投入较大，需要控制行业差异（Henriques and Sadorsky, 1999）。一共设置 10 个虚拟变量，分别表示：采掘业；电力煤气及水的生产和供应业；食品饮料；纺织服装皮毛；造纸印刷；石油化学塑胶塑料；电子；金属非金属；机械设备仪表；医药生物制品。

B 组织能力与竞争优势

为了检验环境战略对竞争优势的作用，即假设 H2 和 H3，建立如下的方程：

$$ComAd = \beta_0 + \beta_1 EnMa + \beta_2 Size + \beta_3 InCo + \beta_j \sum_{j=4}^{13} Ind_j + \varepsilon \qquad (2)$$

其中，因变量竞争优势（ComAd）有成本优势（CoAd）和差异化优势（DiAd）两个方面。

为了检验组织能力对竞争优势的作用，建立（3）式的检验模型。

$$ComAd = \beta_0 + \beta_1 InCa + \beta_2 StCa + \beta_3 CoCa + \beta_4 StIn + \beta_5 Size + \beta_6 InCo + \beta_j \sum_{j=7}^{16} Ind_j + \varepsilon \qquad (3)$$

为了检验组织能力和环境战略对竞争优势的共同作用，建立如下的方程：

$$ComAd = \beta_0 + \beta_1 EnMa + \beta_2 InCa + \beta_3 StCa + \beta_4 CoCa + \beta_5 StIn + \beta_6 Size + \beta_7 InCo + \beta_j \sum_{j=8}^{17} Ind_j + \varepsilon \qquad (4)$$

⑤研究结果

A 描述性统计与信效度分析

企业规模（自然对数）的最小值是 19.620，最大值是 24.078，中位数是 23.383，平均值是 21.388，标准差是 0.905。行业集中度的最小值是 1.00，最大值是 3.00，中位数是 2.00，平均值是 2.321，标准差是 0.711。其他变量的描述性统计如表 7—9。

信度分析。从表 7—9 中可以看出，各变量的 Cronbach's a 信度系数在 0.773—0.926 之间，达到了学者们所认可的 0.7 标准，量表信度较高。

收敛效度（convergent validity）。各变量的载荷都在 0.7 以上；根据表 7—9，各变量的平均提取值 AVE 在 0.580—0.776 之间，都解释了指标 50%以上的方差。因此各变量的收敛效度都达到要求。

区别效度(discriminant validity)。区别效度的检验通过比较 AVE 的平方根是否全部大于各潜变量之间的相关系数。在表 7－9 中，潜变量 AVE 的平方根在 0.762－0.881 之间，各潜变量之间的相关系数在 0.274－0.640 之间，各变量 AVE 的平方根都大于各潜变量之间的相关系数，区别效度达到要求。

表 7－9　主要变量的描述性统计

变量	CoAd	DiAd	InCa	StCa	CoCa	StIn	EnMa
成本优势(CoAd)	1.00						
差异化优势(DiAd)	0.53**	1.00					
创新能力(InCa)	0.16	0.35**	1.00				
组织学习(StCa)	0.29**	0.47**	0.51**	1.00			
跨部门合作(CoCa)	0.33**	0.53**	0.34**	0.55**	1.00		
整合利益相关者(StIn)	0.27**	0.57**	0.37**	0.53**	0.53**	1.00	
环境战略(EnMa)	0.30**	0.44**	0.39**	0.64**	0.40**	0.52**	1.00
平均值	3.381	4.047	4.125	3.856	3.808	4.103	3.897
标准差	0.890	0.494	0.356	0.585	0.687	0.468	0.558
Cronbach's a 信度系数	0.801	0.773	0.828	0.880	0.904	0.865	0.926
AVE	0.719	0.604	0.580	0.673	0.776	0.669	0.623
AVE 的平方根	0.848	0.777	0.762	0.820	0.881	0.818	0.789

注：*、** 分别表示在 0.05、0.01 的水平显著。

B 环境战略与组织能力

为了检验假设 H1a-H1d，进行环境战略与组织能力的多元回归分析，结果如表 7－10。根据表 7－10，在模型(1)－(4)中，环境战略分别对创新能力、组织学习、跨部门合作和整合利益相关者的影响都显著，且都是正值，环境战略对四种能力都具有正面作用，假设 H1a、H1b、H1c、H1d 得到支持。

表 7－10　环境战略与组织能力的多元回归结果

	因变量：组织能力			
	(1)创新能力	(2)组织学习	(3)跨部门合作	(4)整合利益相关者
自变量				
环境战略	0.251*** (4.529)	0.676*** (8.905)	0.514*** (4.937)	0.418*** (6.226)
控制变量				

续表

	因变量:组织能力			
	(1)创新能力	(2)组织学习	(3)跨部门合作	(4)整合利益相关者
企业规模	−0.037 (−1.028)	0.046 (0.925)	0.035 (0.509)	0.001 (0.002)
行业集中度	0.036 (0.832)	−0.025 (−0.419)	0.049 (0.605)	0.031 (0.593)
采掘业	0.019 (0.117)	−0.254 (−1.116)	−0.571 * (−1.837)	−0.416 * * (−2.071)
电煤水	−0.142 (−0.919)	0.023 (0.109)	0.109 (0.376)	0.020 (0.109)
食品饮料	0.178 (1.188)	−0.284 (−1.385)	0.050 (0.179)	0.041 (0.228)
纺织	−0.048 (−0.392)	0.000 (0.002)	0.096 (0.422)	−0.203 (−1.382)
造纸印刷	−0.015 (−0.099)	0.039 (0.194)	−0.090 (−0.322)	−0.156 (−0.866)
石油化学	−0.074 (−0.773)	0.145 (1.097)	−0.105 (−0.583)	0.041 (0.350)
电子	−0.102 (−0.630)	0.045 (0.206)	−0.048 (−0.159)	0.078 (0.399)
金属非金属	−0.028 (−0.304)	−0.081 (−0.645)	−0.344 * * (−2.003)	−0.036 (−0.326)
医药	−0.007 (−0.064)	−0.101 (−0.635)	−0.477 * * (−2.197)	0.050 (0.357)
机械设备	0.021 (0.354)	0.134 (1.520)	−0.213 (−1.352)	0.291 (1.012)
F 值	2.452***	8.011***	3.198***	4.729***
R^2	0.196	0.443	0.241	0.319
Adjusted R^2	0.116	0.387	0.166	0.252

注:表中括号内为 t 值,*、* *、* * *分别表示在 0.1、0.05、0.01 的水平显著。

C 环境战略、组织能力对竞争优势的作用

在表 7—11 中，模型(1)和模型(4)探讨环境战略对竞争优势的影响作用。回归分析的结果显示，环境战略对成本优势和差异化优势的回归系数都是正值，且都显著，环境战略对成本优势和差异化优势的作用都是正面作用，假设 H2 和 H3 得到支持。

模型(2)和模型(5)检验组织能力对竞争优势的影响作用。组织学习和跨部门合作对成本优势具有显著地正面作用，另外两种能力对成本优势的作用不显著。跨部门合作和整合利益相关者能力对差异化优势具有显著地正面作用，另外两种能力对差异化优势的作用不显著。

模型(3)和模型(6)检验组织能力和环境战略对竞争优势的共同作用。在环境战略和组织能力同时对竞争优势的回归模型中，环境战略对竞争优势的影响作用不显著，只有组织能力对竞争优势的影响作用显著。其中组织学习和跨部门合作能力对成本优势具有显著地正面作用，另外两种能力对成本优势的影响不显著；跨部门合作和整合利益相关者能力对差异化优势具有正面作用，另外两种能力对差异化优势的影响不显著。

从以上检验可以发现，一是在环境战略对组织能力的回归模型中，环境战略对组织能力具有显著的影响作用，二是环境战略对竞争优势的回归模型中，环境战略对竞争优势具有显著的影响作用，三是在环境战略和组织能力同时对竞争优势的回归模型中，环境战略对竞争优势的影响作用变得不显著，只有组织能力对竞争优势的影响作用显著。基于以上三点，完全满足 Baron 和 Kenny (1986)所提出的界定中介作用的三个条件，组织能力是环境战略对竞争优势影响的中介变量，环境战略对企业竞争优势的影响作用通过组织能力产生。

在具体的能力影响中，组织学习和跨部门合作对成本优势的影响显著，环境战略对这两种能力的影响显著，组织学习和跨部门合作能力是环境战略对成本优势影响的中介变量。创新能力和整合利益相关者对成本优势的影响不显著，这两种能力在环境战略对成本优势影响中的中介效应不显著。跨部门合作和整合利益相关者对差异化优势的影响显著，环境战略对这两种能力的影响显著，跨部门合作和整合利益相关者能力是环境战略对差异化优势影响的中介变量。创新能力和组织学习对差异化优势的影响不显著，这两种能力在环境战略对差异化优势影响中的中介效应不显著。

从以上分析可以看出，组织能力的中介效应具有部分性，这四种组织能力并不全部具有中介作用，其中创新能力中介作用完全不显著，其中组织学习与跨部门合作能力在对成本优势的影响中中介作用显著，跨部门合作和整合利益者能力在对差异化优势的影响中中介作用显著。

表 7—11 环境战略、组织能力与竞争优势的回归分析

	成本优势			差异化优势		
	(1)	(2)	(3)	(4)	(5)	(6)
自变量						
环境战略	0.512*** (3.567)		0.294 (1.558)	0.411*** (5.480)		0.119 (1.375)
中介变量						
创新能力		0.093 (0.360)	0.105 (0.409)		0.064 (0.535)	0.059 (0.495)
组织学习		0.253*** (2.247)	0.231*** (2.511)		0.114 (1.345)	0.059 (0.626)
跨部门合作		0.256*** (2.816)	0.258*** (2.632)		0.181*** (2.678)	0.182*** (2.697)
整合利益相关者		0.243 (1.112)	0.156 (0.722)		0.376 (3.882)	0.344*** (3.465)
控制变量						
企业规模	0.007 (0.072)	−0.011 (−0.115)	−0.009 (−0.099)	−0.028 (−0.561)	−0.035 (−0.805)	−0.035 (−0.793)
行业集中度	0.054 (0.477)	0.077 (0.695)	0.042 (0.371)	0.029 (0.499)	0.023 (0.458)	0.009 (0.173)
采掘业	−0.336 (−0.782)	−0.044 (−0.100)	−0.104 (−0.239)	−0.190 (−0.848)	0.095 (0.474)	0.070 (0.351)
电煤水	−0.628 (−1.576)	−0.673* (−1.688)	−0.676* (−1.707)	−0.123 (−0.588)	−0.141 (−0.770)	−0.142 (−0.780)
食品饮料	−0.201 (−0.519)	−0.125 (−0.318)	−0.182 (−0.463)	0.128 (0.633)	0.134 (0.742)	0.111 (0.614)
纺织	−0.066 (−0.210)	−0.010 (−0.031)	−0.064 (−0.204)	−0.181 (−1.108)	−0.104 (−0.724)	−0.126 (−0.875)
造纸印刷	−0.131 (−0.341)	−0.059 (−0.154)	−0.088 (0.231)	−0.201 (−1.000)	−0.121 (−0.685)	−0.133 (−0.754)

续表

	成本优势			差异化优势		
	(1)	(2)	(3)	(4)	(5)	(6)
石油化学	0.024 (0.096)	0.041 (0.163)	0.027 (0.107)	−0.019 (−0.147)	−0.012 (−0.106)	−0.018 (−0.157)
电子	−0.455 (−1.091)	−0.437 (−1.051)	−0.469 (−1.133)	−0.137 (0.628)	−0.139 (−0.727)	−0.152 (−0.796)
金属非金属	−0.182 (0.766)	−0.032 (−0.134)	−0.085 (−0.355)	−0.108 (0.867)	−0.005 (−0.042)	−0.026 (−0.237)
医药	−0.537* (−1.792)	−0.332 (−1.101)	−0.415 (−1.365)	−0.216 (−1.381)	−0.106 (−0.767)	−0.140 (−1.001)
机械设备	−0.315 (−0.631)	−0.324 (−0.427)	−0.213 (−0.315)	−0.023 (−0.364)	−0.086 (−0.921)	−0.039 (−0.482)
F 值	2.651***	2.142***	2.431***	3.095***	5.950***	5.738***
R2	0.140	0.172	0.189	0.235	0.431	0.440
Adjusted R2	0.055	0.067	0.078	0.159	0.358	0.363

注：表中括号内位 t 值，*、**、*** 分别表示在 0.1、0.05、0.01 的水平显著。

D 稳健性检验：环境战略、组织能力与竞争优势的结构方程模型

运用结构方程模型进行稳健性检验（Luo，Slotegraaf and Pan，2006）。为了进一步验证环境战略，与环境战略下获得的组织能力以及由此获得的企业竞争优势的关系，采用结构方程模型探讨它们之间的关系。因为原潜变量的观测项目较多，为了增加结构方程模型的信度，将模型的观测指标合成小组，并以新的小组得分作为新指标处理（侯杰泰，温忠麟和成子娟，2004）。创新能力、组织学习和整合利益相关者都合并成 4 个新项目，跨部门合并成 3 个新项目，成本和差异化优势都没有合并，环境战略按照维度分属合并成 8 个新项目。然后进行结构方程模型分析，拟合结果为 $X^2=806.54$，df=393，RMSEA=0.089，NFI=0.87，NNFI=0.91，CFI=0.92，IFI=0.92，GFI=0.83。X^2/df 是 2.05，接近于 2；RMSEA 没有小于 0.08，但是比较接近，可以接受；NNFI、IFI、CFI 都大于 0.9；只是 GFI 有点低。总体来看，模型比较理想。路径系数与相应的 T 值如表 7—12 所示，整体模型如图 7—3 所示。

表 7—12 模型拟和指标和假设验证

路径	标准化路径系数	T 值
环境战略→创新能力	0.52***	4.47
环境战略→组织学习	0.71***	7.71
环境战略→跨部门合作	0.44***	4.14
环境战略→整合利益相关者	0.64***	6.39
创新能力→成本优势	0.03	0.25
组织学习→成本优势	0.19**	2.04
跨部门合作→成本优势	0.21**	2.18
整合利益相关者→成本优势	0.06	0.54
创新能力→差异化优势	0.01	0.16
组织学习→差异化优势	0.07	0.74
跨部门合作→差异化优势	0.31***	2.90
整合利益相关者→差异化优势	0.57***	3.79

注：*、**、***分别表示在 0.1、0.05、0.01 的水平显著。

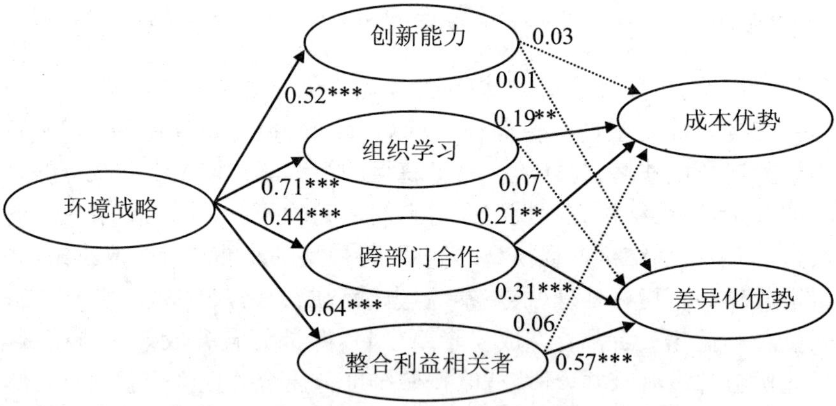

图 7—3 环境战略、组织能力与竞争优势关系图

注：图中的虚线表示路径不显著，*、**、***分别表示在 0.1、0.05、0.01 的水平显著

在表 7—12 和图 7—3 中，环境战略对创新能力、组织学习、跨部门合作和整合利益相关者的路径系数都显著，且都为正。组织学习和跨部门合作对成本优势的路径系数显著，环境战略对这两种能力的影响显著，组织学习和跨部门

合作是环境战略对成本优势影响的中介变量,创新能力和整合利益相关者能力对成本优势的路径系数不显著,创新能力和整合利益相关者能力不是环境战略对差异化优势影响的中介变量。环境战略对组织学习和跨部门合作的路径系数都为正,组织学习和跨部门合作对成本优势的路径系数也都为正,环境战略对成本优势的间接效应为正。

跨部门合作和整合利益相关者对差异化优势的路径系数显著,环境战略对这两种能力的影响显著,跨部门合作和整合利益相关者是环境战略对差异化优势影响的中介变量。创新能力和组织学习对差异化优势的路径系数不显著,创新能力和组织学习不是环境战略对差异化优势影响的中介变量。环境战略对跨部门合作和整合利益相关者的路径系数都为正,跨部门合作和整合利益相关者对差异化优势的路径系数也都为正,因此环境战略对差异化优势的间接效应为正。结构方程模型的结果表明,本文的假设检验结果是稳健的,具有普遍性。

(案例来源:根据杨德锋,杨建华.环境战略、组织能力与竞争优势:通过积极的环境问题反应来塑造组织能力、创建竞争优势.财贸经济.2009(9):120－125进行改编与扩充而成)。

7.3　管理模型的价值与评价

7.3.1　管理模型在理论化中的作用

科学研究的目的在于“对现象进行描述、分类和解释”(威勒和沃克,2010)。科学研究需要从问题的界定开始,发现了“问题”的存在,才有了研究的价值。如同理论一样,模型是对现实的一种抽象,模型代表了现实,描绘了现实世界与所研究问题相关的特定方面,并且是概念之间的关系能够形象化,深刻并且形象地揭示了变量之间的关系(格里斯,2011)。例如,参考价格(reference price)模型在参考价格形成中发挥了重要的作用。下面通过参考价格的形成来说明管理模型在理论化中的作用。

参考价格是消费者对某一品牌价格进行评估时所使用的一个参考点,这个参考点没有一个唯一的标准,有很多价格都可以作为参考点。因消费者自身特点差异,而表现出内部或外部参考价格的突出影响,产生了对参考价格不同定义,进而导致了不同的参考价格形成模型。模型主要分为两大类别,以记忆为基础的模型(memory based model)和以刺激为基础的模型(stimulus based model)。

(1)以记忆为基础的模型。

以记忆为基础的模型,强调参考价格的形成主要来自记忆中的价格经历,如 Mayhew 和 Winer (1992)和 Krishnamurthi 等(1992)认为参考价格是过去的购买价格,参考价格的公式是:

$$RP_{hjt} = P_{hj(t-1)} \tag{1}$$

其中,$P_{hj(t-1)}$ 是消费者 h 在场合 $(t-1)$ 购买品牌 j 的价格。

Lattin 和 Bucklin(1989)和 Kalyanaraman 和 Little (1994)虽然认同参考价格来自记忆,但是他们认为现期的参考价格受上期的参考价格和上期购买价格的共同影响,所以公式是:

$$RP_{hjt} = \lambda RP_{hj(t-1)} + (1-\lambda) P_{hj(t-1)} \tag{2}$$

Mazumdar 等(2005)增加了消费者所经历促销的影响。公式是:

$$RP_{hjt} = \alpha \times \text{Price}_{hj(t-1)} + (1-t) \times RP_{hj(t-1)} + \beta_{prom} \text{Prom}_{hj(t-1)} \tag{3}$$

公式中的系数 α 值表明历史价格对参考价格形成的影响,根据产品类别的不同,α 值一般在 0.06—0.85 之间。

Winer(1986)又考虑了价格趋势,品牌市场份额的影响,公式是:

$$RP_{hjt} = \delta_0 + \delta_1 P_{hj(t-1)} + \delta_2 TREND_{j(t-1)} + \delta_3 MS_{j(t-1)} + \varepsilon_{hjt} \tag{4}$$

其中,$P_{hj(t-1)}$ 是消费者 h 在 $(t-1)$ 场合对品牌 j 支付的价格,$TRMEND_{j(t-1)}$ 是品牌 j 直到 $(t-1)$ 场合的价格趋势,$MS_{j(t-1)}$ 是直到 $(t-1)$ 场合的品牌 j 的市场份额,ε_{hjt} 是随机误差。

Kalwani(1990)把影响因素进一步细分,主要包括过去五个时期的价格,促销频率,价格趋势,消费者的交易倾向(deal proneness)和商店特点的函数,公式是:

$$RP_{hjt} = \delta_0 + \delta_1 Pastpr_{hj(t-1)} + \delta_2 TREND_{jt} + \delta_3 FOR_{jt} + \delta_4 DP_{ht} + \delta_5 ST_1 + \delta_6 ST_2 + \delta_7 ST_2 + \varepsilon_{hjt} \tag{5}$$

其中,$\text{Pastpr}_{hj(t-1)}$ 等于过去五个时期消费者 h 支付或遇到的品牌 j 的均值,FOR_{jt} 是直到场合 t 品牌 j 的促销频率,DP_{ht} 是直到场合 t 消费者 h 的交易倾向,ST_t 是商店类型。

(2)以刺激为基础的模型。

以刺激为基础的学者认为消费者对产品的历史价格了解较少(Dickson 和 Sawyer,1990),所以参考价格的形成甚至完全依靠购买点的刺激(Hardie 等,1993)。如果消费者选用任意选定的品牌的现在上架价格作为参考价格。那么参考价格的公式是:

$$RP_{ht} = SP_{h[rb(t)]t} \tag{6}$$

其中,消费者 h 在购买场合(purchase occasion) t 当场选定的任意品牌(randomly picked) rb 的上架价格用 $SP_{h[rb(t)]t}$ 表示。

但 Hardie 等(1993)认为消费者选用特定的品牌的现在上架价格作为参考

价格，所以公式变为：

$$RP_{ht} = SP_{h[cb(t-1)]t} \tag{7}$$

其中，消费者 h 在购买场合(purchase occasion)上次购买场合 $t-1$ 已经购买的品牌(chosen brand) cb 的上架价格用 $SP_{h[cb(t-1)]t}$ 表示。

(3)以记忆与刺激结合的模型。

Rajendran 和 Tellis (1994)认为消费者的参考价格包括时间的(temporal)即内部参考价格和相关的(contextual)即外部参考两个部分，上述模型只考虑了外部或内部的影响，不全面，应该同时考虑两者的影响，因为消费者会同时运用内部和外部参考价格。公式是：

$$RP = \alpha Rm + (1-\alpha)Rc \tag{8}$$

其中，RP 表示参考价格，Rm 表示 temporal component，Rc 表示 context component，α 是大于 0 小于 1 的系数。

在参考价格的形成案例中，参考价格分为以刺激为基础的模型和以记忆为基础的模型两个大类，在这两大类别，学者们还有不同理解。在不同模型的相互补充下，形成了比较完善的参照价格形成理论。

(案例来源：根据杨德锋，王晓玉. 西方参考价格研究评述. 经济学动态. 2007(8)：99—103 进行改编与扩充而成)。

7.3.2 一个"好"模型的评价原则

(1)节省性(parsimony)

一个好的模型需要在相对精确反映现实的基础上尽可能的简单。社会科学主要采用共相模型(Nomothetic Model)来解释世界，即只选用解释总体时最重要的因素，而不必枚举所有的影响因素，用尽可能少的原因变量提供尽可能多的解释力(郭志刚，1999：14)。

(2)可识别性(identifiability)

对于给定的一组数据，估计的参数要有唯一确定值。

(3)高拟合性(goodness of fit)

回归分析的基本思想是用模型中包含的变量来解释被解释变量的变化，因此解释能力的高低就成为衡量模型好坏的重要的标准。

(4)理论一致性(theoretical consistency)

即使模型的拟合性很高，但是如果模型中某一变量系数的估计值符号与经济理论不符，那么这个模型就是失败的。

(5)预测能力(predictive power)

著名经济学家弗里德曼(M. Friedman)认为："对假设(模型)的真实性唯一

有效的检验就是将预测值与经验值相比较”。因此一个好的模型必须有对未来的较强的预测能力。

7.3.3 管理模型的可推广性和实践价值

(1)模型因果关系的论证

从结构方程模型中,并不能说明具有显著路径系数的变量直接具有因果关系。没有经过特殊实验设计并且是用以探讨变量因果关系的路径模型(无论采用回归分析、路径分析还是结构方程模型),并不能够通过统计分析证明两者之间确实存在因果关系(侯杰泰等,2004)。从回归分析来看,将自变量和因变量进行互换,也可以得到一个与原来一样显著的回归系数,从而不能得到一样的因果例证。从结构方程模型的等同模型来看,也可以得到多个与原来模型的拟合指数接近,但是模型相差甚远,甚至完全相反因果关系的模型。结构方程模型的主要目的也是通过结构模型来寻找统计上的因果性,通过潜变量之间的关系来反映概念之间的因果关系(王卫东,2010)。因此,这些统计方法仅仅是得到了两个变量之间的效应关系,但并不一定是因果关系,因果关系的结论得出,需要特殊设计。

(2)模型的正确性

在结构方程模型中,如果数据与研究者开始的模型拟合比较好,并不能说明模型是最好的,只是说明了模型并没有遭到否定(侯杰泰等,2004)。在回归分析中,研究者建立了一个一次项模型,得到的回归结果很理想,但是也不能说明事实上的结果就是如此。自变量与因变量也可能是包含二次项,甚至三次项的曲线关系。因此,从已有的管理模型中,我们只是得到了一个我们认为所提供的竞争模型中较为合理的一个。

(3)模型的预测性

模型揭示了外生变量对内生变量以及内生变量之间的复杂关系和路径,可以有效地模拟经验世界的多元因果关系,并对现实中的因果关系进行检验。我们可以根据以往经验数据得到一个模型,从而预测后面的模型。

(4)模型的理论性

模型的建立,需要有较强的理论分析,所建立的模型虽然通过了各种检验,但是如果两者之间没有任何关系,也不能判断一个模型有价值。例如,在一个小孩出生时,同时在田里种一棵梧桐树,假如小孩和梧桐树都健康成长,取得每年小孩的身高和梧桐树的高度,两者之间建立模型,则能够得到一个很好的正相关的模型,而事实上,两者之间没有任何价值。这个例子说明了模型的价值首先在于拥有比较强的理论价值,是建立在合理的理论推导之上。

(5)模型的完整性和完备性

对于模型中包含的变量,学者们可能从不同的视角进行分析,因此,模型中应该包含的变量可能存在不同的理解。但是到底哪种才应该是最完善的模型,是否存在最完备的模型?答案是否定的,因为可能在不同的适用条件下,会有不同的差异,并不存在最优的模型。

思考题

1. 应用相关分析与回归分析应该注意什么问题?
2. 构造回归模型应该具备哪些条件?
3. 如何评价假设的模型对数据的拟合程度,一个拟合度高的模型是否代表其具有实用性?

参考文献

[1]Dodds,William B,Kent B. Monroe,and Dhruv Grewal (1991). Effects of Price,Brand,and Store Information on Buyers' Product Evaluations. Journal of Marketing Research,28(3):307—319.

[2]吴明隆. 结构方程模型——AMOS的操作与应用(第2版). 重庆大学出版社,2010. 10.

[3](美)戴维·威勒(David Willer),(美)亨利·沃克(Henry A. Walker). 杜伟宇,孟琦译. 实验设计原理:社会科学理论验证的一种路径. 重庆大学出版社,2010. 2.

[4]侯杰泰,温忠麟,成子娟. 结构方程模型及其应用. 教育科学出版社,2004. 7.

[5]王卫东著. 结构方程模型原理与应用. 中国人民大学出版社,2010. 1.

[6]林嵩著. 结构方程模型原理及AMOS应用. 华中师范大学出版社,2008. 10.

[7]林聚任,刘玉安主编. 社会科学研究方法. 山东人民出版社,2004. 8.

[8]郭志刚. 社会统计分析方法——SPSS软件应用. 北京:中国人民大学出版社,1999.

[9](英)乔纳森·格里斯著. 研究方法的第一本书. 东北财经大学出版社,2011. 1.

[10]巴里·伦德尔(Barry Render),小拉尔夫·M·斯泰尔(Ralph M. Stair, Jr.),迈克尔·E·汉纳(Michael E. Hanna). 陈恭和,王璐航等译. 面向管理的数量分析(第八版). 中国人民大学出版社,2007. 4.

第八章

学术论文的撰写

在学术领域，我们的成果是以写出的东西来体现的，出版物就像硬通货币，是学术成果的基本表现形式…… 如果结果没有公开发表，就等于没有做实验，这是不言而喻的事情。

——Donald Kennedy(2002)

作为创造性学术研究的科学记录，研究报告、专著或学术论文是记载、保存、交流及传播科研成果和学术思想的主要形式。其中，又以正式发表的学术论文最具普适性和标志性。学术论文如能在作风严谨的学术刊物上得以正式发表，通常意味着已经通过了某种形式的同行评议和编辑把关，研究的科学性、创新性、正确性以及规范性得到认可，从而相对择优地向学术界乃至全社会公开展示。通过撰写并发表学术论文，研究者可以：①基于学术期刊这一知识传播平台与同行进行学术交流，分享科学发现，以增加新的知识和见解；②取得科学发现优先权的证明，获得学术界和全社会的承认；③通过写作以及学术争鸣进一步改善研究质量；④卓有成效地获得个人学术职业生涯的发展(如晋升技术职务、申请基金)。

发表学术论文是如此重要，以至于西方学术界有“不发表，就发臭(publish or perish)”之说。高质量的学术研究必须以在权威学术期刊上出版为目标。然而，高质量的研究并不必然产出高质量的学术论文，未经过学术写作必要训练的研究者难以写出合乎规范的学术论文；此外，即使论文品质上乘，也可能因为没有针对学术期刊的学术定位和选题范围“投其所好”，遗憾被拒。学术论文投稿遭拒的原因不一而足，然而在权威学术期刊得以发表的论文却存在某些“共同的性质”。这些被编辑及审稿人所共同重视的品质包括：

(1)创新性，即论文是否具有原创性的贡献，如提出新的论题、新的观点、新的概念、新的思路；建立新的理论或假说；采用新的实(试)验、论证、计算、操作方法；发现新的事实、数据或现象；或将已有理论、方法或技术在新的领域应用等。

(2)规范性，即论文是否遵循了本领域的主流研究范式，论文结构及格式是否符合学术论文标准(如被喻为“学术八股”的典型论文结构、APA/MLA/Chicago/Harvard 参考文献引用标准)。

(3)可读性，即论文是否用专业化的学术语言撰写而成。高水准论文在保证语言简洁性及准确性的同时，往往还兼具行文的流畅性与趣味性，也不排斥在文中引入作者的个人写作风格。

本章将从创新性、规范性以及可读性三个方面探讨撰写学术论文的要领。鉴于“阅读→模仿→发展→构建”不失为一种卓有成效的写作训练途径，我们将结合具体的论文范例供大家辨析与借鉴。

8.1 从选题到选刊：让创新性凸显

8.1.1 学术论文中的创新类型

创新是学术论文的灵魂，体现了学术研究的核心价值。一篇缺乏创新的论文，几乎不可能受到学术期刊编辑们和审稿人的青睐。权威学术期刊更将保持所刊发论文的原创性和新颖性视为期刊的核心竞争力。在国际顶尖管理学期刊的“办刊宗旨”中，都有对创新性的明确要求，如表 8—1：

表 8—1 国际顶尖管理学期刊对创新性的要求

期刊名称	2009 SSCI 影响因子	期刊办刊宗旨
Academy of Management Review (AMR) 《管理学会评论》	7.867	AMR 以发表管理与组织领域的新见解为使命。……来稿既可以提出新的管理学或组织学理论，也可以挑战或澄清现有理论；对于次新理论，可将其结合最新进展及理念以获得新意；亦可就某一新颖的理论问题提出研究设想。

续表

期刊名称	2009 SSCI 影响因子	期刊办刊宗旨
Academy of Management Journal (AMJ) 《管理学会学报》	6.483	AMJ 发表实证性研究成果，这些研究能够检验、拓展或构建管理学理论，或对管理实践有所贡献。……本刊的投稿者应该致力于原创性的、见解深刻的、富有趣味的、重要的、敢于理论突破的研究。
Strategic Management Journal (SMJ) 《战略管理杂志》	4.464	本刊发表任何与战略管理有关的原创性论文，以求促进战略管理理论和实践及其未来发展。
Journal of Management (JOM) 《管理杂志》	4.429	JOM 发表实证性或理论性的学术论文，这些论文必须对管理学领域具有高度影响力。JOM 鼓励在现有研究上提出新理念和新观点。
Administrative Science Quarterly (ASQ) 《管理科学季刊》	3.842	作为本领域的顶级期刊之一，本刊发表最优秀的理论或实证论文，这些论文来自于专题/学位论文或知名学者的最新研究发现。
Organization Science (OS) 《组织科学》	3.128	……相对于那些改进型的研究贡献，本刊编辑对于那些从新的研究背景进行突破的稿件更有兴趣。

因为稀缺，所以宝贵。顶级学术期刊普遍存在的“创新饥渴症”实际上从侧面反映了学术创新的困难性。基础性的、理论性的创新性论文往往成为各顶级期刊的“镇刊之宝”，绝大多数论文属于所谓的“改进式创新”，比如对一个旧的管理学概念进行重新界定、对一个排序算法进行改进、用一个或多个理论解释新的管理现象等。只要逻辑正确、论证充分，这样的研究也同样可以丰富现有学术成果。严谨的学术期刊不会因为其创新程度稍低而否认其学术贡献。由此可见，学术的创新空间并非想象的那样狭窄。

学术研究的创新难度与创新程度是正相关的。我国的权威学术研究机构之一——中国社会科学院根据创新的程度将创新的级别分为四级，如表 8－2：

表 8—2 中国社会科学院社会科学成果评估指标体系之“创新程度”

A 级(具备下列任何一项即可)
➢ 提出新的重要理论观点,研究取得突破性进展; ➢ 提出新的研究方法,使研究取得突破性进展; ➢ 通过新的论证,丰富和完善了某种学说或重要理论观点,使研究取得突破性进展; ➢ 对重要领域或重要问题做出新的系统的分析和概括,得出新的认识。
B 级(具备下列任何一项即可)
➢ 提出新的理论观点,研究有所深入; ➢ 运用新的研究方法,使研究有所深入; ➢ 通过新的论证,丰富和完善了某种重要理论观点; ➢ 对重要领域中的某一问题做出新的较系统的分析和概括。
C 级(具备下列任何一项即可)
➢ 提出具有启发性的见解; ➢ 使用新的研究方法,做出有新意的解释; ➢ 通过新的论证,得出具有启发性的新认识; ➢ 对某领域的某一问题做出新的分析和概括。
D 级
➢ 缺乏深入研究,新意很少

依据这一分级标准可将学术研究的创新类型分为三种(D 级实际上是无创新,不予讨论):

(1)突破式创新,即在某一领域的开创性贡献。比如构建全新理论、提出原创性的研究方法、挑战经典理论、发展新的研究范式等。这类论文的创新性格外彰显,往往一经刊出,会引发学术界的热烈讨论,甚至为此开拓出一片新的学术领域。

(2)改进式创新,如对某一理论进行了有限的扩展或修补、对某一研究方法进行了局部的完善,并取得了有价值的结论。

(3)补充式创新,如针对某一管理学问题提出新的经验证据,从不同理论角度解释某一管理现象,对于旧概念重新界定等。

虽然补充式创新论文的学术价值稍弱,但却是大部分研究生、年轻学者的必由之路，不应轻视补充式创新的价值。事实上，许多学者取得首个真正意义上的学术创新，都来自于补充式创新。而在学习撰写补充式创新论文的过程中，作者们不知不觉训练了思维能力、表达能力以及组织能力，为进阶到改进式创新甚至突破式创新夯实基础。

8.1.2 选对主题：学术创新的起点

尽管学术论文的创新性关乎能否为学术期刊采纳，但创新性不是“撰写”出来的。好的写作技巧虽然可以帮助从文字上提炼创新点，使对创新点的描述尽量准确，但如果创新点本身苍白无力或根本不存在明显的创新，空有好的写作技巧也无用武之地。

科学研究是否具有创新性以及具有何种程度的创新性，在进行研究主题的选择过程中就基本确立了。尽管在后期的调研论证过程中，随着新资料与证据的加入，以及思考的深入，也许会产生新的思维灵感和创作火花，但这一般不会给创新程度带来质的改变。选题这一决策过程远远早于论文文字的形成，因此，在选题阶段的慎重布局对于最后论文是否具有创新价值至关重要。

好的选题至少是成功的一半，有时从选题就可以反映研究者的创新敏感性、学术修养和经验。那么如何进行选题呢？曾担任 *Academy of Management Journal* 副总编达三年的香港中文大学罗胜强教授给出了如下建议：

(1)所选主题必须可以被科学地研究；

(2)所选主题不应是一个浅显的研究；

(3)围绕这一主题研究者至少能发表 3 篇论文；

(4)所选主题能确定你未来 3 年的研究方向；

(5)研究者至少对该主题保持 3 年的研究兴趣。

对于经历过学术研究训练的研究者来说，依据以上 5 条原则来指导自己的选题决策至少能保证研究的深度及持续性。而研究所必备的创新性仍需要进一步予以挖掘，并逐步形成创新点的雏形。这需要细致的观察、广泛的阅读和缜密的思考。在这一阶段，发现一个好的问题往往意味着发现一个甚至若干个潜在的创新点，并为后续的研究方案设计、论证等提供指导方向。

哪些途径能使我们有机会发现那些有趣的、新颖的、而又尚待解决的问题呢？问题的来源可归纳为三种途径：

(1)现实观察。社会生活与管理实践为我们提供了源源不断的观察对象和研究素材。从我们身边的世界里发现问题可能是最主要的途径，许多管理学都承认他们的灵感来自于对真实世界的感悟。当然，电视、报纸、杂志(非学术期刊)以及网络等媒体则提供了较快地了解现实社会的渠道。相对于研究者直接观察而言,大众媒体通过有选择的集中现实社会中的热点问题和难点问题,为研究者提供了一个间接但是更为高效的观察途径。现实社会的以下四类现象通常具有较强的研究价值和创新空间:①新的现象;②与现有理论相矛盾的现象;③与现行经济管理政策相悖的现象;④两种相互矛盾但同时存在的现象。

(2)与人沟通。帮助获取信息、触发学术灵感是沟通的众多价值之一。比如与同行及不同专业背景的学者展开对话,聆听著名学者的报告,和企业界的管理实践者聊天,跟经济类记者侃大山,往往可以获得许多闭门造车所无法接触到的宝贵信息;在交流中涌现的那些鲜锐问题以及相互碰撞的不同观点,往往孕育着潜在的创新机会,前提是保持足够的创新嗅觉。

(3)阅读文献。掌握文献、对文献进行综合,以批判的眼光评价文献,并从中提取出有用的和正确的信息以指导研究、挖掘创新点是一个能独立工作的学者必备的能力。建议基于权威期刊紧密追踪当前管理研究领域发展的动向。管理学领域的国际权威期刊有 *Academy of Management Review*、*Academy of Management Journal*、*Administrative Science Quarterly*、*Strategic Management Journal*、*Journal of Management*,具体到市场学领域,国际的顶尖学术期刊包括 *Journal of Consumer Research*、*Journal of Marketing*、*Journal of Marketing Research*、*Marketing Science*。国内权威期刊有《经济研究》、《中国社会科学》、《管理世界》等。许多文献在总结部分会提出自己还没有解决的问题,这些问题往往能启发读者进一步思考,开拓新的研究方向。需要注意的是,由于文献的公开性,越是重要的热点问题,学术竞争越是激烈,片面追求热点将失去自己研究的系统性。

对于刚刚步入学术研究殿堂的研究生们,要依据罗胜强教授提出的 5 条原则来指导自己的选题决策无疑是困难的。所以这 5 条原则仅仅适用于有经验的研究者。处在学术生涯初始阶段的研究生们应该在导师的辅导下完成选题。在这一阶段,他们的主要任务是尽快完成必须的学术训练,提高学术素养,培养良好的科研习惯,而不是过分追求研究主题的新奇性、高端性。

8.1.3 开始撰写:用文字提炼创新

“行百里者半九十”,虽然论文的撰写是研究工作的最后一步,但之前的工作都属于中间过程,论文才是最终供编辑、审稿人及读者品鉴、评价的“产品”。选题时的慎重考量、研究方案的精心设计、研究结果的反复论证……这些为学术创新而进行的一系列努力,只有通过论文才能体现。

独到的见解、新颖的方法、有趣的结论，常常会被糟糕的撰写所掩盖，让一项本来很有学术创新价值的研究失去公开展示成果的机会。相反，一篇学术价值稍弱的补充式创新论文，如果能恰当地提炼研究中的亮点，清晰准确地描述其学术贡献，也会有很大的发表几率。

围绕创新点所进行的写作工作包括：

(1)清晰准确地描述创新点及其主体内容；

(2)阐明提出此创新点的理由：论文要交待创新点提出的实际和理论背景，既说服自己也让读者感到这样的创新点的确有学术和实际意义，值得费精力去研究；

(3)回答这个创新点是否成立的质疑，提出论据和证据来支持；

(4)说明创新点定位：创新点新在何处，创新点能解释或解决哪些问题，不能解释或解决哪些问题。

掌握某些约定俗成的写作技巧对于突出显示论文的创新性、提高学术论文的可读性具有极大帮助。依照主流学术论文规范，发表在正规学术期刊上的论文的结构与格式已经高度标准化(8.2 节进行专门介绍)。其中，论文标题(Title)、摘要(Abstract)、引言(Introduction)和结尾(Conclusion)最为吸引读者的目光。因此，要彰显研究的创新性，必须在这几个部分反复斟酌，咬文嚼字，旗帜鲜明地阐明研究所取得的学术贡献。其中各个部分的写作技巧将在 8.3 节相应内容进行介绍。

8.1.4 选对刊物：为创新寻找市场

著名学术出版商 Elsevier 在面向中国区投稿人的《外文期刊写作投稿常识与技巧》中，总结了国际期刊编辑对来自中国稿件的看法，提出的第一个常见问题便是“研究内容超出期刊范围”；在“编辑对于作者的建议”部分，给出的第一条建议就是：投对期刊(scope and prestige)。学术期刊彼此间的竞争是激烈的，一流学术刊物都在走异质化、特色化、个性化的发展道路。一篇精心撰写、新意十足的学术论文，如果无视期刊的学术定位和主题范围，结果可能是“明珠暗投”，白白浪费编辑和投稿人的时间。学术期刊的编辑们每天面临着处理大量稿件的压力，不符合刊物收稿范围的论文甚至在进入文体格式检查和学术处理道德检查之前就已经被拒，论文的学术创新性根本没有机会展现。还有的顶级期刊只发表约稿论文，自由投稿根本不被接受。

如何选择正确的期刊？这需要我们对拟投的刊物有所了解，了解的内容包括：

(1)刊物的出版宗旨与范围;

(2)刊物面向的读者群;

(3)期刊类型、是否只接受约稿;

(4)期刊当前以及未来关注的热点;

(5)期刊的权威性(如考虑影响因子等);

(6)期刊的平均审稿周期;

(7)期刊的文体格式、评议制度、投稿形式(在线/纸质?)、语言要求、是否收费等。

正规学术期刊在其网站或主页都会介绍办刊宗旨以及投稿指南。还会提供论文模板、优秀范文供作者了解文体格式和学术风格。投稿提倡有的放矢,甚至在第一稿开始就严格遵循拟投期刊的"投稿指南(Guide for Authors)"进行写作,避免因为论文品质以外的因素导致稿件被拒。

顶尖学术期刊往往特点鲜明,学术定位和主题范围十分明确。以同样是美国管理学会(Academy of Management)旗下的三个刊物《管理学会评论》(*Academy of Management Review*, AMR)、《管理学会学报》(*Academy of Management Journal*, AMJ)以及《管理学会透视》(*Academy of Management Perspective*, AMP)为例。AMR和AMJ同为管理学界的顶级期刊,AMR以定性研究和理论创新为主导模式,特别强调论文对理论的贡献;AMJ则以定量研究和理论验证为主,侧重于为实践提供指导。AMR在投稿指南中明确指出:"本刊不发表实证类研究报告,包括采用实证方法对理论进行验证、案例研究或主要关于数据的文章。"AMR近十年发表的文章几乎没有采用规范研究方法(formal methods),大部分采用纯文字的演绎论证。所以,实证类、模型推导类的论文几乎不可能通过AMR的初期筛选。因为这类论文是AMJ的收稿范围。AMJ在投稿指南中明确提出:"本刊所发表的论文必须具有很强的实证贡献,否则不会送审。纯概念性论文请投AMR。"尽管收稿范围差异鲜明,但AMR和AMJ都定位于学术期刊,主要读者群是管理学者、管理学研究生。而AMP是实业导向,风格贴近《哈佛管理评论》,目标读者群是非管理专业的学术读者和企业界的管理实践者。AMP发表的文章关注那些在商业和管理中发生的有趣现象,而不是理论;鼓励作者对这些现象进行解释,但解释应该是提供强有力的证据(定性或定量),而不是纯理论性的解释。

再以国内经管类权威期刊《经济研究》、《管理世界》和《中国工业经济》为例,它们分别是理论经济学、管理学领域和产业经济学的权威学术期刊。从选题范围来看,《经济研究》有较大比例的论文关注货币、证券等金融问题;《管理世界》则不拘一格,宏观经济、产业与区域发展、金融与财政、公共管理、农村经济、国企改革、工商管理都含括在收稿范围中，充分显示其综合性；《中国工业经济》则在产业经济、企业经济领域深耕细作。就刊文属性而言，《经济研究》和《中国工业经济》以发表学术论文为主，一般7—10个页码，长度均匀；而《管理世界》每期都会发表具有相当深度的研究报告，篇幅一般较长。就形式风格而言，《经济研究》以数学模型（包括表、图，下同）类论文占据主流，比例高达50%以上；而《中国工业经济》和《管理世界》刊文中的数学模型特征则不突出。例如，《中国工业经济》力将数学模型控制在20%的篇幅以内，而《管理世界》尤其强调调查数据和实证检验。

可见，术业有专攻，学术期刊具有不同的偏好。精心筛选拟投稿的学术期刊，正如做市场分析一样，需要预测哪些期刊、哪些读者群会对自己的创新点有兴趣，从而减少投稿的盲目性。

8.2 学术论文的规范形式

8.2.1 形式规范的必要性

“格式不符合稿约的要求”被Elsevier列为中国稿件的第二大常见问题。在学术论文写作上最重要的形式要求——规范的格式与内容，常常被许多投稿人所忽视，导致一些有新意的论文被期刊拒之门外。

西方主流学术期刊早已发展出一整套学术论文的形式规范，即包括格式规范和结构规范的论文范式。这种严格的形式规定也被喻为“学术八股”，由各期刊的编辑们严格审视。确实有反对的意见认为这种依照固定套路的枯燥写作限制了作者的发挥，提倡更自由的学术写作风格。但至少以下几条理由使得“学术八股”仍然具有统治性的生命力：

(1)这种规范形式实际上能够比较完整地反映学术研究的过程。虽然形式规范并不能保证研究的规范性，但已经尽可能地对学术失范起到了一定约束作用。在尚无更好的约束机制出现前，仍需要以规范的形式来限制可能的学术失范行为。例如任何具备相关知识和实验条件的读者可以通过作者介绍的方法重现论证过程，以检验论文结论的正确性。

(2)这种规范形式有效地降低编辑、评委以及读者的阅读“成本”。如果缺乏这种标准化的规范形式，编辑与评委们每天将面对大量他们不熟悉的写作结构，极大增加对论文品质进行评判的困难。规范的形式能够减少读者的误解，有着各种偏好的读者也能很方便地各取所需：关心文献的读者可以直接参阅文献综述和参考文献；对理论推导感兴趣的读者可以专注于模型部分；对政策建议感兴趣的读者或许只需要读读内容简介就可以直接跳到结论部分。

(3)这种规范形式对于撰写者也是有益的。由于不必考虑重新独创一种文体,可以把精力集中于真正对学术做出贡献的写作。

8.2.2 学术论文中的格式规范

格式是指组成论文的所有结构性要素的编排方式。规范的格式能够产生"美化"学术论文的主观效应。学术期刊不同,其对格式规范的具体规定是有差异的。但一般都包括以下方面的内容:

(1)组成论文的所有结构性要素。以《中国工业经济》为例,其组成部分和排列依次是:题名、作者署名和单位、摘要、关键词、中图分类号、文献标识码、文章编号、收稿日期(首页底)、基金项目(首页底)、作者简介(首页底)、引言、正文、结论(和建议)、致谢、参考文献和注释。

(2)各结构性要素的字体、段落格式。

(3)标题的层次及编号体系。

(4)图、表、公式等的专门规定。

(5)参考文献引用与标注标准。如学术界常用的 APA、MLA、Chicago 及 Harvard 参考文献注释体系。

保证格式规范的有效方法就是严格模仿各期刊提供的"格式模板",一丝不苟地将论文所有组成部分设定成"模板"中对应部分指定的格式。

8.2.3 学术论文中的结构规范

格式规范使论文具有学术论文的"形",结构规范才使论文具有学术论文的"骨架"。虽然具体内容千差万别,但发表在主流学术期刊论文的结构框架却有一种越来越标准化的趋势。这种论文结构上的趋同代表着在论文中展现规范化的学术行为过程受到重视,彻底改变了过去那种不加检验的、依靠权威证明学术结论的过程。主流学术期刊普遍认同并遵守的规范性论文结构如表 8—3:

表 8—3 规范性论文结构

前置结构:	
1. 题名	正确、全面反映论文中最重要的特定内容
2. 作者	论文署名
3. 摘要	对论文内容不加注释和评论的简短陈述
4. 关键词	表示全文主要内容信息款目的单词、词组或术语

续表

正文结构：	
1. 引言	确认问题、文献评论、方法介绍
2. 方法	论据的搜集过程和处理方法
3. 结果	对实验或观察结果的介绍、描述和评论
4. 讨论	对实验结果做出解释和理论性分析
5. 结论	论文最终的、总体的结论，又或是对论文的一个自我评价
6. 致谢	向提供帮助的人表达谢意
后置结构	
1. 参考文献	论文所引用参考文献的列表
2. 附件	对论文起补充作用的附加材料

8.3 结构模块的撰写要领

如何在这种统一的论文格式下体现研究的原创性与新颖性呢？期刊编辑们用他们的丰富阅历建议作者们格外关注论文标题、摘要、引言和结尾这四个部分。虽然方法、结果与讨论部分是创新点真正的源泉，但是读者们搜集和筛选文献的特点决定了这些部分所得到的关注量是最少的：面对海量学术文献，读者们首先选择阅读标题、摘要、引言和结尾这四个部分，以决定是否进一步精读；同理，面对大量稿件，编辑、评委首先会通过阅读这几个部分来初步判断其学术价值。所以，Nature 的编辑常建议作者修改或重写摘要和正文第一段，目的就是希望能在阅读的初始阶段就吸引住读者。

我们分别结合不同的范例介绍各模块的写作要领。

8.3.1 题名

8.3.1.1 题名的基本要求与典型结构

题名是给编辑、评委和读者留下第一印象的论文的缩影。题名撰写的基本要求是准确、简洁、清楚与严谨，见表 8—4：

表 8—4 题名基本要求与范例

撰写要求	范例	评价
准确	领导对员工的影响机制	过于宽泛
	魅力型领导对员工创造力的影响机制	有专指性，准确

续表

撰写要求	范例	评价
简洁	关于农民工城市融合影响的研究	句式较冗赘
	农民工的城市融合影响模型	言简意赅
清楚	VC决策评价中的实物期权方法	VC不是公认的缩写词,不知所指
	风险投资决策评价中的实物期权方法	清晰明确
严谨	Cars blamed for pollution by scientists	修饰关系混乱
	Cars blamed by scientists for pollution	修饰关系清晰

学术论文的题名除了满足以上基本要求,还需要选取适当的结构形式充分表达文章内容。学术论文标题的典型结构形式有偏正式、并列式、问句式以及同位式:

(1)偏正式,如:中国文化背景下消费者代际品牌资产的结构与测量(何佳讯、才源源、秦翕嫣,2011)。

(2)并列式,如:知识产权保护、自主研发比重与后发国家的技术进步(刘小鲁,2011)。

(3)问句式,如:Is the Resource-Based "View" a Useful Perspective for Strategic Management Research? (Priem,Butler,2010)

(4)同位式:Unbundling the Structure of Inertia: Resource Versus Routine Rigidity. (Gilbert,2005)

此外,在学术期刊中也可发现少量以动宾结构或陈述句形式为题名的论文,但这两种结构并不典型,如非必要,还是慎重使用。

8.3.1.2　题名的诱读性:优秀题名赏析

如果仅凭题名就能激发读者深入阅读的欲望,就说明题名具有诱读力。学术界并不鼓励对论文题名进行花哨的包装以片面追求诱读力,但在满足题名基本要求的前提下,也欢迎和欣赏那些趣意盎然、新颖独到的题名。我们从顶级学术期刊中选取几个优秀的题名进行赏析。

优秀题名范例一:

Good Fences Make Good Neighbors: A Longitudinal Analysis of An Industry Self-Regulatory Institution. (Barnett,King,2008)

赏析:篱笆扎得牢,邻居处得好?在满眼都是庄重、严肃的偏正结构、并列结构标题目录中,突然出现一个以谚语开头的论文题名,实在是让人眼前一亮。显然,这样新颖的标题也征服了以苛刻严谨著称的

AMJ 的编辑。读者面对如此生动活泼、又隐有所指的标题当然会产生一探究竟的兴趣。浏览过该文，会进一步发现这一谚语与该篇“行业自律制度降低害群之马对行业整体及其他企业的负面影响”的主要结论是如此契合，确实起到了画龙点睛的作用。

优秀题名范例二：

Evolution toward Fit. (Siggelkow，2002)

赏析：题名给读者以简洁有力的美感。寥寥 3 个单词，既向读者传达了论文的研究发现，又开放性地给读者留下了足够的遐想空间：fit 什么？evolution 的路径？如果依照论文内容，起个诸如“Developmental Processes Leading to Organizational Configurations and Fit：A Longitudinal Case Study”的题名，虽然中规中矩，但无疑整体魅力大减。题名的唯一问题是可能造成按题名检索论文的读者错失这篇优秀的论文，当然以 ASQ 在管理学期刊阵营的权威地位，再加以关键词的合理选择，该论文的关注量及引用次数一定不错。

优秀题名范例三：

Tightening the Iron Cage：Concertive Control in Self-Managing Teams. (Barker，1999)

赏析：又是一篇来自 ASQ 历年最佳论文集的标志性论文。借用韦伯的经典隐喻“理性铁笼”指代团队控制中的同级压力和理性规则，强化了题名带给读者的震撼力。同时，“铁笼”在现代企业组织中竟然被进一步束紧，这一明显有悖于企业文化学者期望的研究发现无疑很具冲击力，故旗帜鲜明地在题名中传达出来，吸引读者深入阅读。

以上优秀范例的共同特征都是形式新颖，引人入胜，值得读者反复揣摩与学习。当然，不能夸大题名的作用。无论何时，丰满的论文内容和有价值的研究发现才是题名的立足之本。与其在论文提名上标新立异、投机取巧，不如将精力放在提升学术研究的质量上。很难想象依托一篇苍白空洞的文章能演绎出什么精彩的题名。

8.3.2 摘要

8.3.2.1 摘要的功能与结构

摘要的重要性怎么强调都不过分。许多编辑把摘要看成是论文的微观模型，一个有经验的读者能够仅仅通过阅读摘要，就基本判断该篇论文学术贡献的大小，从而决定是否继续精读。遗憾的是，摘要的重要性被大大低估了，用常识性内容、空泛的句子来填充摘要的论文比比皆是，有的摘要甚至成为背景介绍。这些写作者没有认识到摘要的重要作用。学术论文的摘要由于具有几下功能而应被加以足够重视：

(1)让读者尽快了解论文的主要内容，以补充题名的不足。读者检索到论文题名后是否会阅读全文，主要就是通过阅读摘要来判断；所以，摘要担负着吸引读者和将文章的主要内容介绍给读者的任务。

(2)为科技情报文献检索数据库的建设和维护提供方便。论文发表后，文摘杂志或各种数据库对摘要可以不作修改或稍作修改而直接供网上查询、检索和下载。

(3)论文摘要的索引是读者检索文献的重要工具。所以论文摘要的质量高低，直接影响着论文的被检索率和被引频次。

《EI》中国信息部要求信息性文摘应该用简洁、明确的语言（一般不超过150个单词）将论文的目的、主要的研究过程及所采用的方法、由此得到的主要结果和得出的重要结论表达清楚。如有可能，还应尽量提一句论文结果和结论的应用范围和应用情况。EI建议的这一摘要结构，也得到国际学术期刊的共同认可：

(1)目的或问题提出。准确简短地交代论文的目的或要解决的问题，不谈或尽量少谈背景，避免在摘要的第一句话重复使用题目或题目的一部分。

(2)研究方法说明。解释主要工作过程及所用的方法，如主要依据的理论或模型、样本的来源、数据的处理方式、边界条件等。

(3)主要结果及结论。该部分代表着研究的主要成就和贡献，论文有没有价值，值不值得读者阅读，主要显现于该部分。如有可能，在结尾部分还可以将论文的结果和他人最新的研究结果进行比较，以突出论文的主要贡献和创新、独到之处。

8.3.2.2 摘要范例与解析

摘要范例一：

①行为控制是治理渠道交易的常用手段，可分为活动控制和能力控制两种类型。②尽管学者们已注意到行为控制会降低受控方的被信任感，却很少有文献探讨这一负面作用的边界条件。③本研究以角色理论和公平理论为基础，提出受控方的角色感知和公平感知是影响以上负面作用的权变因素，并通过现场准实验和仿真实验检验相关的研究假设。④本研究的结果表明：供应商的活动控制和能力控制分别会显著地降低分销商所感知的善意信任和能力信任；分销商与供应商的友谊会放大活动控制对感知善意信任的抑制作用，却会缓冲能力控

制对感知能力信任的负面影响;分销商对控制过程的公平感知会减弱行为控制对感知善意和能力信任的侵蚀。(寿志钢、朱文婷、苏晨汀、周南, 2011)

注:以上文字中的①②③④是为便于分析而加入的编号,原文并无,下同。

解析:典型的"做什么(第①②部分)→怎么做(第③部分)→做出了什么(第④部分)"结构,一目了然的向读者传达了足够有效的信息。略微不足的是④部分只有结果的罗列,没有说明这一结果有何独到之处以及对渠道治理有何管理启示,使论文的学术贡献稍弱。

摘要范例二:

①Because partners may behave opportunistically in alliances, contractual safeguards or trust between partners are necessary for successful outcomes. ② However, it remains controversial whether safeguards and trust substitute or complement each other. ③ Drawing on transaction cost theory, this study conceptualizes both contractual safeguards and trust as important control mechanisms in non-equity alliances, and develops a model that relates contractual safeguards and trust to cooperative outcomes. ④We test our hypotheses with data collected from 233 architect – contractor partnerships in Hong Kong. ⑤The results show that the relationship between contractual safeguards and cooperative outcomes depends on both the level and type of trust. (Lui, Ngo, 2004)

解析:①和②指出现实问题,③、④解释了为围绕这一问题而开展的研究工作以及样本来源,⑤展现了研究结果。条理清楚,格式规范,简洁而完整,反映了论文的全貌。

8.3.3 引言

8.3.3.1 引言的重要性

引言——论文的引人入胜之言,其目的是说明论文写作的背景、理由、主要研究成果及其与前人工作的关系等,目的是引导读者进入论文主题。很多初学者对引文的重要作用没有足够认识,认为引文是论文可有可无的部分,最为常见的错误是把引文当成研究背景介绍,用大量常识性的背景材料填充该部分。典型的开头句型是:"随着……的迅猛发展/大量涌现,……(问题/现象)已日益突出/严峻/引起注意/亟待解决"。看见这类投稿,学术期刊的编辑们几乎可以立即判断作者是一个学术研究新手,对后面的内容也不会抱有太大希望了。

而学术界所倡导的规范性引言需要解释以下问题：

(1)本文研究什么问题？

(2)为什么该问题值得研究？

(3)围绕这一问题有其他学者做出贡献了么？分别有哪些贡献？

(4)本文的研究会取得新的贡献么？

(5)如有必要，还需说明研究的难点在哪？拟如何克服这一难点？

可见，引文肩负着极为重要的任务。一段好的论文引言能使读者明白这一研究的重要意义、这一领域的发展历程和作者在这一领域中的位置。与初学者们对引言的随意态度相反，老练的作者往往高度重视引言的部分，常常是在正文的其他部分已经完成以后才动手撰写引文。为写好引文开头第一句，冥思苦想数小时的情况屡屡皆是。

8.3.3.2　引言的内容与结构布局

引文虽然不像摘要一样有严格的篇幅限制和相对固定的格式，但内容和结构上也有需要遵循的规范。引言的主要任务是向读者指出当前研究的不足，以及有目的地引导自己研究的重要性和贡献性。它可以包括以下五项内容中的全部或其中几项：

(1)介绍某研究领域的背景、意义、发展状况、目前的水平等；

(2)对相关领域的文献进行回顾和综述，包括前人的研究成果，已经解决的问题，并适当加以评价或比较；

(3)指出前人尚未解决的问题，留下的技术空白，也可以提出新问题、解决这些新问题的新方法、新思路，从而引出自己研究课题的动机与意义；

(4)说明自己研究课题的目的；

(5)概括论文的主要内容，或勾勒其大体轮廓。

如何合理安排以上这些内容，将它们有条有理地给读者描绘清楚，并非容易之事。经验告诉我们，引言其实是全文最难写的部分。这是因为作者对有关学科领域的熟悉程度，作者的知识是渊博、还是贫乏，研究的意义何在、价值如何等问题，都在引言的字里行间得以充分体现。

我们可以将引言的内容分为三到四个层次来安排(如表8—5所示)。第一层由研究背景、意义、发展状况等内容组成，其中还包括某一研究领域的文献综述；第二层提出目前尚未解决的问题或急需解决的问题，从而引出自己的研究动机与意义；第三层说明自己研究的具体目的与内容；最后是引言的结尾，可以介绍一下论文的组成部分。

表 8—5 引言的层次布局

第一层：
1. 研究背景、意义、目前的发展水平 2. 该领域的文献回顾
第二层：
3. 前述研究中尚未解决的问题(引出问题)
第三层：
4. 本研究的目标与内容
第四层：
5. 宣布本研究的主要发现 6. 介绍论文的结构

8.3.3.3 注意事项与可借鉴的句型

撰写引文所面临的主要挑战是进行文献回顾并展示本研究的新贡献。为此，以下事项需要特别予以关注：

(1)引用最相关、最新和最具说服力的文献以指引读者，特别是不可漏掉该领域的代表性学者或成果；

(2)有条理地对文献进行归纳整理，显示自己成果的独特性；

(2)强调作者在本次研究中的最重要发现或贡献，但不要对其进行评述。避免使用“显著”、“非常”、“令人振奋”等带有个人主观判断的词汇来形容自己的发现，但也不要使用自谦类的语句。如有可能，只用数据说话。

(3)叙述前人工作的欠缺以强调自己研究的创新时，应慎重并留有余地。

如果是撰写英语学术论文，可以参考一些常见的句式。例如在阐述自己研究的独特性时，可采用如下类似的表达方式：

To the author's knowledge, little information is available in literature about....

Until recently, there is some lack of knowledge about…

又如在强调某领域还存在新的研究空间时，可用以下句型：

Although these studies suggest that... Little has been revealed about…

对现有文献进行归纳整理时，可用以下句型：

One group of these studies focuses on … Another group of studies focuses on…Yet another group of studies focuses on…Other previous studies of … examine…

在说明本文的研究目标时，可用以下句型：

In an extension of previous studies, our study aims to examine…

在区别本文研究与其他研究的不同时，可用以下句型：

Our study differs from previous work in three ways. First…Second…Third…

8.3.4 方法

科学研究的基本要求是他人可以重复其研究结果，而判定结果能否重复的最快途径就是作者所描述的材料和方法，因此，材料和方法的表述至关重要。研究方法部分主要内容包括：

(1)研究工作具备的基本前提或条件，如实验材料、实验场所、设备器材等。

(2)采样、实验、获取数据，并对数据进行技术处理的方法与过程。

(3)理论分析，包括理论依据、基本原理、公式推导、数理模型等。

如果论文本身就是关于新的方法、技术或算法，则要非常详细地写它的新颖之处。要用有逻辑的、合理的方式来描述。对于新方法的发展，同样需要设计不同的方法来测试。让人信服就需要做尽可能多的测试。

如果论文的研究目的并非方法，则在描述方法与过程时遵循最简原则：仅仅提供足以使读者能够重复试验或推倒的过程。

任何情况下都不要炫耀性地展现方法的优越性。

8.3.5 结果

结果是整篇论文的关键，是论文要报道的中心内容，是体现论文水平的重要部分，是研究者和广大读者关心的焦点，是结论的依据，能导出推理，引出讨论和建议，也是评价该课题价值和水平的最重要依据。结果的内容包括三部分：

(1)结果的介绍(指出结果在哪些图表中列出)；

(2)结果的描述(描述重要的实验或观察结果)；

(3)对结果的评论(对结果的说明、解释、与模型或他人结果的比较等)。

结果部分的撰写要点 ：

(1)对实验或观察结果的表达要高度概括和提炼，描述结果的顺序取决于实验的目的，可按方法部分的顺序描述，也可采用由老及新或按研究过程的顺序或按重要性程度等描述结果。

(2)数据表达可采用文字与图表相结合的形式，文字部分用来指出图表中资料的重要性，切忌在文字中简单重复图表中的数据，而忽略叙述其趋势，意义及相关推论。

(3)适当说明原始数据，以帮助读者理解。

(4)文字表达应准确、简洁、清楚，避免用冗长的句子介绍或解释图表。

8.3.6 讨论

讨论的重点是对实验结果做出解释和理论性分析，并说明作者的研究结果是否支或反对某种观点，是否提出了新的问题或观点等。讨论时先简要回顾研究目的和重要结果，然后再讨论具体结果蕴含的科学意义或贡献。其主要内容包括：

(1)回顾研究的主要目的或假设，探讨研究结果是否符合原来的期望；

(2)概述最重要的结果，指出其能否支持先前的假设及是否与其他学者的结果一致；

(3)对结果提出说明、解释或猜测，并根据这些结果能得出何种结论或推论；

(4)指出研究的局限性以及这些局限性对研究结果的影响，提出进一步研究的题目或方向；

(5)指出结果的理论意义及实际运用。

写作要点：

(1)不要重复叙述实验结果，对结果的解释要重点突出、简洁、清楚；

(2)推论要符合逻辑，避免数据不足以支持的观点或结论；

(3)观点或结论的表述要清楚、明确；

(4)回答在论文前面部分曾提出过的问题；

8.3.7 结论

结论部分是作者对有关研究课题进行的总体性讨论。结论必须具有严密的科学性和客观性，它反映本研究课题的价值，同时对以后的研究具有指导意义。如果文章中的讨论一节已对研究结果进行了全面的分析、综合、归纳、推理和总结，那么结论则可以比较简短。

从某种意义上说，结论与引言遥相呼应，因为引言部分介绍了本文的研究目的，那么结论要告诉读者这些目的是否达到，在研究中做了哪些工作，取得了什么结果，这些结果说明了什么问题，有何价值和意义，研究过程中存在或发现了哪些问题，原因是什么，建议如何解决等。

一般来说，结论部分的具体内容及其组织框架如下。

(1)概括说明本课题的研究内容、结果及其意义与价值。

(2)比较具体地说明本研究证明了什么假设或理论,得出了什么结论,研究结果有何实用价值,有何创造性成果或见解,解决了什么实际问题,有何应用前景等。

(3)与他人的相关研究进行比较。

(4)本课题的局限性、不足之处,还有哪些尚待解决的问题。

(5)展望前景,或指出进一步研究的方向。

在上面五项内容中,第一、二项是必不可少的。第三、四、五项内容可以根据需要而定。

思考题

1. 依据自己的学术兴趣在 AMR、AMJ、ASQ、JOM 等顶级管理学期刊浏览 10 篇左右文献,试判断每篇文献的创新级别。

2. 从以上浏览的文献中选取 5 篇以上文献,分析每篇的摘要、引言与结论部分的联系与区别。

3. 对以上几种学术期刊所倡导的结构规范进行比较。

参考文献

[1]Barker,J R. Tightening the iron cage: Concertive control in Self-Managing teams. Administrative Science Quarterly,1993,38(3): 408—437.

[2]Barnett,M L,King,A A. Good fences make good neighbors: A longitudinal analysis of an industry self-regulatory institution. Academy of Management Journal,2008,51(6): 1150—1170.

[3]Gilbert,C G. Unbundling the structure of inertia: Resource versus routine rigidity. Academy of Management Journal,2005,48(5): 741—763.

[4]Lui,S S,Ngo,H. The Role of trust and contractual safeguards on cooperation in non-equity alliances. Journal of Management,2004 30(4): 471—485.

[5]Priem,R L,Butler,J E. Is the Resource-based "view" a useful perspective for strategic management research? Academy of Management Review, 2010,26(1): 22—40.

[6]Siggelkow, N. Evolution toward fit. Administrative Science Quarterly, 2002,47(1):125—159.

[7]何佳讯，才源源，秦翕嫣.中国文化背景下消费者代际品牌资产的结构与测量.管理世界，2011(10).
[8]刘小鲁.知识产权保护、自主研发比重与后发国家的技术进步.管理世界，2011(10).
[9]寿志钢，朱文婷，苏晨汀，周南.营销渠道中的行为控制如何影响信任关系.管理世界，2011(10).